新 완전절친 TOEIC SPEAKING

이기택 · 박주연 공저

The One 더원

新 완전절친
TOEIC SPEAKING

개정판 1쇄 발행 2018년 6월 20일
　　　3쇄 발행 2021년 1월 20일

지은이 이기택·박주연
마케팅 정병건

펴낸곳 ㈜글로벌21
출판등록 2019년 1월 3일
주소 서울시 강남구 논현로76길 24
전화 02)6365-5169 팩스 02)6365-5179
www.global21.co.kr

ISBN 978-89-8233-310-1 13740

최근 들어 TOEIC 듣기 평가와 읽기 평가 외에, 영어로 말하는 능력을 직접적으로 평가하는 TOEIC Speaking 시험의 중요성이 커지고 있으며, 많은 기업에서 입사 시, 또는 승진이나 직무적성평가 시 일정 수준 이상의 말하기 능력 시험 점수를 요구하고 있는 추세입니다.

많은 수험생들이 TOEIC Speaking 시험에서 고득점을 얻기 위해 고군분투하고 있으나 듣기 평가나 읽기 평가와 달리 단기간에 말하기 능력을 키우기란 쉽지 않은 것이 사실입니다. TOEIC Speaking은 발음, 청취, 억양을 비롯하여 사진을 보고 알맞게 묘사하기, 물음에 적절히 답하기, 제시된 정보를 파악하여 답하기, 제시된 사안이나 이슈에 대한 해결책 또는 의견을 제시하기 등 종합적인 발화 능력을 평가하는 시험이기 때문입니다.

이에, 불필요하고 장황한 해설과 군더더기 요소들을 과감히 없앰과 동시에, 수험생들이 오직 신경향의 핵심 포인트와 응답 패턴을 익히고 출제 예상 문제를 집중적으로 학습함으로써 짧은 기간 내에 고득점을 얻을 수 있도록 하는, 단기 완성 TOEIC Speaking 교재를 새롭게 펴냈습니다.

특히, 출제 유형 분석과 만점 전략에 더하여 TOEIC Speaking 입문자들을 위한 가이드 역할을 할 수 있도록 TOEIC Speaking 빈출 필수 어휘, 관용 표현, 패턴 예문은 물론, 기출 유형 샘플 답변을 수록함으로써, 과거 출제 패턴을 답습하는 것이 아닌, 다가올 시험에 적극적으로 대처할 수 있는 기본기를 갖추도록 하였습니다. 또한 새로워진 Part 3와 Part 5에 완벽히 대비할 수 있도록 신유형 문제와 답변 템플릿을 수록해 수험자들이 자유롭게 답변할 수 있도록 구성하였습니다.

TOEIC Speaking 시험을 처음 접하는 수험생 여러분들이 이 책에 수록된 핵심 포인트와 고득점 전략을 차근차근 익히고 기초학습과 실전문제 풀이를 병행해 나간다면 단기간에 높은 TOEIC Speaking 점수를 얻게 될 것을 믿어 의심치 않습니다. 모쪼록 이 책이 여러분이 뜻하는 소기의 목표를 달성하는 데 큰 보탬이 되길 기대합니다.

이기택 · 박주연

구·성·과·특·징

본 교재는 TOEIC Speaking을 처음 시작하는 학습자부터 레벨 7 이상의 고득점을 필요로 하는 학습자 모두를 만족시킬 수 있는 TOEIC Speaking 실전 대비 교재입니다. 각 파트별로 빈출 유형과 만점 전략을 숙지하고 핵심 표현 중심의 학습 과정을 거쳐 다양한 패턴 문제와 Actual Test로 정리합니다. 마지막으로 Fianl Test 5회분을 통해 최종 점검하여 실전에서 고득점을 얻을 수 있도록 구성하였습니다.

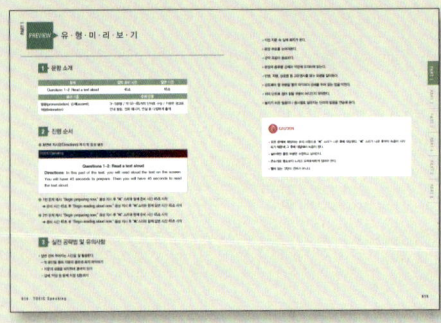

PREVIEW

유형 미리보기 코너로, 수험생들이 파트별 시험 구성, 출제 형식과 패턴을 익힐 수 있도록 하며, 실제 시험을 치를 때의 유용한 팁과 주의 사항을 숙지할 수 있도록 합니다.

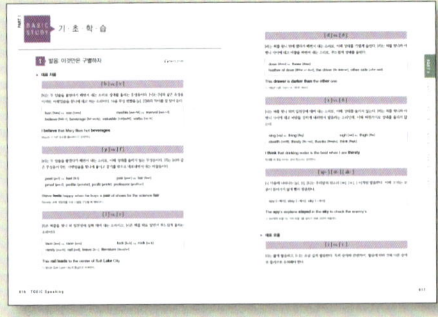

BASIC STUDY

파트별 기초학습 코너로, 해당 파트에서 가장 기초가 되는 내용을 이해하고 숙달시킴과 동시에 Pattern Drills를 통한 유형 연습으로 TOEIC Speaking의 기초를 다질 수 있도록 합니다.

PERFECT TACTICS

파트별 세부 출제 형식과 유형을 소개하고 실제 시험에서의 대처 방안, 응답 요령을 제시하는 유형별 만점 전략 코너입니다.

CASE STUDY

파트별, 출제 형식과 유형별로 핵심 어휘, 빈출 표현, 주요 구문, 모범 답변 등 심도 있는 Speaking 연습을 통해 기본 실력을 탄탄하게 갖출 수 있도록 합니다.

PREP. TEST

앞서 익힌 학습 내용을 출제 유형 문제에 적용하여 Speaking Skill을 키우는 코너로, 모범 답변 서술 방식을 체계적으로 익혀 적절한 응답을 제시하는 연습을 할 수 있도록 합니다.

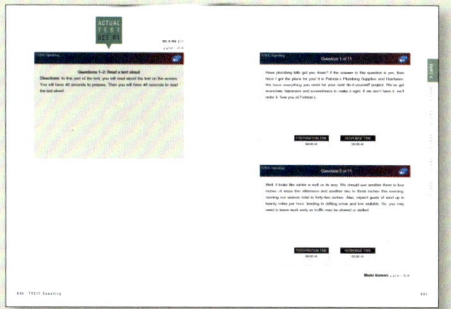

ACTUAL TEST

파트별 기본 학습을 마친 후 실제 기출 시험과 같은 문제를 토대로 직접 테스트한 뒤 모범 답변과 비교하고, 복습할 수 있도록 합니다.

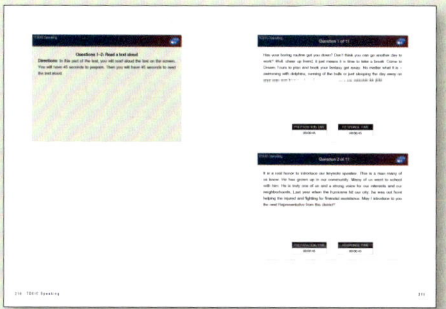

FINAL TESTS

TOEIC Speaking 실전모의고사로, 그간 학습한 내용과 쌓아온 실력을 바탕으로 실제 시험처럼 테스트할 수 있도록 합니다. 시간을 준수하고 실전과 같은 방식으로 테스트해 봄으로써 실제 시험에 대한 적응력과 고득점을 이끄는 응답 능력을 향상시킬 수 있도록 합니다.

토·익·스·피·킹·소·개

시험 소개

- TOEIC Speaking은 TOEIC 시험을 개발한 비영리 시험개발기관인 ETS에서 개발한 말하기 능력 측정 시험입니다.
- 영어권 원어민이나 영어에 능통한 비원어민과 일상생활 또는 업무상 필요한 대화를 적절하게 수행할 수 있는지 평가하는 문제가 출제됩니다.

시험 구성

구분	문제 유형	문항수	시간
Part 1 Questions 1~2	Read a text aloud 지문 읽기	2	답변 준비 시간 45초 답변 시간 45초
Part 2 Question 3	Describe a picture 사진 묘사하기	1	답변 준비 시간 45초 답변 시간 45초
Part 3 Questions 4~6	Respond to questions 듣고 질문에 답하기	3	답변 준비 시간 문항당 3초 답변 시간 15초~30초
Part 4 Questions 7~9	Respond to questions using information provided 제공된 정보를 사용하여 질문에 답하기	3	지문 읽는 시간 45초 답변 준비 시간 문항당 3초 답변 시간 15초~30초
Part 5 Question 10	Propose a solution 해결책 제안하기	1	답변 준비 시간 45초 답변 시간 60초
Part 6 Question 11	Express an opinion 의견 제시하기	1	답변 준비 시간 30초 답변 시간 60초
합계		11	약 20분

*2019년 6월부터 일부 문항들의 답변 준비 시간이 연장되었습니다. (답변 시간은 동일)
*시험센터에서 제공하는 메모지와 필기구를 사용하여 시험 중 자유롭게 메모가 가능합니다.

- TOEIC Speaking 수험자의 답변은 ETS On-line Scoring Network로 보내지며 전문 rater가 아래와 같은 기준으로 평가합니다.

- 채점 결과는 0~200점(10점 단위로 표시)과 1~8 Level로 표시됩니다.

구분		평가 기준
Part 1	Questions 1~2	발음, 억양과 강세
Part 2	Question 3	발음, 억양과 강세, 문법, 어휘, 일관성
Part 3	Questions 4~6	
Part 4	Questions 7~9	발음, 억양과 강세, 문법, 어휘, 일관성, 내용의 일관성, 내용의 완성도
Part 5	Question 10	
Part 6	Question 11	

TOEIC Speaking 시험은 시험 당일 규정 신분증을 지참하지 않은 수험자는 절대 응시할 수 없습니다. 규정 신분증은 주민등록증, 운전면허증(경찰청 발행), 기간 만료 전의 여권, 공무원증, 장애인 복지카드며, 이외 군인과 외국인, 초등학생, 중고등학생은 별도의 규정 신분증을 시험 전에 미리 확인하여 준비해야 합니다.

- 시험일로부터 약 5일 후에 인터넷 홈페이지를 통해 확인이 가능합니다.

- 성적표 발급은 신청에 따라 온라인 발급의 경우 온라인상에서 성적 확인 즉시 발급이 가능하여, 우편 수령 신청자는 성적 발표일로부터 7~10일 이내에 성적표를 받아볼 수 있습니다.

- 성적의 유효 기간은 다른 영역의 TOEIC과 마찬가지로 2년입니다.

신유형

TOEIC Speaking 신유형은 2015년 5월부터 기존 유형과 병행하여 시행하고 있습니다. Part 3의 4~6번과 Part 5의 10번은 기존 유형과 유사하면서도 약간 변형된 형태로 출제되고 있습니다.

PART 3

기존 유형은 미국, 영국, 캐나다 등 영어권 회사의 시장조사 혹은 방송국에서 프로그램 제작을 설문조사해 전화로 인터뷰하는 것이 대부분이지만, 신유형에서는 직장동료나 친구, 고객과 같은 지인과의 전화 통화 형태로 진행됩니다. 전형적인 질문은 다음과 같습니다.

> Imagine that a friend will be visiting you from overseas. You are having a telephone conversation about his visit.

질문 유형이 실제생활에서 일어날 수 있는 이사, 쇼핑센터나 식당에 대한 정보 등 평이한 소재가 다루어집니다. 수험자는 지인에게 자연스럽게 개인 의견이나 경험 등을 설명해 준다고 생각하면서 답변합니다. 표현 또한 I think(내 생각에는), I guess(~인 것 같은데), Actually(실은), I would like to recommend(~라고 추천하고 싶은데), Of course(당연히), Sure(기꺼이) 같은 표현을 사용하는 것이 자연스럽습니다.

● **예제와 답변**

Question 4 of 11

Imagine that a friend will be visiting you from overseas. You are having a telephone conversation about his visit.

한 친구가 해외에서 당신을 방문하러 온다고 가정해 봅시다. 그의 방문에 대해 통화를 합니다.

Q. How is the weather there? Should I pack a winter coat?

거기 날씨는 어떻습니까? 겨울 코트를 챙겨야 합니까?

A. Actually, the winters here are quite mild. The temperature doesn't fall below 5 degrees Celsius.

사실, 이곳의 겨울은 꽤 온난합니다. 기온이 5도 이하로 떨어지지 않습니다.

Imagine that a friend will be visiting you from overseas. You are having a telephone conversation about his visit.

Q. Ok. You know that I don't eat meat, so are there any restaurants around your area that cater to vegetarians?

네. 저는 고기를 안 먹잖아요. 주변에 채식주의자를 위한 식당이 있습니까?

A. Yes, most of the restaurants now have vegetarian and vegan options, so you don't need to worry about your meals.

네, 요즘 대부분의 식당은 채식과 비건 식단이 있기 때문에 식사는 걱정 안 하셔도 됩니다.

Imagine that a friend will be visiting you from overseas. You are having a telephone conversation about his visit.

Q. Great! Finally, how is the public transportation? Will I need to rent a car?

좋습니다! 마지막으로, 대중교통은 어떻습니까? 차를 렌트해야 합니까?

A. The public transportation here in the downtown area is very convenient. Most people commute by bus or subway which can take you to almost any location you want downtown. If you want to visit areas outside the downtown core, I can give you a ride.

시내 중심가의 대중교통은 아주 편리합니다. 대부분의 사람들은 시내에서 원하는 곳은 어디든지 갈 수 있는 버스나 지하철을 타고 통근합니다. 시내 외곽 지역을 방문하고 싶다면 태워다 드리겠습니다.

PART 5

기존 유형은 단일 화자의 음성메시지를 듣고 문제에 대한 해결책이나 충고를 하는 형태입니다. 회의 상황에서 진행자의 발언이나 두 사람의 대화 내용을 듣고, 해결책이나 개인 의견을 제안하는 방식입니다.

답변은 회의해서 다루어진 안건에 대한 의견이나 충고를 관련자에게 연락하는 형태로 이루어집니다. 시험 화면에 본인의 역할이 주어지므로, 역할에 맞는 제안이나 해결책을 제시하면 됩니다. 주의할 점은 기존 전화 메시지 형태는 다소 일상적인 내용이 많지만 신유형의 담화식 회의는 다소 공식적인 내용이 나오기 때문에 논리적이고 체계적으로 답변해야 한다는 것입니다.

회의 중 추가 사항이나 예외 사항이 언급될 수 있으므로 특이 사항을 잘 파악해야 합니다. 그리고 해결책을 제시할 때는 새로운 문제를 야기할 수 있는 해결책을 제시하기 보다는 좀 더 뚜렷하고 분명한 해결책을 제시하는 연습을 해야 합니다.

● 예제와 답변

Man: It looks like we have a bit of a problem. We booked conference room B for our orientation for the new recruits but it looks like the marketing department booked the same room for the same time.

약간의 문제가 있는 것 같습니다. 저희가 신입사원에 대한 오리엔테이션을 위한 회의실 B를 예약했는데 마케팅 부서도 같은 시간에 같은 회의실을 예약한 것 같습니다.

Woman: Oh no, I wonder how that happened. We usually have sign-up sheets that clearly state the schedules.

안 되는데, 어쩌다 이런 일이 일어났을까요. 보통 일정이 명시되어 있는 신청서가 있어요.

Man: I don't know, but we need to find a way to solve this. I think both bookings are important and both involve dozens of participants. If anyone has any suggestions, please call me as soon as you can.

모르겠지만, 이 문제를 해결할 방법을 찾아야 합니다. 두 예약이 다 중요하고 수십 명의 참가자가 포함된 것 같습니다. 누구든지 제안할 게 있다면 가능한 한 빨리 전화 주세요.

Answer: Hello, this is Natalie from the marketing department. I'm calling about conference room B. I heard that the room was booked for the new recruit orientation on Tuesday. We also need the room but only in the morning for about one hour. Is there a way for the recruits to maybe get a tour of the company building first or maybe have them meet at the lobby or cafeteria while we have our presentation? Once we're done, you can have the room for the rest of the day. I don't know how helpful this is but I'm hoping you can work with me on this. Please call me back at my ext. 555.

안녕하세요. 마케팅 부서의 Natalie입니다. 회의실 B와 관련해서 전화했습니다. 회의실이 화요일에 신입사원 오리엔테이션을 위해 예약되었다고 들었습니다. 저희도 회의실이 필요하지만 아침에만 한 시간 정도 필요합니다. 저희가 회의실에서 발표하는 동안 신입사원들에게 먼저 회사 건물을 구경시켜 주거나 아니면 로비나 카페에서 신입사원들이 만나게 하는 방법이 있을까요? 저희가 끝나고 남은 하루 동안 회의실을 쓰시면 됩니다. 얼마나 도움이 될지 모르겠지만 이 문제에 대해 함께 처리했으면 합니다. 제 내선번호 555로 전화주세요.

TOEIC
SPEAKING

PREVIEW ▶ 유·형·미·리·보·기

1 ▶ 문항 소개

문제	답변 준비 시간	답변 시간
Questions 1~2: Read a Text Aloud	45초	45초
평가 기준	문제 유형	
발음, 강세, 억양	• 3~5문장, 약 55~65개의 단어로 구성 • 지문은 광고문, 안내 방송, 전화 메시지, 연설 등 다양하게 출제	

2 ▶ 진행 순서

❶ 화면에 지시문(Directions) 제시 및 음성 설명

TOEIC Speaking

Questions 1–2: Read a text aloud

Directions: In this part of the test, you will read aloud the text on the screen. You will have 45 seconds to prepare. Then you will have 45 seconds to read the text aloud.

---

❷ 1번 문제 제시: "Begin preparing now." 음성 지시 후 "삐" 소리와 함께 준비 시간 45초 시작

➡ 준비 시간 45초 후 "Begin reading aloud now." 음성 지시 후 "삐"소리와 함께 답변 시간 45초 시작

❸ 2번 문제 제시: "Begin preparing now." 음성 지시 후 "삐" 소리와 함께 준비 시간 45초 시작

➡ 준비 시간 45초 후 "Begin reading aloud now." 음성 지시 후 "삐"소리와 함께 답변 시간 45초 시작

3 ▸ 실전 공략법

- 답변 전에 주어지는 시간을 잘 활용한다.
  - 첫 문단을 통해 지문의 종류와 화자 파악하기
  - 지문의 내용을 파악하며 끝까지 읽기
  - 강세, 억양 등 포인트에 집중하기

- 직접 지문 속 실제 화자가 된다.

- 문장 부호를 눈여겨본다.

- 강약 조절이 중요하다.

- 문장의 종류별 강세와 억양에 유의하며 읽는다.

- 인명, 지명, 상호명 등 고유명사를 읽는 요령을 알아둔다.

- 강조해야 할 부분을 빨리 파악하여 강세를 두어 읽는 법을 익힌다.

- 의미 단위로 끊어 읽을 부분이 어디인지 파악한다.

- 놓치기 쉬운 발음이나 품사별로 달라지는 단어의 발음을 연습해 둔다.

CAUTION

- 모든 문제가 그렇지만 "Begin reading aloud now." 후 "삐" 소리가 나온 뒤에 대답한다. "삐" 소리가 나온 후부터 녹음이 시작되기 때문에 그 후에 대답해야 녹음이 된다.

- 실수하면 틀린 부분만 수정하고 넘어간다.

- 큰소리로 평소보다 느리고 또박또박하게 읽어야 한다.

- 빨리 읽는다고 높은 점수를 받는 게 아니다.

PART 1

PART 2

PART 3

PART 4

PART 5

PART 6

BASIC STUDY ▶ 기·초·학·습

1 ▶ 발음: 이것만은 구별하자

🎧 Part 1_01~08

▶ 대표 자음

[b] vs. [v]

[b]는 두 입술을 붙였다가 떼면서 내는 소리로 성대를 울리는 유성음이다. [v]는 [b]와 같은 유성음이지만, 아랫입술을 윗니에 대고 떠는 소리이다. 다음 무성 변별음 [p], [f]와의 차이를 잘 알아 둔다.

ban [bæn] vs. van [væn]　　　　marble [máːrbl] vs. marvel [máːrvl]
believe [bilíːv], beverage [bévəridʒ], valuable [vǽljuəbl], verbs [vɛːrbz]

I believe that Mary likes hot **beverages.**

Mary는 뜨거운 음료를 좋아한다고 생각한다.

[p] vs. [f]

[p]는 두 입술을 붙였다가 떼면서 내는 소리로, 이때 성대를 울리지 않는 무성음이다. [f]는 [p]와 같은 무성음이지만, 아랫입술을 윗니에 붙이고 공기를 밖으로 내보내면서 내는 마찰음이다.

peel [piːl] vs. feel [fiːl]　　　　pair [pɛər] vs. fair [fɛər]
proof [pruːf], profile [próufail], profit [práːfit], professor [prəfésər]

Steve **feels** happy when he buys a **pair** of shoes for the science **fair.**

Steve는 과학 박람회를 위해 신발 한 켤레를 구입할 때 행복하다.

[l] vs. [r]

[l]은 혀끝을 윗니 뒤 입천장에 살짝 대며 내는 소리이고, [r]은 혀를 뒤로 말면서 부드럽게 울리는 소리이다.

lace [leis] vs. race [reis]　　　　lock [lɑːk] vs. rock [rɑːk]
rarely [rɛərli], rail [reil], leave [liːv], literature [lítrətʃər]

This **rail leads** to the center of Salt **Lake** City.

이 철도는 Salt Lake City의 중심으로 이어진다.

[d] vs. [ð]

[d]는 혀를 윗니 뒤에 댔다가 떼면서 내는 소리로, 이때 성대를 가볍게 울린다. [ð]는 혀를 윗니와 아랫니 사이에 대고 마찰을 하면서 내는 소리로, 부드럽게 성대를 울린다.

> dose [dous] vs. those [ðóuz]
> feather of a dove [féðər ʌv ə dʌv], the driver [ðə dráivər], other side [ʌðər said]

This **drawer** is **darker than** the **other** one.

이 서랍은 다른 것보다 더 어두운 색이다.

[s] vs. [θ]

[s]는 혀를 윗니 뒤의 입천장에 대며 내는 소리로, 이때 성대를 울리지 않는다. [θ]는 혀를 윗니와 아랫니 사이에 대고 바람을 강하게 내쉬면서 발음하는 소리인데, 이때 마찬가지로 성대를 울리지 않는다.

> sing [siŋ] vs. thing [θiŋ]   sigh [sai] vs. thigh [θai]
> stealth [stelθ], thirsty [θɛ:rsti], thanks [θæŋks], think [θiŋk]

I **think** that drinking water is the best when I am **thirsty**.

목마를 때 물을 마시는 것이 최고라고 생각한다.

[sp-], [st-], [sk-]

[s] 다음에 나타나는 [p], [t], [k]는 우리말의 된소리 [ㅃ], [ㄸ], [ㄲ]처럼 발음한다. 이때 '으'라는 모음이 들어가지 않게 빨리 발음한다.

> spy [ㅅ빠이], stay [ㅅ떼이], sky [ㅅ까이]

The **spy**'s airplane **stayed** in the **sky** to check the enemy's.

그 정보원의 비행기는 적의 비행기를 살피기 위해 상공에 머물렀다.

▶ **대표 모음**

[i] vs. [i:]

[i]는 짧게 발음하고, [i:]는 조금 길게 발음한다. 특히 숫자와 관련하여, 발음에 따라 전혀 다른 숫자로 들리므로 유의해야 한다.

50 [fífti] vs. 15 [fiftíːn]	pill [pil] vs. peel [piːl]

The number of people who registered earlier was **50** but only **15** people actually attended the conference.

미리 등록한 사람의 수는 50명이었지만, 실제로는 15명의 사람만이 그 컨퍼런스에 참석했다.

[ou] vs. [ɔː]

[ou]는 이중모음으로 입술을 오므렸다가 앞으로 내밀며 발음하고, [ɔː]는 발음기호 모양처럼 입을 벌려 길게 발음하도록 한다.

coast [koust] vs. cost [kɔːst]	bowl [boul] vs. ball [bɔːl]

2 음운 규칙

🎧 Part 1_09~11

▶ 뒷단어 자음만 발음하기

자음과 자음이 겹치면, 앞의 자음을 생략하여 한 번만 발음한다.

bus stop [버 스탑], first train [퍼R스 트레인], last class [래스 클래스]

▶ 뒷단어 모음에 붙여 발음하기

자음과 모음이 오면, 붙여서 발음한다.

and I … [앤다이], kind of … [카인더브], sort of … [소트어브]

▶ 약화 현상

d나 t가 모음과 모음 사이에 오고 앞에 모음에 강세가 오면, 이때 d와 t는 약하게 발음해야 한다.

water [워터]가 아니라 [워터]

이때 [워러]가 아니라 [터]를 약하게 하는 것이 중요하다.

writing [라이팅], data [데이터], riding [라이딩]

writing과 riding은 거의 똑같이 발음된다. 따라서 문맥을 통해 그 차이를 파악한다.

만 · 점 · 전 · 략  PERFECT TACTICS

1 각종 숫자 및 표기법 읽기

🎧 Part 1_12~18

PART 1

PART 2

PART 3

PART 4

PART 5

PART 6

▶ **일반 숫자**

세 단위씩 끊어서 읽기

12,345 (twelve thousand and three hundred forty-five)

▶ **연도**

1999년 이전 – 두 자리씩 끊어서 읽기: **1998** (nineteen ninety-eight)

2000년 이후 – 일반 숫자 읽기와 동일: **2014** (two thousand fourteen)

▶ **비행기 편명, 방 번호**

1단위씩 끊어서 읽기

Flight 772 (fight seven seven two)	Room 712 (room seven one two)

▶ **날짜**

서수로 읽기

August 4th (August fourth)

▶ **거리, 도로 번호**

• 1~99 – 일반숫자 읽기와 동일

route 92 (route ninety-two)

• 3자리 이상 숫자 – 1단위씩 끊어서 읽기 또는 뒤에서 두 자리씩 끊어서 읽기

535 St. (five three five street / five thirty-five street)

• 거리 관련 약자

St. (street), Ave. (avenue), Rd. (road), Blvd. (boulevard)

▶ **국가명, 외래어**

Peru [퍼루], Belgium [벨줌], Athens [애쓴즈], banana [버내너], radio [레이디오],
allergy [알러지], supermarket [수퍼R마R킷], marathon [매러쏜], vitamin [바이터민],
amateur [애머츄어R]

▶ **품사에 따라 달라지는 발음**

명사와 형용사는 앞에 강세를 주어 발음하고, 동사는 뒤에 강세를 주어 발음한다.

---

present (n.) vs. pre**sent** (v.)   **de**sert (n.) vs. de**sert** (v.)

refund (n.) vs. re**fund** (v.)   **u**se (n.) vs. **use** (v.)

---

2 ▶ 강세 및 억양

▶ **문장 속 강세**

모든 문장에서 뒤에 나오는 내용어(명사, 동사, 형용사, 부사 등)를 가장 강하게 읽는다.

▶ **문장별 억양**

• **평서문** : 평서문의 경우 끝을 내려 읽는다. 그리고 나열되는 요소들은 부분들의 끝 억양 처리의 높낮이를 달리하도록 신경 쓴다. 즉, 열거되는 것들의 앞에 오는 부분들은 상승조로 발음하고, and 뒤에 마지막 오는 대상은 내려서 발음한다. (A ↗, B ↗, and C ↘)

• **be동사/조동사/일반동사 의문문** : 의문사가 없는 일반 의문문, 즉 Yes-No 의문문인 경우 끝 억양을 올려줌으로써 의문문임을 구분한다.

• **의문사 의문문** : 문장의 맨 앞에 있는 의문사를 강조하며, 문장의 끝은 억양을 내려 읽는다.

3 ▶ 끊어 읽기 법칙

• 끊어 읽기의 가장 기본은 의미 단위로 끊어 읽는다는 것이다. 즉 문장의 기본 단위인 구 단위로 끊어 읽는다: 명사구, 동사구, 형용사구, 부사구, 전치사구.

• 접속사나 관계대명사 앞에서 끊어 읽는다. 단, 상관접속사는 붙여 읽는다.

• 쉼표에서 쉬고, 마침표에서 마치고, 그리고 감탄 표시에 강하게 읽는다.

• 타동사와 목적어는 이어서 읽는데, 단 목적어가 길 때는 목적어 앞에서 끊어 읽는다.

• 준동사구(to부정사, 동명사, 원형부정사, 현재분사, 과거분사) 앞에서 끊어 읽는다.

A. 다음을 듣고 큰 소리로 따라 읽으시오.   🎧 Part 1_19

1   345

2   4,375

3   1992(년)

4   2015(년)

5   Flight 107

6   Room 279

7   October 13th

8   Route 754

9   27°C

10   Rome

B. 다음을 듣고 큰 소리로 따라 읽으며, 괄호 안에 억양을 표시하시오.   🎧 Part 1_20

1   **What** is your favorite book(   )?

2   I don't eat **meat**(   ), **eggs**(   ), and **fish**(   ).

3   Do you want to go to the **movies**(   )?

4   You **shouldn't** be talking here(   ).

5   Please turn off your **cell phone**(   ).

C. 다음을 듣고 큰 소리로 따라 읽으며, 끊어 읽어야 하는 부분을 /로 표시하시오.   🎧 Part 1_21

1   It is my great pleasure to introduce this next person.

2   If you look at the statue on your right, it was first built in 1925, showing the king of that year in this country.

3   Whether you like to play inside or outside, these sporting goods are the things that you are looking for.

CASE STUDY 유·형·별·맛·보·기

1 광고문

🎧 Part 1_22

상품 또는 서비스를 알리는 글, 상품 또는 서비스 내용을 강조하고 할인이나 서비스의 특장점 등을 명확하게 전달하는 것이 중요하다.

▶ 도입: Catchphrase

소비자의 주목을 끄는 문장이나 문구로, 의문문 읽기나 느낌표를 강조하는 읽기 연습이 필요하다.

Are you planning to propose to that someone special? Popping the question is unfortunately never easy!

특별한 누군가에게 프러포즈를 계획하고 계신가요? 청혼하는 것은 안타깝게도 절대 쉽지 않습니다!

▶ 상품/서비스 소개

제품 및 서비스에 대한 주요 내용 소개로, 할인 내역이나 특장점을 강조하는 읽기 연습이 필요하다.

That is why you need Jerry Jewelers. We have just the right engagement ring to ensure "yes" from his or her lips! Whether you fancy diamonds, rubies or emeralds, we have just what you want! And, if you mention that you heard us on this advertisement, we will give you an extra 25% off!

그래서 여러분은 Jerry Jewelers가 필요하신 겁니다. 저희는 상대방의 입에서 "네"라는 대답을 보장하는 딱 맞는 약혼 반지가 있습니다! 여러분이 다이아몬드, 루비, 또는 에메랄드를 원하시든지, 저희는 여러분이 원하시는 것을 보유하고 있습니다! 그리고 이 광고를 들으셨다고 말씀해 주시면, 추가로 25% 할인해 드립니다.

▶ 마무리

마무리 인사나 특이사항 안내로, 특이사항이나 느낌표를 강조하는 읽기 연습이 필요하다.

Happily ever after starts at Jerry's!

평생의 행복은 Jerry's에서 시작됩니다!

Tips for Speaking 광고문 핵심 표현

We will offer(give) you an extra 25% off. 추가로 25% 할인을 제공해 드릴 것입니다.

Everything in the store is 50% off. 매장 내 모든 상품은 50% 할인입니다.

Let me tell you about ~. ~에 대해서 알려 드리겠습니다.

We guarantee ~. ~을 보장합니다.

We have a large menu to choose from. 선택하실 수 있는 다양한 메뉴가 있습니다.

If you want to find out further information, please visit our web site.

추가 정보를 알고 싶으시면, 저희 웹사이트를 방문해 주시기 바랍니다.

다음을 듣고 큰 소리로 따라 읽으시오.　　　　　　　　　　🎧 Part 1_23

1　We will give you an extra 50% off. 추가로 50% 할인해 드릴 것입니다.

2　We guarantee this product for 2 years with no extra charge.

추가 요금 없이 2년간 제품을 보증합니다.

3　If you have any further questions, please visit our website www.getachance.co.kr.

추가 질문이 있으시면 저희 웹사이트 www.getachance.co.kr을 방문해 주시기 바랍니다.

2 ▶ 공지문　　　　　　　　　　🎧 Part 1_24

회사, 공공장소 등에서 나오는 공지사항이다. 주요 지시사항, 변경 내용, 일정 및 장소 공지 등을 명확하게 전달하는 것이 중요하다.

▶ 공지 개요

공지 목적이나 대상 등을 안내하는 것으로, 목적이나 대상을 강조하는 읽기 연습이 필요하다.

This is an announcement for the employees In sector 4-G.

4-G 구역 근로자들께 공지합니다.

▶ 주요 공지 내용

주요 공지 내용 안내로, 전달사항, 주의사항, 특이점 등을 강조하는 읽기 연습이 필요하다.

There will be a plant inspection by a government team in the next fifteen minutes. Please cooperate completely. If requested to, please demonstrate your work station; explain your duties at it and its safety procedures. If any problems arise, please do not forget to report them immediately to your foreman. Also, you need to make a written report and submit that as well.

이후 15분 동안 정부기관의 공장 조사가 있을 것입니다. 전적으로 협조해 주시기 바랍니다. 요청이 있으면, 여러분의 작업장을 보여 주시기 바랍니다. 작업장에서의 여러분의 업무와 관련 안전 절차를 설명해 주시기 바랍니다. 문제가 발생하면 현장 감독에게 즉시 보고하는 것을 잊지 말아 주시기 바랍니다. 또한, 여러분은 서면 보고서를 작성하여 제출하셔야 합니다.

▶ 마무리 인사

Thank you for your attention and cooperation.

여러분의 집중과 협조에 감사드립니다.

Tips for Speaking 공지문 핵심 표현

This is an announcement for ~. ~에게 드리는 공지입니다.

I would like to announce that ~. ~라는 공지를 드리고자 합니다.

May I have your attention please? 안내해 드립니다. (집중해 주시겠어요?)

Please pay attention to ~. ~에 집중해 주시기 바랍니다.

Thank you for ~. ~에 대해 감사합니다.

Please understand ~. ~을 양해 바랍니다.

Pattern Drills

다음을 듣고 큰 소리로 따라 읽으시오. 🎧 Part 1_25

1 Please pay attention to further notice. 추가 공지에 집중해 주시기 바랍니다.

2 Please understand the inconvenience this may cause you.
이로 인한 불편함을 양해해 주시기 바랍니다.

3 Thank you for your patience. 기다려 주셔서 감사합니다.

3 ▶ 공항 안내 방송 🎧 Part 1_26

비행기 탑승, 이륙 전, 착륙 전의 안내 방송이다. 비행기 편명, 목적지, 유의사항, 일정 변경 등을 명확하게 전달하는 것이 중요하다.

▶ 인사말

비행기 편명 및 목적지 안내로, 비행기 편명 읽기 연습이 필요하다.

Ladies and gentlemen, welcome onboard Flight 981 with service from New York to Seoul.

신사 숙녀 여러분, 뉴욕에서 서울까지 운항하는 981편에 탑승하신 것을 환영합니다.

▶ 주요 공지 및 유의사항

기내 안전 규칙 안내 및 주의사항 공지로, 주요 전달 사항을 강조하는 읽기 연습이 필요하다.

We ask that you please fasten your seatbelts at this time and secure all baggage underneath your seat or in the overhead compartments. We also ask that your seats and table trays are in the upright position for take-off. Please turn off all personal electronic devices, including laptops and cell phones. Smoking is prohibited for the duration of the flight.

지금 안전벨트를 착용해 주시고 모든 짐은 좌석 아래나 머리 위 선반에 단단히 고정해 주시기 바랍니다. 또한 이륙 중에는 좌석과 테이블을 똑바로 세워 주시기 바랍니다. 노트북과 휴대전화를 포함한 모든 개인 전자기기의 전원을 꺼 주시기 바랍니다. 비행 중에는 흡연이 금지됩니다.

► **마무리 인사**

Thank you for choosing us. Enjoy your flight.

저희 항공사를 선택해 주셔서 감사합니다. 즐거운 비행 되십시오.

Tips for Speaking 공항 안내 방송 핵심 표현

Please fasten your seatbelt. 안전벨트를 착용해 주시기 바랍니다.

Please secure all baggage underneath your seat or in the overhead compartments.
모든 짐은 좌석 아래나 머리 위 선반에 보관해 주세요.

We also ask that seats and table trays are in the upright position for take-off.
이륙을 위해서 좌석과 간이식탁을 세워 주시기를 부탁드립니다.

Please turn off all personal electronic devices. 모든 개인 전자기기의 전원을 꺼 주시기 바랍니다.

Smoking is prohibited for the duration of the flight. 비행 중에는 흡연이 금지되어 있습니다.

Thank you for choosing us. 저희 (항공사)를 선택해 주셔서 감사합니다.

Enjoy your flight. 즐거운 비행 되십시오.

Pattern Drills

다음을 듣고 큰 소리로 따라 읽으시오.　🎧 Part 1_27

1　This is boarding announcement for Flight 721. 721편 탑승 안내입니다.

2　Thank you for choosing Enjoy Airlines. Enjoy 항공을 선택해 주셔서 감사합니다.

3　Please turn off your cell phone before take-off. 이륙 전에 휴대전화의 전원을 꺼 주시기 바랍니다.

---

4 ► **방송**　🎧 Part 1_28

날씨 또는 교통과 관련된 라디오 정보 방송이다. 기온을 나타내는 표현, 도로 번호를 나타내는 표현 등을 유의하여 정확하게 정보를 전달하는 것이 중요하다.

► **날씨 기본 정보**

In weather, the heat wave will continue.

날씨는 무더위가 지속될 것입니다.

PART 1

PART 2

PART 3

PART 4

PART 5

PART 6

▶ 날씨 세부 정보

It will be another hazy and muggy afternoon with highs approaching 34°C. However, it will be great weather for going to the beach! We should see lows of about 22°C this evening, with the possibility of rain being around seventy percent. So, you might want to bring an umbrella with you tomorrow.

최고 온도 34도에 달하는 탁하고 무더운 오후가 될 것입니다. 적어도 해변으로 가기에는 좋은 날씨가 되겠습니다! 저녁에는 최저 22도가 되겠으며, 비 올 확률은 약 70%입니다. 따라서 내일은 우산을 챙기셔야 할 것 같습니다

▶ 날씨 추가 정보

After the rain, the good news is that we should see slightly lower temperatures.

비가 내린 후에, 좋은 소식으로 조금은 낮은 기온을 기대할 수 있겠습니다.

Tips for Speaking 방송 핵심 표현

This is the weather update (report). 날씨 안내입니다.

This is the traffic update (report). 교통 안내입니다.

with highs approaching 34°C 최고 기온 34도에 달하는

Pattern Drills

다음을 듣고 큰 소리로 따라 읽으시오. 🎧 Part 1_29

1 This is your weekly weather update. 주간 날씨 정보입니다.

2 The temperature is 25°C outside. 바깥 온도는 25도입니다.

3 Don't forget to bring your raincoat. 비옷을 챙기는 것을 잊지 마세요.

PART 1

PART 2

PART 3

PART 4

PART 5

PART 6

[Test 1] 다음 표시에 유의하여 발음해 봅시다. (밑줄: 발음 유의, 연음 | 볼드: 강조 | 억양: ↘, ↗ | 끊어 읽기: /, //)

| Test 1 | 🎧 Part 1_30 |

Attention customers. // I would like to bring your **attention** / to the **sporting goods department**. // We are running a **flash** sale there. // For the next ten minutes, / **all** sporting goods are ten percent **off**. // And, / **all** tennis **rackets** ↗, / tennis **wear** ↗ / and any other tennis related **accessories** ↘ / are an additional **twenty-five** percent **off**. // This is a **limited** time **offer** / and it will **not** be extended for any other **reasons**. //

[Test 2] 다음 표시에 유의하여 발음해 봅시다. (밑줄: 발음 유의, 연음 | 볼드: 강조 | 억양: ↘, ↗ | 끊어 읽기: /, //)

Test 2  Part 1_31

I would like to **announce** / that an assistant manager's **position** has opened up. // Any **employee** / interested in **joining** the ranks of **management** may **apply** / in the **Human Resources Department**. // In addition, / all **employees** / who apply are **automatically** enrolled in our management training **program** / which meets every **Saturday** from **9** to **5** for **eight weeks**. // Thanks for listening. //

[Test 3] 다음 표시에 유의하여 발음해 봅시다. (밑줄: 발음 유의, 연음 | 볼드: 강조 | 억양: ↘, ↗ | 끊어 읽기: /, //)

PART 1

PART 2

PART 3

PART 4

PART 5

PART 6

Test 3

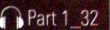 Part 1_32

Ladies and **gentlemen**, / on <u>behalf</u> of the **crew** / **I ask** / that you **please** direct your attention to the **monitors** <u>above</u> / as we **review** the emergency **procedures**. // There are **six** emergency **exits** on this aircraft. // Take a **minute** to locate the **exit** / closest to you. // Should the cabin experience **sudden** pressure loss, / stay **calm** / and listen for **instructions** / from the cabin **crew**. // **Oxygen masks** will drop **down** / from above your **seat**.

TOEIC Speaking

Questions 1–2: Read a text aloud

Directions: In this part of the test, you will read aloud the text on the screen. You will have 45 seconds to prepare. Then you will have 45 seconds to read the text aloud.

Have plumbing bills got you down? If the answer to this question is yes, then I have got the place for you! It is Patricia's Plumbing Supplies and Hardware. We have everything you need for your next do-it-yourself project. We've got wrenches, hammers and screwdrivers to make it right. If we don't have it, we'll order it. See you at Patricia's.

PREPARATION TIME	RESPONSE TIME
00:00:45	00:00:45

Well, it looks like winter is well on its way. We should see another three to four inches of snow this afternoon and another two to three inches this evening, running our season total to forty-two inches. Also, expect gusts of wind up to twenty miles per hour, leading to drifting snow and low visibility. So, you may need to leave work early as traffic may be slowed or stalled.

PREPARATION TIME	RESPONSE TIME
00:00:45	00:00:45

Model Answers Part 1_35~36

PART 1
PART 2
PART 3
PART 4
PART 5
PART 6

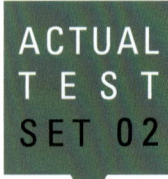

TOEIC Speaking

Questions 1–2: Read a text aloud

Directions: In this part of the test, you will read aloud the text on the screen. You will have 45 seconds to prepare. Then you will have 45 seconds to read the text aloud.

If furniture is what you want, then we have what you need! Come to Max's Furniture Shop this weekend for our biggest blow out sale ever! Everything in the store is 50% off. If you can see it, it's on sale! We've got beds for as low as $69. Dining room sets for as low as $129. Solid oak desks starting at just $99. But, these prices won't last for long. This weekend only!

PREPARATION TIME	RESPONSE TIME
00:00:45	00:00:45

The City Library is proud to announce our new extended summer hours. During the summer, we will be open from Monday to Friday from 9:30 in the morning to 7:30 in the evening, on Saturday from 10 a.m. to 6 p.m., and on Sunday from 10 a.m. to 3 p.m. We will also hold a number of special programs for children. Please see our website or ask a librarian for details. Thank you for your attention.

PREPARATION TIME	RESPONSE TIME
00:00:45	00:00:45

Model Answers Part 1_39~40

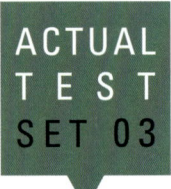

TOEIC Speaking

VOLUME

Questions 1–2: Read a text aloud

Directions: In this part of the test, you will read aloud the text on the screen. You will have 45 seconds to prepare. Then you will have 45 seconds to read the text aloud.

We have now reached the end of our tour. I hope you have enjoyed and learned much about Impressionist painting. I would just like to point out that over there to your right is the museum's gift shop. And, over there, to your left, is the museum's exit. Before leaving, if you would be so kind, could you please fill out a short customer satisfaction card? If you have any questions, please do not hesitate to ask. Thanks.

PREPARATION TIME	RESPONSE TIME
00:00:45	00:00:45

Attention employees: Pay attention please, I have something important to tell you. We have a rush order from the government that is of the outmost importance to national security. And, in order to complete it, I need every member of the first shift to stay and work the entire second shift. First of all, second and third shift will also be asked to work double shifts. Please understand that you will all receive overtime payments.

PREPARATION TIME	RESPONSE TIME
00:00:45	00:00:45

Model Answers Part 1_43~44

PART 2

Describe a Picture
사진 묘사하기

TOEIC SPEAKING

PREVIEW ▶ 유·형·미·리·보·기

1 ▶ 문항 소개

문제	답변 준비 시간	답변 시간
Question 3: Describe a Picture	45초	45초

평가 기준	문제 유형
발음, 강세, 억양, 문법, 어휘, 일관성	비즈니스 상황 또는 일상생활 속 다양한 사진 제시

2 ▶ 진행 순서

❶ 화면에 지시문(Directions) 화면 제시 및 음성 설명

TOEIC Speaking

Question 3: Describe a picture

Directions: In this part of the test, you will describe the picture on your screen in as much detail as you can. You will have 45 seconds to prepare your response. Then you will have 45 seconds to speak about the picture.

❷ 사진 제시, "Begin preparing now." 음성 지시 후 "삐" 소리와 함께 준비 시간 45초 시작

➡ 준비 시간 45초 후 "Begin speaking now." 음성 지시 후 "삐" 소리와 함께 답변 시간 45초 시작

3 ▶ 실전 공략법

- 준비 시간을 최대한 활용한다.
  - 사진 속 묘사 대상 살펴보기
  - 관련 어휘 생각하기

- 주제별 다양한 어휘 및 표현을 외워두고, 여러 가지 활용할 수 있는 구문들을 학습한다.

- 토익 LC Part 1에 있는 사진으로 연습하자.
  - 사진 자료를 구하기 힘들어서 연습이 어려울 경우, 갖고 있는 토익 교재의 사진으로 연습하는 것도 큰 도움이 된다.

 **CAUTION**

- 자신이 발음할 줄 알고 쓰임을 정확히 아는 단어들을 사용한다.

- 현재시제 또는 현재진행형을 사용하여 묘사한다.

- 처음부터 빨리 말하는 것은 좋지 않고, 주어진 시간 45초를 적절히 분배하여 사용한다.

- 매끄럽고 일관되게 의미를 전달한다.

PART 1

PART 2

PART 3

PART 4

PART 5

PART 6

BASIC STUDY ▶ 기·초·학·습

1 ▶ 현재시제나 현재진행형을 사용하여 묘사하기

현재 내가 보고 있는 사진을 묘사하고 있는 것이기 때문에 현재시제나 현재진행형을 사용하여 묘사하는 것이 좋다.

A man **drives** a car.

남자가 운전을 한다.

A man **is driving** a car.

남자가 운전 중이다.

A woman **shops** for food.

여자가 식품을 쇼핑한다.

A woman **is shopping** for food.

여자가 식품을 쇼핑 중이다.

Two boys **lean** against a brick wall.

두 명의 남자아이가 벽에 기댄다.

Two boys **are leaning** against a brick wall.

두 명의 남자아이가 벽에 기대고 있다.

They **play** baseball.

그들은 야구를 한다.

They **are playing** baseball.

그들은 야구를 하는 중이다.

2 ▶ 존재의 be동사로 묘사하기

급하게 말하다 보면 be동사를 넣지 않고 문장을 만드는 경우가 있다. 예를 들면 "Two men riding bicycles."라고 할 경우 문법적인 요인으로 감점이 될 수 있다. 따라서 be동사를 빼먹지 말아야 한다.

Two men **are** riding bicycles.

두 명의 남자가 자전거를 타는 중이다.

3 ▶ 사진 묘사에 필요한 주요 표현

▶ **장소, 외모, 복장**

• **장소**

airport 공항

bus terminal 버스터미널

kitchen 주방, 부엌

library 도서관

meeting room (conference room) 회의실

train station 기차역

restaurant 레스토랑

kindergarten 유치원

office 사무실

grocery store 식료품 매장

department store 백화점

(shopping) mall 쇼핑몰

woods 숲

park 공원

pier 부두

beach 해변

- **외모, 복장**

curly hair 곱슬 머리, 파마 머리

a pony tail 말총 머리

pig tails 양갈래 머리

a bald head 대머리

a vest 조끼

an apron 앞치마

a short-sleeve shirt 반팔 셔츠

a suit 정장

a bathing suit 수영복

a checkered shirt 체크무늬 셔츠

a striped shirt 줄무늬 셔츠

glasses 안경

sunglasses 선글라스

shades 선글라스, 빛 가리개

a raincoat 비옷

▶ **동작, 상태**

be sitting around the table 탁자 주변에 앉아 있다

be pointing something on a screen 화면에 무언가를 가리키고 있다

be exchanging business cards 명함을 교환하고 있다

be writing something on the whiteboard 화이트보드에 무언가를 쓰고 있다

be talking on a cell phone 휴대전화로 통화 중이다

be facing each other 서로 마주보고 있다

be leaning back in the chair 의자에 기대고 있다

be typing something on the keyboard 기보드에 무언가를 타이핑하고 있다

be inspecting an item 물건을 살펴보고 있다

be pushing a cart around 카트를 밀고 있다

be paying for items at the counter 계산대에서 물건 값을 지불하고 있다

be looking through a display case 진열장 안을 들여다보고 있다

be checking the price tag 가격표를 확인하고 있다

be carrying some shopping bags 쇼핑 가방을 들고 있다

be watering a plant 식물에 물을 주고 있다

be hanging on the wall 벽에 걸려 있다

be being displayed in rows 줄지어 진열되어 있다

be assembled in the square 광장에 모여 있다

be stacked up on the table 테이블 위에 쌓여 있다

be piled on the street 거리에 쌓여 있다

PART 1

PART 2

PART 3

PART 4

PART 5

PART 6

다음 사진과 관련하여 주어진 해석에 맞게 문장을 완성하고 말해 봅시다.　　🎧 Part 2_01

1

This picture is taken _____ .
이 사진은 회의실에서 찍은 것입니다.

The man in the center is _____ .
중앙의 남자는 발표를 하고 있습니다.

2

Two women are _____ .
두 명의 여자가 서로 마주보고 있습니다.

The man on the right is _____ .
오른쪽의 남자는 벽에 기대고 있습니다.

3

This picture is taken _____ .
이 사진은 공원에서 찍은 것입니다.

They are _____ .
그들은 선글라스를 끼고 있습니다.

4

This is a picture of _____ .
이것은 거실의 사진입니다.

A woman and a boy are _____ .
여자와 남자아이가 나란히 앉아 있습니다.

PART 2

만·점·전·략 ◀ PERFECT TACTICS

사진 묘사는 크게 4단계로 나눠서 사진을 분석하고 설명한다.

1 ▶ 사진 소개

사진의 전체적인 모습을 설명하거나, 사진이 찍힌 장소, 중심 인물들의 포괄적인 행동을 묘사하는 글로 사진 소개를 시작한다.

Tips for Speaking | 사진 소개 주요 구문

This is a picture(photo) of ~ ~의 사진입니다

This picture(photo) is taken + 장소 이 사진은 (장소)에서 찍은 것입니다

This picture(photo) shows ~ 이 사진은 ~을 보여 줍니다

This picture(photo) is ~ 이 사진은 ~입니다

In this picture(photo), I see ~ 사진에서, ~이 보입니다

이 중에서 가장 자신 있는 구문 하나를 반복 읽기 연습을 통해 자신의 표현으로 익혀 두고 적극 활용한다.

Pattern Drills
정답 p 7

위의 사진과 관련하여 주어진 해석에 맞게 문장을 완성하고 말해 봅시다. 🎧 Part 2_02

1 _____ a man and a woman _____ .

이것은 책을 대출하고 있는 남사와 여사의 사진입니다.

2 _____ at a library. 이 사진은 도서관에서 찍은 것입니다.

3 _____ a library. 이 사진은 도서관을 보여줍니다.

4 In this picture, _____ a man and a woman

_____ . 사진에서 책을 들고 있는 남자와 여자를 볼 수 있습니다.

2 ▶ 중심 대상 묘사

사진에서 가장 중심이 되는 (반드시 사진의 위치상 가운데 있는 것은 아님) 인물부터 차례로 사진에
등장하는 사람들의 동작, 외모, 옷차림 등을 고르게 묘사한다.

사진에서의 위치 표현		
at the top left 좌측 상단에	in the background 뒤쪽에	at the top right 우측 상단에
on the left side 왼편에	in the middle(center) 가운데(중앙에)	on the right side 오른편에
at the bottom left 좌측 하단에	in the foreground 앞쪽에	at the bottom right 우측 하단에

Tips for Speaking 중심 대상 묘사 주요 구문

There is(are) + 단수명사/복수명사 ~이 있습니다

위치 표현 + I see ~ (위치)에 ~이 보입니다

위치 표현, 사람 + is(are) -ing (위치)에 (사람)이 ~을 하고 있습니다
(위치 표현 + is(are) + 사람 + -ing 사람과 be동사를 도치시켜서 표현할 수도 있다.)

사람 + is(are) + -ing (사람)이 ~하고 있습니다

위의 사진과 관련하여 주어진 해석에 맞게 문장을 완성하고 말해 봅시다.　　🎧 Part 2_03

1 ＿＿＿＿＿＿＿＿＿＿＿＿＿＿＿ a man ＿＿＿＿＿＿＿＿＿＿＿＿＿＿ .

　 하늘색 조끼를 입은 남자가 있습니다.

2 ＿＿＿＿＿＿＿＿＿＿＿＿＿＿ the picture, ＿＿＿＿＿＿＿＿＿＿＿＿ a man
checking out some books.

　 사진의 가운데에, 책을 대출하고 있는 남자가 보입니다.

3 ＿＿＿＿＿＿＿＿＿＿＿＿＿ the picture, a man ＿＿＿＿＿＿＿＿＿＿＿＿ is
holding some books.

　 사진의 중앙에, 조끼를 입은 남자가 책을 들고 있습니다.

　 = 도치구문: In the center of the picture ＿＿＿＿＿＿＿＿＿＿＿＿ a man holding
some books.

4 ＿＿＿＿＿＿＿＿＿＿＿＿＿ the picture, a woman ＿＿＿＿＿＿＿＿＿＿＿＿
is holding some books.

　 사진의 오른편에, 꽁지 머리를 한 여자가 책을 들고 있습니다.

3 ▶ 주변 묘사

중심 인물들의 주변에 있는 배경 모습을 묘사한다. 이때 주변의 위치를 나타내는 아래의 전치사 표현들과 앞서 학습한 중심 대상 주요 구문을 활용하여 세부적으로 사진을 묘사한다.

Tips for Speaking | 전치사 표현 사용하기

in the background 뒤쪽에	in the opposite side 반대편에
next to ~ 옆에	in front of ~의 앞쪽에
in the back of ~의 뒤쪽에	on the left(right) side of ~의 왼쪽(오른쪽)에

Pattern Drills

정답 p8

위의 사진과 관련하여 주어진 해석에 맞게 문장을 완성하고 말해 봅시다.　　　🎧 Part 2_04

1 _____ , _____ book shelves
_____ some books.

뒤쪽에는, 부분적으로 책들이 채워져 있는 책장들이 있습니다.

2 _____ a man, a monitor is _____ .

남자 옆에는, 모니터가 테이블 위에 놓여 있습니다.

3 _____ a woman, I see _____ .

여자의 앞에는, 테이블 위에 바코드 스캐너를 볼 수 있습니다.

4 _____ a man _____ a computer
monitor.

남자의 왼쪽에는 컴퓨터 모니터가 있습니다.

PART 1

PART 2

PART 3

PART 4

PART 5

PART 6

4 ▸ 느낌이나 소감 전달

사진에 대한 주관적인 의견을 제시한다. 사진을 보고 전체적인 분위기나, 사진을 통해 유추할 수 있는 점들을 중심 묘사와 더불어 또는 사진 묘사의 마무리에 전달한다.

Tips for Speaking | 주요 사용 구문

I think(believe, guess) ~라고 생각합니다   It looks like ~인 것 같아 보입니다

It seems like ~인 것 같습니다   It seems that ~인 것 같습니다

주어 + look(s) (주어)가 ~한 것 같아 보입니다   주어 + seem(s) to be (주어)가 ~한 것 같습니다

Pattern Drills   정답 p8

위의 사진과 관련하여 주어진 해석에 맞게 문장을 완성하고 말해 봅시다.   🎧 Part 2_05

1 _____ they are checking out some books
_____ some project assignment.

그들이 프로젝트 과제 때문에 책을 빌리는 것이라고 생각합니다.

2 _____ she _____ on a keyboard.

여자가 키보드에 무언가를 타이핑하고 있는 것으로 보입니다.

3 _____ they are checking out some books.

그들이 책을 빌리고 있는 것 같습니다.

4 _____ checking out some books.

그들은 책을 빌리고 있는 것 같습니다.

CASE STUDY ▶ 유·형·별·맛·보·기

1 공항 및 비행기

▶ **사진 소개**

This is a picture taken in an airplane.

이것은 비행기 내에서 찍은 사진입니다.

▶ **중심 대상 묘사**

The woman **with a pony tail** is reading a magazine. **The man wearing a suit beside** her is working on his laptop. The man **behind** them in a gray suit and tie is sleeping.

말총 머리를 한 여자는 잡지를 읽고 있습니다. 여자 옆에 정장을 입고 있는 남자는 노트북으로 일을 하고 있습니다. 이 사람들 뒤에 회색 정장을 입고 넥타이를 하고 있는 남자는 자고 있습니다.

▶ **주변 묘사**

It seems to be night time because it is dark outside and **there are** lighted buildings.

밖이 어둡고 빛나는 건물들이 있기 때문에 밤 시간인 것 같습니다.

▶ **느낌이나 소감 전달**

I think they are on a business trip because all of the men are wearing business suits and the woman is wearing a formal outfit. **They also seem tired**.

모든 남자가 비즈니스 정장을 입고 있고 여자는 격식을 차린 정장을 입고 있기 때문에 출장 중이라고 생각합니다. 또한 그들은 피곤한 것 같습니다.

● **This is a picture taken in an airplane.**

This is a picture taken ~: 사진을 소개할 때 자주 사용하는 표현이다.

in an airplane: 장소를 나타낼 때 전치사 사용에 유의한다. 비행기 실내를 나타내고 있으므로 in을 사용한다.

● **The woman with a pony tail ~**

사람의 외모를 표현할 때 사용할 수 있는 표현이다. 말총 머리(a pony tail), 곱슬 머리(curly hair) 등의 표현을 사용하여 '~ 머리를 한 여자'로 표현할 수 있다.

● **The man wearing a suit ~**

명사의 동작 및 상태를 표현할 때 분사구를 사용하는 표현이다. 앞의 명사가 능동적으로 분사구의 동작을 하는 경우 –ing 형태를 사용하여 '~하고 있는 명사'로 표현할 수 있다. 이때 동사는 뒤에 따로 나타나므로 be동사를 넣어서 발음하지 않도록 유의한다. (The man is (X) wearing a suit … **is** (O) working …)

● **beside her** 여자 옆에, **behind them** 그들 뒤에

장소를 나타내는 전치사 사용에 유의 한다.

● **It seems to be** night time

느낌이나 소감을 전달할 때 자주 사용하는 표현이다. '마치 ~인 것 같다'라는 의미로 사진을 통해서 추측할 수 있는 내용을 전달할 때 사용한다.

● **there are** lighted buildings

'~이 있다'라는 표현이다. 주의해야 할 것은 뒤에 나오는 명사구와 수의 일치를 시켜야 한다. 실수하기 쉬운 부분이기 때문에 확실히 기억해 둔다. (There **is** (X) lighted building**s**)

● **I think ~**

'~라고 생각한다'라는 의미로 느낌이나 소감을 전달할 때 자주 사용하는 표현이다.

● **They also seem (to be) tired.**

'주어가 마치 ~인 것 같다'라는 표현으로 seem 뒤에 to be를 생략하고 바로 형용사(tired)가 올 수도 있다.

pony tail 말총 머리 suit 정장 work on ~을 하다, ~에 노력을 들이다 laptop (computer) 노트북

formal 격식을 차린 outfit 옷 (복장)

Tips for Speaking 공항 및 비행기 관련 주요 어휘 및 표현

be lined up at the gate 게이트에 줄을 서다

be carrying the luggage 짐을 가지고 있다

be weighing the luggage 수하물의 무게를 재고 있다

be taking off the runway 활주로에서 이륙하고 있다

be looking at the timetable 탑승시간표를 보고 있다

be serving beverages 음료를 제공하고 있다

be waiting in line 줄을 서서 기다리고 있다

the baggage claim area 수하물 찾는 곳

depart from a runway 활주로에서 출발하다

be boarding the airplane 비행기에 탑승하고 있다

be going through customs 세관을 통과하고 있다

2 ▶ 도서관

▶ **사진 소개**

This is a picture of a blonde-haired woman **in a library**.

이것은 도서관에 있는 금발 여자의 사진입니다.

▶ **중심 대상 묘사**

She is reading a book **while standing up**. She is wearing a blue shirt **under a white one**. She is turning a page of the book **with her left hand**.

여자는 서서 책을 읽고 있습니다. 여자는 흰색 셔츠 안에 파란색 셔츠를 입고 있습니다. 여자는 왼손으로 책장을 넘기고 있습니다.

▶ **주변 묘사**

There are lots of books **displayed on the shelves**.

책장에 진열된 많은 책들이 있습니다.

▶ **느낌이나 소감 전달**

I think she is studying and **looking for some information** for her paper.

여자가 보고서를 위해서 공부하고 정보를 찾고 있다고 생각합니다.

> **구문학습**

- **This is a picture of ~ in a library.**
  This is a picture of ~: 사진을 소개할 때 자주 사용하는 표현이다.
  in a library: 장소를 나타낼 때 전치사 사용에 유의한다. 도서관 실내를 나타내고 있으므로 in을 사용한다.

- She is reading a book **while standing up**.
  2가지 동작이 동시에 일어나고 있을 때 사용하는 표현이다. while –ing 형태로 다양하게 사용할 수 있다.

- wearing a blue shirt **under a white one**

  동일한 별개의 대상을 나타낼 때 one이라는 부정대명사를 사용할 수 있다. 여기에서 one은 shirt를 나타낸다.

- **with her left hand**

  동작에 사용되는 도구를 나타낼 때 사용할 수 있는 표현이다.

- There are lots of books **displayed on the shelves**.

  명사의 동작 및 상태를 표현할 때 분사구를 사용하는 표현이다. 앞의 명사가 수동적으로 분사구 동작의 대상이 되는 경우 과거분사(p.p.)의 형태를 사용하여 '~되어 있는 명사'로 표현할 수 있다.

- **I think ~**

  '~라고 생각한다'라는 의미로 느낌이나 소감을 전달할 때 자주 사용하는 표현이다.

- she is **studying** and **looking for some information**

  studying AND looking ⋯: 병렬 구조에 주의한다. 동일한 형태로 사용해야 한다. (She is studying and **looks** (X) for) 또한 information은 셀 수 없는 명사이기 때문에 '-s'를 붙이지 않도록 유의한다.

어휘학습

blonde-haired 금발인 display 진열하다, 전시하다 look for ~을 찾다

Tips for Speaking 도서관 관련 주요 어휘 및 표현

be looking at books in the library 도서관에서 책을 보고 있다

be reading a magazine in the library 도서관에서 잡지를 읽고 있다

be checking out movies at the library 도서관에서 영화를 대출하고 있다

be using the library computer 도서관 컴퓨터를 사용하고 있다

be reading books between the shelves 책장들 사이에서 책을 읽고 있다

be studying in the library 도서관에서 공부하고 있다

be waiting in line to borrow books 책을 빌리기 위해서 줄을 서 있다

be arranging the books on the shelves 책장에 책을 정리하고 있다

There are lots of books on the shelves. 책장에 많은 책이 있다.

PART 1
PART 2
PART 3
PART 4
PART 5
PART 6

3 ▶ 사무실

▶ **사진 소개**

This picture shows three business colleagues **discussing a document**.

이 사진은 서류에 대해 논의하는 3명의 직장 동료를 보여 주고 있습니다.

▶ **중심 대상 묘사**

The man **behind them** is pointing to the document. The woman is **wearing** a suit jacket **and holding** the document **in her left hand** and a pen **in her right hand**. The man beside her is **holding** a pen **with his right hand**.

사람들 뒤에 있는 남자는 서류를 가리키고 있습니다. 여자는 정장 재킷을 입고 있고 왼손에는 서류를 오른손에는 펜을 잡고 있습니다. 여자 옆의 남자는 오른손으로 펜을 잡고 있습니다.

▶ **주변 묘사**

There are lots of documents and a planner **on the table**. I see her cell phone on a clip board.

테이블에는 많은 서류와 다이어리 하나가 있습니다. 클립보드 위에 여자의 휴대전화가 보입니다.

▶ **느낌이나 소감 전달**

They seem to be having a serious discussion or meeting.

사람들이 중요한 논의나 회의를 하고 있는 것 같습니다.

구문학습

- **This picture shows** three business colleagues **discussing a document**.

  This is a picture of ~: 사진을 소개할 때 자주 사용하는 표현이다.

  three business colleagues discussing a document: 명사의 동작 및 상태를 표현할 때 분사구를 사용하

는 표현이다. 앞의 명사가 능동적으로 분사구의 동작을 하는 경우 –ing 형태를 사용하여 '～하고 있는 명사'로 표현할 수 있다.

- The man **behind them** (그들 뒤에) is

  장소를 나타내는 전치사 사용에 유의한다.

- The woman is **wearing** a suit jacket **and holding** the document **in her left hand**.
  The man beside her is **holding** a pen **with his right hand**.

  wearing ⋯ AND holding ⋯: 병렬 구조에 주의한다. 동일한 형태로 사용해야 한다.

  in her left hand: 왼손에

  holding a pen with his right hand: 오른손으로 펜을 잡고 있다

- **There are lots of** documents ~ **on the table**

  There is(are) ~(~이 있다)라는 표현을 사용할 때는 뒤의 명사의 수에 유의한다. 단수일 때는 is, 복수일 때는 are를 사용한다.

- **They seem to** be having ~

  '주어가 마치 ～인 것 같다'라는 표현으로 느낌이나 소감을 전달할 때 자주 사용하는 표현이다.

어휘학습

business colleague 직장 동료 discuss ～에 대해 논의하다 cf. discuss about(X)
point to something 무언가를 가리키다

Tips for Speaking 사무실 관련 주요 어휘 및 표현

be typing on a keyboard 키보드로 타이핑을 하고 있다

be looking at a monitor 모니터를 보고 있다

be looking at a screen 스크린을 보고 있다

be making(delivering, giving) a presentation 발표를 하고 있다

be making photocopies 복사를 하고 있다

be arranging a pile of documents 문서 꾸러미를 정리하고 있다

be entering data into the computer 컴퓨터에 자료를 입력하고 있다

be working on some paperwork 문서 작업을 하고 있다

be arranging a business meeting 사업상 회의를 준비하고 있다

be interviewing applicants 지원자 면접을 하고 있다

be waiting for an interview 면접을 기다리고 있다

be copying a document 서류를 복사하고 있다

PART 1

PART 2

PART 3

PART 4

PART 5

PART 6

4 ▶ 쇼핑

▶ **사진 소개**

This is a picture of two people **in a clothes store**.

이것은 옷가게에 있는 두 사람의 사진입니다.

▶ **중심 대상 묘사**

The man seems to be a customer **to buy a suit. The woman seems to be** a clerk **to help him select** a good suit.

남자는 정장을 구입하는 고객인 것 같습니다. 여자는 남자가 좋은 정장을 선택하도록 도와주는 점원인 것 같습니다.

▶ **주변 묘사**

There are lots of suits **hanging on display for sale**. I see two manikins wearing dress clothes. The store seems to be **for the upper class** because there are only suits for sale.

판매를 위해 전시되어 걸려 있는 많은 정장이 있습니다. 옷을 입고 있는 2개의 마네킹이 보입니다. 그 매장은 정장만이 판매되고 있기 때문에 상류층을 위한 것 같습니다.

▶ **느낌이나 소감 전달**

I think the man is preparing for an official meeting **such as** a job interview or a formal dinner with his girlfriend.

남자는 직장 면접이나 여자친구와의 정찬과 같은 공식적인 만남을 준비하고 있는 것이라고 생각합니다.

구문학습

● **This is a picture of** two people **in a clothes store**.
This is a picture of ~: 사진을 소개할 때 자주 사용하는 표현이다.

in a clothes store: 장소를 나타낼 때 전치사 사용에 유의한다. 매장 안을 나타내므로 in을 사용한다.

- **The man seems to be** a customer **to buy a suit**.
  The woman seems to be a clerk **to help him select** a good suit.

  The man seems to be ~ / The woman seems to be ~: '주어가 마치 ~인 것 같다'라는 표현으로 느낌이나 소감을 전달할 때 자주 사용하는 표현이다.

  a customer to buy a suit / a clerk to help him ~: to부정사(to buy ~/ to help ~)를 사용하여 '~하는 명사'라는 의미로 표현할 수 있다.

- There are lots of suits **hanging on display for sale**.

  명사의 동작 및 상태를 표현하는 분사구이다. hanging은 -ing 형태로 사물의 상태를 나타낼 수 있다.

- **I think ~**

  '~라고 생각한다'라는 의미로 느낌이나 소감을 전달할 때 자주 사용하는 표현이다.

- ~ an official meeting **such as** a job interview or a formal dinner

  such as : '~와 같은'의 의미로 여러 가지 예시를 제시할 때 사용할 수 있는 표현이다.

어휘학습

customer 고객 clerk 점원 manikin [mǽnikin] 마네킹 upper class 상류층 prepare for ~을 준비하다
official 공식적인 job interview 직장 면접 formal dinner 정찬(격식을 차린 식사)

Tips for Speaking 쇼핑 관련 주요 어휘 및 표현

be shopping for office supplies 사무용품을 구입하고 있다

be waiting in line to check out at the store 매장에서 계산하기 위해 줄을 서 있다

be shopping for a new business suit 새로운 정장을 구입하고 있다

be arranging items on a shelf 선반에 물건들을 정리하고 있다

be handing her credit card to the clerk 여자의 신용카드를 점원에게 건네주고 있다

be pushing a cart full of groceries 식료품으로 가득한 카트를 밀고 있다

be measuring her height for a new dress 새로운 드레스를 위해 여자의 키를 측정하고 있다

be reaching for bananas in the produce section 농산물 섹션의 바나나에 손을 뻗고 있다

be picking up a piece of fruit at the grocery store 식료품점에서 과일을 고르고 있다

be handing her the receipt 여자에게 영수증을 건네주고 있다

be looking at the mirror in the dressing room 탈의실에서 거울을 보고 있다

be trying on new shoes 새 신발을 신어 보고 있다

The cashier is scanning the woman's items. 점원이 여자의 물건을 스캔하고 있다.

PREP.
TEST

[Test 1] 사진과 관련하여 주어진 해석에 맞게 문장을 완성하시오.

PART 1

PART 2

PART 3

PART 4

PART 5

PART 6

사진 소개   _____ a barbecue party.

바비큐 파티에서의 장면입니다.

중심 대상
묘사   The man _____ is giving kebabs

_____ roasted meat on a stick with tongs.

He is holding a glass of wine _____.

The woman _____ him is holding a fork.

_____ meats and vegetables on the grill.

사진 왼편의 남자는 꼬치에 있는 구운 고기와 비슷한 케밥을 집게로 주고 있습니다. 그는 왼손으로 와인잔을
잡고 있습니다. 남자 옆의 여자는 포크를 잡고 있습니다. 그릴에는 고기와 채소가 있습니다.

주변 대상
묘사   I also see some chairs and trees _____.

_____ some pool chairs in the right corner of this

picture.

또한 사진의 배경에는 의자와 나무들이 보입니다. 이 사진의 오른쪽 끝에는 수영장 의자가 몇 개 있습니다.

느낌이나
소감 전달   _____ their back yard. I think they are having a

barbecue party and a good time because they are smiling.

이들의 뒤뜰 정원 같아 보입니다. 이들이 웃고 있기 때문에 바비큐 파티를 하며 즐거운 시간을 보내고 있다고
생각합니다.

[Test 2] 사진과 관련하여 주어진 해석에 맞게 문장을 완성하시오.

Test 2

🎧Part 2_07

PART 1

PART 2

PART 3

PART 4

PART 5

PART 6

사진 소개 _____ a man and a woman sitting down

_____ .

이 사진은 남자와 여자가 공항에 앉아 있는 모습을 보여 줍니다.

중심 대상
묘사

The man _____ which he has on his lap.

And, the woman _____ .

She _____ . I see a piece of luggage

_____ each the man and the woman.

남자는 무릎에 있는 노트북에 타이핑을 하고 있습니다. 그리고 여자는 테블릿으로 보이는 것을 쳐다보고 있습니다. 여자는 다리를 꼬고 있습니다. 남자와 여자 앞에 각각 짐이 있는 것이 보입니다.

주변 대상
묘사

_____ , I see a few people _____ .

I also see some chairs and some signs _____ .

_____ there is a monitor as well.

배경에는 걸어 다니는 몇몇 사람들이 보입니다. 또한 몇 개의 의자와 천장에 걸려 있는 몇 개의 표지판도 보입니다. 모니터도 역시 있는 것 같아 보입니다.

느낌이나
소감 전달

_____ they are _____ an

airplane.

그들은 비행기를 기다리고 있는 것 같습니다.

[Test 3] 사진과 관련하여 주어진 해석에 맞게 문장을 완성하시오.

Test 3

🎧 Part 2_08

PART 1

PART 2

PART 3

PART 4

PART 5

PART 6

사진 소개	_____ what looks like a man and a woman

_____.

이것은 남자와 여자가 카페에서 먹고 있는 것으로 보이는 사진입니다.

중심 대상 묘사	They are sitting _____ at a table. I see some

flowers and a menu _____.

The woman _____ what is probably

_____. _____

some kind of dessert in a cup in front of the man. The man

_____ _____ in his hand.

그들은 테이블에서 서로 반대편에 앉아 있습니다. 테이블에는 몇 송이 꽃과 메뉴를 볼 수 있습니다. 여자는 아마도 커피일 것 같은 컵을 들고 있습니다. 남자 앞의 컵에는 디저트가 있는 것 같습니다. 남자도 손에 물잔을 들고 있습니다.

주변 대상 묘사	___ _____, _____ another

table full of people. _____ a waiter is

_____.

배경에는, 사람들로 가득한 다른 테이블이 보입니다. 웨이터가 주문을 받고 있는 것 같습니다.

느낌이나 소감 전달	It looks like a nice place _____ to me.

저에게는 커피 마시고 이야기 나누기 좋은 곳으로 보입니다.

[Test 4] 사진과 관련하여 주어진 해석에 맞게 문장을 완성하시오.

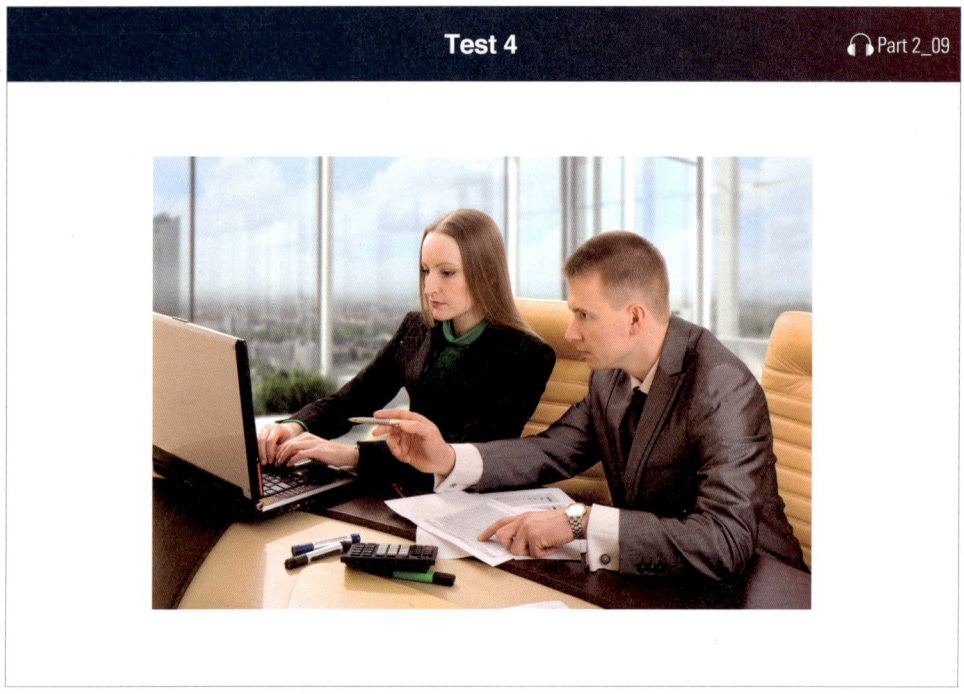

Test 4   🎧 Part 2_09

PART 1

PART 2

PART 3

PART 4

PART 5

PART 6

사진 소개   _____, I see a man and a woman

_____.

이 사진에서는 남자와 여자가 사무실에서 일하고 있는 것이 보입니다.

중심 대상 묘사   They are both _____ in front of what

looks like a large desk or possibly a table. The woman is

_____. The man _____

on the laptop screen with a pen. His other hand is on some papers.

_____ graphs. I also see a calculator and

_____ markers on the table.

그들은 둘 다 큰 책상이나 아마도 테이블로 보이는 것 앞에 있는 의자에 앉아 있습니다. 여자는 노트북에 타이핑을 하고 있습니다. 남자는 펜으로 노트북 화면의 무언가를 가리키고 있습니다. 남자의 다른 손은 종이들 위에 있습니다. 그것들은 그래프처럼 보입니다. 또한 테이블에는 계산기와 보드마커로 보이는 것이 보입니다.

주변 대상 묘사   _____, what I see _____

a cityscape outside the office window.

배경에는 사무실 창 밖으로 도시 경관이 보입니다.

느낌이나 소감 전달   _____ some project.

Maybe they are analyzing some graphs on the laptop computer.

그들은 어떤 프로젝트를 하느라 매우 바쁜 것 같습니다. 아마도 그들은 노트북에 있는 어떤 그래프를 분석하는 중일 것입니다.

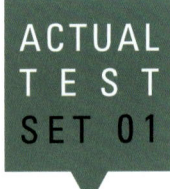
TOEIC Speaking

Question 3: Describe a picture

Directions: In this part of the test, you will describe the picture on your screen in as much detail as you can. You will have 45 seconds to prepare your response. Then you will have 45 seconds to speak about the picture.

PREPARATION TIME	RESPONSE TIME
00:00:45	00:00.45

Model Answer Part 2_11

PART 1
PART 2
PART 3
PART 4
PART 5
PART 6

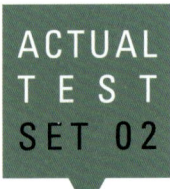

TOEIC Speaking

Question 3: Describe a picture

Directions: In this part of the test, you will describe the picture on your screen in as much detail as you can. You will have 45 seconds to prepare your response. Then you will have 45 seconds to speak about the picture.

PREPARATION TIME	RESPONSE TIME
00:00:45	00:00:45

Model Answer Part 2_13

PART 1
PART 2
PART 3
PART 4
PART 5
PART 6

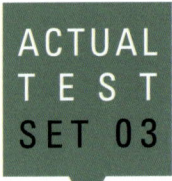

TOEIC Speaking

Question 3: Describe a picture

Directions: In this part of the test, you will describe the picture on your screen in as much detail as you can. You will have 45 seconds to prepare your response. Then you will have 45 seconds to speak about the picture.

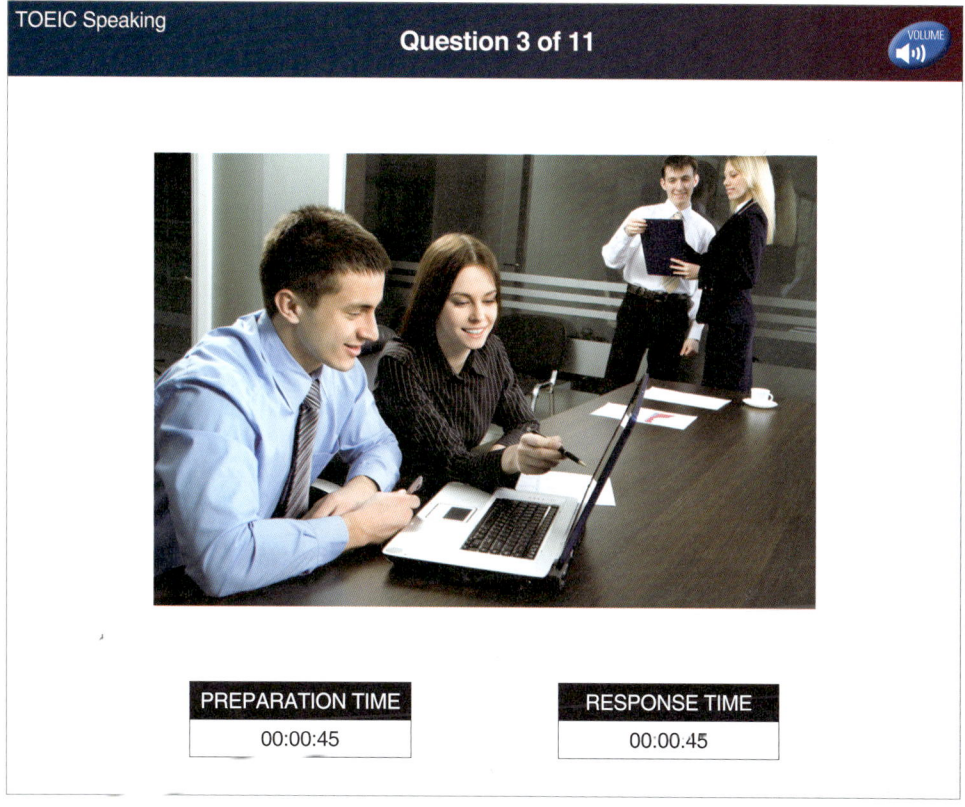

PREPARATION TIME
00:00:45

RESPONSE TIME
00:00.45

Model Answer 🎧 Part 2_15

TOEIC SPEAKING

PREVIEW ▶ 유·형·미·리·보·기

1 ▶ 문항 소개

문제	답변 준비 시간	답변 시간
Questions 4~6: Respond to Questions	문항당 3초	4번 – 15초 5번 – 15초 6번 – 30초

평가 기준	문제 유형
발음, 강세, 억양, 문법, 어휘, 일관성, 내용의 관련성, 내용의 완성도	• 기존 유형: 전화 설문조사에 응하는 상황 가정 • 신유형: 지인과 전화로 통화하는 상황 가정 • 세 개 질문을 받고 개인 경험을 이야기하는 방식 • 문제(4~6번)가 화면과 음성으로 모두 제시됨 • Question 4~5: 주제와 관련된 단일 정보 • Question 6: 주제와 관련된 더욱 자세한 설명

2 ▶ 신유형

기존 유형은 미국, 영국, 캐나다 등 영어권 회사의 시장조사 혹은 방송국에서 프로그램 제작을 설문조사해 전화로 인터뷰하는 것이 대부분이지만, 신유형에서는 직장동료나 친구, 고객과 같은 지인과의 전화 통화 형태로 진행된다. 전형적인 질문은 다음과 같다.

Imagine that a friend will be moving to your neighborhood. You are having a telephone conversation about where you live.

질문은 실제생활에서 일어날 수 있는 이사, 쇼핑센터나 식당에 대한 정보 등 평이한 소재가 다루어진다. 수험자는 지인에게 자연스럽게 개인 의견이나 경험 등을 설명해 준다고 생각하면서 답변하는 것이 좋다.

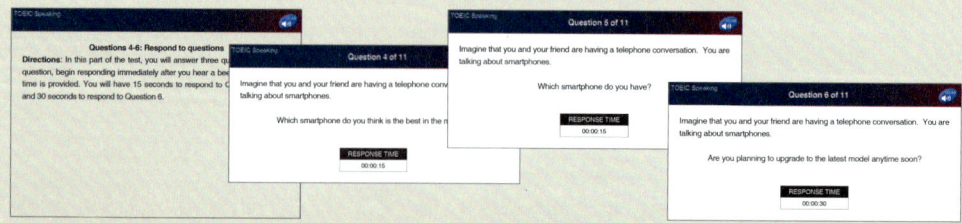

3 진행 순서

❶ 화면에 지시문(Directions) 화면 제시 및 음성 설명

TOEIC Speaking

Questions 4–6: Respond to questions

Directions: In this part of the test, you will answer three questions. You will have 3 seconds to prepare. You will have 15 seconds to respond to Questions 4 and 5 and 30 seconds to respond to Question 6.

❷ 가정 내용 화면 및 음성 제시
❸ 4번 문제가 음성과 함께 제시, 질문이 끝나면 준비 시간 3초 후, 답변 시간 15초 시작
❹ 5번 문제가 음성과 함께 제시, 질문이 끝나면 준비 시간 3초 후, 답변 시간 15초 시작
❺ 6번 문제가 음성과 함께 제시, 질문이 끝나면 준비 시간 3초 후, 답변 시간 30초 시작

4 실전 공략법

- 전화로 상대방과 이야기하는 것처럼 자연스럽고 유창하게 대답한다.

- 얼굴을 마주하지 않고 대화하는 상황으로 연습한다.

- 듣기 실력도 중요하지만, 질문이 화면에 제시되므로 질문 자체를 빠르게 파악한다.

- 의문사는 응답의 열쇠를 제공한다. 의문사별 질문 유형을 숙지한다.

- 지시문이 뜨면 마지막 단어에서 바로 질문의 공통 주제를 찾는다.

 CAUTION

- 답변 준비 시간이 없는 것에 유의한다.
- 눈으로 볼 수 있는 문제를 들으려고만 하면 안 된다.
- 핵심 내용이 빠지면 안 된다.
- 문법에 맞게 말한다.
- "삐" 소리 후 응답을 빨리 시작한다.

BASIC STUDY ▶ 기·초·학·습

1 ▶ 답변을 시작하는 팁

문제를 눈으로 먼저 파악하고 문제에서 사용된 표현을 활용하여 답변을 시작할 수 있다.

▶ **예시 1**

Question: What is **your favorite movie**?
Possible Answer: **My favorite movie** is *Love Letter*.

▶ **예시 2**

Question: How often do you usually **go to the movies**?
Possible Answer: **I go to the movies** once a month.

▶ **예시 3**

Question: **From whom** do you **get advice about movies**?
Possible Answer: **I get advice about movies from** my friend.

2 ▶ 주제별 문제 예상하고 키워드 생각하기

제시문 마지막에 나오는 키워드를 눈으로 먼저 확인하고 예상되는 문제들을 생각해 본다.

Imagine … about **books**.

▶ **5W & 1H**

WHO   어떤 작가를 좋아하나요?

WHEN   가장 최근에 언제 책을 구입했나요?

WHERE 보통 책을 어디에서 구입하나요?

WHAT   책을 선택할 때 어떤 것을 가장 중요하게 생각하나요?

WHY   왜 온라인에서 책을 구입하나요?

HOW   How often – 얼마나 자주 책을 읽나요? How many – 얼마나 많은 책을 읽나요?

▶ ··· about books. (예상 키워드)

Who is your **favorite author**?

➡ Paulo Coelho, Joan K. Rowling …

When was the last time you **bought a book**?

➡ yesterday, a month ago …

Where do you usually **buy a book**?

➡ online, offline, used bookstore, borrow a book from a friend …

What is **the most important factor** when you **buy a book**?

➡ price, content, author, title …

Why do you prefer to **buy a book online**?

➡ because it is cheaper, easy …

How often do you usually **buy a book**?

➡ once, twice, three times a month(year) …

Pattern Drills

정답 p 13

주제 키워드와 관련하여 주어진 해석에 맞게 질문을 완성하시오.

🎧 Part 3_01

1　Restaurant

_____ is your favorite restaurant?

가장 즐겨 찾는 식당은 어디인가요?

_____ do you go to that restaurant?

얼마나 자주 그 식당을 찾나요?

_____ is your favorite cuisine?

가장 좋아하는 요리는 무엇인가요?

2　Library

_____ you went to a library?

마지막으로 도서관을 간 것은 언제였나요?

_____ do you use a library rather than a

bookstore?

서점보다 도서관을 이용하는 이유는 무엇인가요?

_____ books do you usually borrow?

보통 몇 권씩 책을 빌리나요?

PERFECT TACTICS ▶ 만·점·전·략

Part 3(Questions 4~6)의 특징은 제시문과 문제가 모두 음성과 화면으로 제시된다는 것이다. 따라서 문제를 다 들으려고 하지 말고 눈으로 확인하고 답변을 준비하면 준비 시간이 따로 없는 어려움을 극복할 수 있다.

---

1 ▸ 4번과 5번 질문 유형 및 모범 답변

앞서 배운 답변 시작하기에서 학습한 방법으로 기본 답변을 하고 추가 설명을 덧붙여 주는 것이 좋다. 4번과 5번 질문은 주로 Wh-question(What, How, When, Why, Who, Where)이 대부분이다. 또한 Yes/No Question(Do/Can, Will/would, Have 등)이 나온다. 4번과 5번의 답변 시간은 준비 시간 없이 15초이므로 먼저 Wh-questions에 대해 간단히 답변하고, 추가로 근거나 이유, 예시, 경험, 의견 등을 덧붙여 줌으로써 더 적극적인 모습을 보여주는 것이 고득점에 도움이 된다.

▶ **예시 1**

Question: What is **your favorite book**? 가장 좋아하는 책은 무엇인가요?

기본 답변 〉   **My favorite book** is a science fiction novel. (좋아하는 장르, 작품 등)
가장 좋아하는 책은 공상 과학 소설입니다.

이유 추가 〉   **Since** that genre is very interesting and exciting.
왜냐하면 그 장르가 매우 흥미롭고 신나기 때문입니다.

▶ **예시 2**

Question: How often do you **listen to music**? 얼마나 자주 음악을 듣나요?

기본 답변 〉   **I listen to music** every morning. (빈도 표현 사용)
저는 매일 아침 음악을 듣습니다.

경험 추가 〉   I spend time listening to music **when** I go to school.
저는 학교에 갈 때 음악을 들으면서 시간을 보냅니다.

> **※ 빈도 표현**
>
> once(twice, three times, ...) a day(week, month, year, ...), everyday, every other day, every Monday(Tuesday, ...)
>
> 빈도를 묻는 질문은 자주 등장하기 때문에 이 표현들 가운데 몇 개의 표현을 반드시 익혀 둔다.

▶ **예시 3**

Question: **Where** do you think is **the best place to visit in your country** and **why**? 여러분의 국가에서 방문하기에 가장 좋은 곳은 어디라고 생각하며, 그 이유는 무엇인가요?

기본 답변 〉   **The best place to visit in my country** is Nam San **because** you can see beautiful cityscapes. (방문하기 좋은 장소와 이유)

우리나라에서 가장 방문하기 좋은 곳은 남산입니다. 아름다운 도시 경관을 볼 수 있기 때문입니다.

추가 설명 〉   **Also**, you can enjoy street performances if you are lucky.

또한 운이 좋다면 거리 공연을 즐길 수도 있습니다.

▶ **예시 4**

Question: **When** was the last time **you went to see a movie** and **who** did you go **with**? 마지막으로 영화를 본 것은 언제였고, 누구와 같이 갔나요?

기본 답변 〉   **I went to see a movie** yesterday **with** my brother. (시간 표현, 함께 한 대상)

저는 어제 남동생과 함께 영화를 보러 갔습니다.

추가 설명 〉   **And** the movie was so funny that we kept laughing while watching it.

그리고 영화가 너무 재미있어서 보는 동안 계속 웃었습니다.

※ **추가 설명을 덧붙일 때 사용하는 연결어**

이유: because, since	예시: for example, for instance
경험: when ~할 때	추가: also, and

▶ **예시 5 (신유형)**

Question: **What time** do we have to **get to the airport**?

몇 시까지 공항에 도착해야 합니까?

기본 답변 〉   The flight is at 9:30am. (시간에 대한 답변) 9시 30분입니다.

당부 사항 〉   So I think we should get to the airport at least an hour earlier.

그래서 적어도 한 시간 일찍 공항에 도착해야 될 것 같습니다.

▶ **예시 6 (신유형)**

Question: **Have you already booked** the hotel rooms or should I do it?

호텔 객실을 이미 예약했나요? 아니면 예약해야 하나요?

기본 답변 〉   **I haven't booked** the rooms yet so you can do it. (Yes/No에 대한 답변)

아직 객실을 예약하지 않아서 예약하셔도 됩니다.

당부 사항 〉   **Just make sure** we get internet connection and workspace.

인터넷 연결과 업무 공간이 있는지 확인해 주세요.

2 ▶ 6번 질문 유형 및 모범 답변

질문에 사용된 표현을 활용하여 기본적인 답변을 하고, 추가적인 이유와 근거를 제시한다. 6번 질문은 준비 시간 없이 답변 시간이 30초다. 그렇기 때문에 의견을 묻거나 두 개의 질문을 하는 형식으로 나온다. 질문에 사용된 표현을 활용하여 질문과의 연관성을 강조하고, 추가적인 이유나 근거 또는 개인의 의견이나 주장을 제시한다. 많은 근거를 한꺼번에 제시하기보다는 간략한 근거를 2개 정도 제시하고 자신의 주장을 간략하게 결론으로 정리하여 마무리하는 것이 고득점에 도움이 된다.

▶ 예시 1

Question: What do you think are the **advantages of buying books online**?

온라인으로 책을 구입하는 것의 장점이 무엇이라고 생각하나요?

기본 주장 〉 질문에 사용된 표현 활용

I think there are some **advantages of buying books online**.

저는 온라인으로 책을 구입하는 것은 몇 가지 장점이 있다고 생각합니다.

근거 제시 〉 키워드 – **저렴하다, 편리하다**

First, it is cheaper than buying at an offline bookstore.

첫째, 오프라인 서점에서 구입하는 것보다 더 저렴합니다.

Second, it is more convenient to buy books because you don't need to move but just click a mouse.

둘째, 움직일 필요 없이 마우스만 클릭하면 되기 때문에 책을 구입하는 것이 더 편리합니다.

마무리 〉 간략한 결론

So, I like to buy books online.

그래서 저는 온라인으로 책을 구입하는 것을 좋아합니다.

※ **근거 제시에 자주 사용하는 표현**

열거: First 첫째, Second 둘째   추가: In addition, Furthermore, Moreover, Also

---

어휘학습

advantage 장점, 이점   cheap 저렴한   convenient 편리한

▶ 예시 2

Question: What is **the most important factor when purchasing home appliances**: function, price, or brand?

가전제품을 구입할 때 가장 중요한 요소는 무엇인가요? 기능, 가격, 상표?

기본 주장 〉	질문에 사용된 표현 활용, 제시한 선택사항 중 한 가지 선택

The most important factor when I buy home appliances is brand.

제가 가전제품을 구입할 때 가장 중요한 요소는 상표입니다.

근거 제시 〉	키워드 – 유명한 브랜드의 품질, 편리한 수리 서비스

First, I can believe the quality by buying a product of a famous brand.

첫째, 유명한 상표의 제품을 구입함으로써 품질을 믿을 수 있습니다.

Second, it is easy to get repair service because a famous brand has many service centers around the city.

둘째, 유명한 상표는 시내에 많은 서비스 센터를 가지고 있기 때문에 수리 서비스를 받기 쉽습니다.

마무리 〉	간략한 재진술

Therefore, I consider the brand **most when purchasing home appliances**.

그러므로 저는 가전제품을 구입할 때 상표를 가장 많이 고려합니다.

※ 마무리에 자주 사용하는 연결어

therefore 그러므로, thus 따라서, so 그래서

어휘학습

factor 요소 home appliance 가전제품 quality 품질 famous 유명한 repair 수리 purchase 구입하다

▶ **예시 3 (신유형)**

Question: Alright, and **should we** hire a driver **or** do you think a taxi is enough to get around?

알겠습니다. 그럼 운전사를 고용해야 되나요? 아니면 택시가 돌아다니기에 충분할 것 같나요?

기본 답변 〉	I think most of our time will be spent at the hotel, unless you're planning on doing some sight-seeing outside of the conference. (기본 질문에 대한 답변과 근거 및 이유)

회의 이외에 관광을 할 계획이 아니라면, 대부분의 시간을 호텔에서 보낼 것 같아서 운전사는 필요없을 것 같습니다.

추가 설명 〉	**So I think** we don't need a driver. **I believe** the hotel also provides shuttle service, so we'll be fine. (개인의 의견이니 주장제시)

호텔에서 셔틀 서비스도 제공하는 것으로 알고 있어서 괜찮을 것 같습니다.

다음의 질문들에 대한 주어진 해석에 맞게 답을 하시오. 🎧 Part 3_02

1 What is your favorite music?

기본 답변 〉 ＿＿＿＿＿＿＿＿＿＿＿＿ classical music.

제가 가장 좋아하는 음악은 클래식 음악입니다.

추가 설명 〉 ＿＿＿＿＿＿＿＿＿＿＿＿ classical music, I feel relaxed.

저는 클래식 음악을 들을 때, 편안함을 느낍니다.

2 How often do you go to the gym?

기본 답변 〉 I go to the gym ＿＿＿＿＿＿＿＿＿＿＿＿,

저는 일주일에 2번 체육관에 갑니다.

이유 추가 〉 ＿＿＿＿＿＿＿＿＿＿＿＿ I have tennis lessons there.

그곳에서 테니스 수업이 있기 때문입니다.

3 What are the advantages of shopping online?

기본 주장 〉 ＿＿＿＿＿＿＿＿＿＿＿＿ several advantages of shopping online.

저는 온라인 쇼핑이 여러 장점이 있다고 생각합니다.

근거 제시 〉 **저렴하다, 용이하다**

First, the price is usually ＿＿＿＿＿＿＿＿＿＿＿＿ because they
do not need to pay for a clerk and renting a store.

첫째, 점원이나 매장 임대료를 지불할 필요가 없기 때문에 가격이 보통 오프라인 매장들보다 저렴합니다.

Second, it is much easier ＿＿＿＿＿＿＿＿＿＿＿＿
advanced technology. You don't need to go to the store
＿＿＿＿＿＿＿＿＿＿＿＿. Instead, ＿＿＿＿＿＿＿＿＿＿＿＿
you can buy whatever you want.

둘째, 발달된 기술 때문에 훨씬 쉬워졌습니다. 직접 매장으로 갈 필요가 없습니다. 대신에 마우스를 클릭하는
것만으로써 원하는 것을 무엇이든지 구입할 수 있습니다.

마무리 〉 ＿＿＿＿＿＿＿＿＿＿＿＿, I believe it is advantageous to shop
online.

따라서 저는 온라인으로 쇼핑하는 것이 이득이라고 생각합니다.

유·형·별·맛·보·기

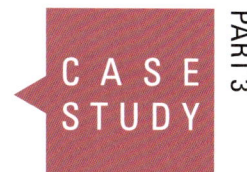

1 ▸ 일상생활

쇼핑, 음식, 선물과 같은 일상생활과 관련한 전화 인터뷰를 받는다.

Imagine that a marketing firm is doing research in your country. You have agreed to participate in a telephone interview about **shopping**.

마케팅 회사에서 여러분의 나라에서 설문조사를 한다고 가정해 봅시다. 여러분은 쇼핑에 대한 전화 인터뷰에 참여하기로 동의하였습니다.

쇼핑과 관련하여 최근 쇼핑 경험, 구입 내용, 구입 장소, 쇼핑 관련 장단점 등을 묻는 질문들이 자주 나온다.

Question 4. When was the last time you bought a tool and what was it?

마지막으로 공구를 구입한 것은 언제이며 무엇이었나요?

기본 답변 〉 **The last time I bought a tool** was one month ago. I bought a hammer.

마지막으로 공구를 구입하는 것은 1개월 전입니다. 망치를 구입했습니다.

추가 설명 〉 I needed to fix a bookshelf but I didn't have a hammer so I bought one.

책장을 수리해야 했는데 망치가 없어서 하나 구입했습니다.

Question 5. Where do you like to buy tools besides the Internet?

인터넷으로 말고 어디에서 공구를 구입하는 것을 좋아하나요?

기본 답변 〉 There is **a hardware store in a shopping mall** near my house.

집 근처 쇼핑몰에 철물점이 있습니다.

추가 설명 〉 The location is convenient and the prices are reasonable so I like to shop there.

위치가 편리하고 가격이 합리적이어서 그곳에서 사는 것을 좋아합니다.

Question 6. What do you think are the advantages to buying brand name tools?

유명 상표 공구를 구입하는 것의 장점들은 무엇이라고 생각하나요?

기본 주장 〉 I guess **there are two advantages**.

저는 두 가지 장점이 있다고 생각합니다.

근거 제시 1 〉 **First**, you can expect a certain level of quality from a brand name tool because the company needs to maintain its reputation in order to sell a brand name product.

첫째, 유명 상표 공구에서는 회사가 유명 상표 제품을 팔기 위해서 자신들의 평판을 유지해야 하기 때문에 일정 수준의 품질을 기대할 수 있습니다.

근거 제시 2 〉 **Also**, it would be easier to get your money back if there was a problem since you can find the tool at more shops.

또한 더 많은 매장에서 제품들을 찾을 수 있기 때문에 문제가 생기면 환불받기가 쉬울 것입니다.

마무리 〉 **So** I like to buy brand name tools.

따라서 저는 유명 상표 공구를 구입하는 것을 좋아합니다.

어휘학습

bookshelf 책장 hardware store 철물점 location 위치 convenient 편리한 reasonable 합리적인, 타당한 certain level 일정 수준 quality 품질 maintain 유지하다 reputation 평판 in order to ~하기 위해서

2 ▶ 취미, 여가

독서, 음악 감상, 영화 감상, 운동, 여행 등과 같은 취미, 여가시간과 관련한 전화 인터뷰를 받는다.

Imagine that a marketing firm is doing research in your country. You have agreed to participate in a telephone interview about **tourism**.

마케팅 회사에서 여러분의 나라에서 설문조사를 한다고 가정해 봅시다. 여러분은 관광에 대한 전화 인터뷰에 참여하기로 동의하였습니다.

관광과 관련하여 최근에 가 본 곳, 여행하기 좋은 시기, 장소, 여행 명소 등을 묻는 질문들이 자주 나온다.

Question 4. Which season is best for going on holiday?

어느 계절이 휴가를 떠나기에 가장 좋나요?

기본 답변 〉 I think fall is **the best season for going on holiday**.

저는 가을이 휴가를 떠나기에 가장 좋은 계절이라고 생각합니다.

추가 설명 〉 I think fall has the best weather because it is not too hot or too cold. Also, I like seeing the leaves change color.

너무 덥지도 너무 춥지도 않기 때문에 가을이 가장 좋은 계절이라고 생각합니다. 또한 나뭇잎들이 색깔이 변하는 모습을 보는 것을 좋아합니다.

Question 5. How long do you usually go on holiday each year?

보통 매년 얼마나 길게 휴가를 가나요?

기본 답변 〉 **I usually go on holiday** for two weeks each year.

저는 보통 매년 2주 동안 휴가를 갑니다.

추가 설명 〉	It is all the time my company gives me. If I could go on holiday more, I would.

2주가 회사에서 저에게 제공하는 전체 기간입니다. 저도 더 갈 수만 있다면 그러고 싶습니다.

Question 6. If you could travel, would you travel to another country on your next holiday? Why?

여행을 간다면 다음 휴가에는 다른 나라로 여행을 갈 건가요? 왜 그런가요?

기본 주장 〉	Yes, I would.

네, 다른 나라로 갈 것입니다.

근거 제시 1 〉	I see my country every day so it is a little boring. It would be much more interesting to see some place new.

우리나라는 매일 봐서 조금 지루합니다. 새로운 어딘가를 보는 것이 훨씬 더 흥미로울 것입니다.

근거 제시 2 〉	**Also**, I like to meet new people and try new foods. I guess I like new experiences. Any time I get a chance to try a new experience, I do. It is more fun and I guess it fits my personality.

또한, 저는 새로운 사람들을 만나고 새로운 음식들을 먹어 보는 것을 좋아합니다. 저는 새로운 경험들을 좋아하는 것 같습니다. 새로운 경험을 해 볼 기회가 있을 때마다 경험을 합니다. 그것이 재미있고 저의 성격하고 맞는 것 같습니다.

마무리 〉	I am really looking forward to traveling abroad soon.

곧 해외로 여행 가기를 정말 기대합니다.

| 어휘학습 |

weather 날씨 go on holiday 휴가를 가다 boring 지루한 experience 경험 get a chance to ~할 기회를 가지다 (cf. a chance of ~할 가능성) personality 성격 look forward to ~를 기대하다 abroad 해외로

3 ▶ 교통

학교, 회사 출퇴근 길 교통 수단, 대중 교통 수단에 대한 생각 등을 묻는 전화 인터뷰를 받는다.

Imagine that a marketing firm is doing research in your country. You have agreed to participate in a telephone interview about **transportation**.

마케팅 회사에서 여러분의 나라에서 설문조사를 한다고 가정해 봅시다. 여러분은 교통 수단에 대한 전화 인터뷰에 참여하기로 동의하였습니다.

교통 수단과 관련하여 최근에 이용한 교통 수단, 선호하는 교통 수단, 통학, 출퇴근 시 이용하는 교통 수단, 대중 교통의 장단점 등을 묻는 질문들이 자주 나온다.

Question 4. When was the last time you used public transportation?

마지막으로 대중 교통을 이용한 것은 언제였나요?

기본 답변 〉 Actually, **I used public transportation today**.

사실, 오늘 대중 교통을 이용했습니다.

추가 설명 〉 I **usually** use public transportation to go to school.

저는 보통 학교에 갈 때 대중 교통을 이용합니다.

Question 5. Do you prefer to use public transportation or private transportation? Why?

대중 교통 수단 또는 개인 교통 수단 중에서 어느 것을 더 선호하나요? 왜 그런가요?

기본 답변 〉 Well, I **prefer to take public transportation**.

저는 대중 교통 수단을 이용하는 것을 더 선호합니다.

추가 설명 〉 It is often faster than private transportation. For example, buses have special lanes which allow them to get through traffic easier than private cars.

대중 교통 수단이 흔히 개인 교통 수단보다 더 빠릅니다. 예를 들어, 버스에는 개인 차량보다 더 쉽게 차량들을 통과할 수 있도록 허용하는 특별한 차선이 있습니다.

Question 6. What do you think are the advantages of using public transportation?

대중 교통 수단을 이용하는 것의 장점은 무엇이라고 생각하나요?

기본 주장 〉 Well, I guess there are **two main advantages**.

두 가지 주요 장점이 있다고 생각합니다.

근거 제시 1 〉 **First of all**, public transportation uses less energy than private transportation because it can accommodate many people at a time.

무엇보다 한 번에 많은 사람들을 수용할 수 있기 때문에 대중 교통 수단은 개인 교통 수단보다 적은 에너지를 사용합니다.

근거 제시 2 〉 **Also**, it produces less pollution. There are many eco-friendly buses which use natural gas instead of gasoline.

또한, 오염물질을 적게 배출합니다. 가솔린 대신에 천연가스를 사용하는 환경친화적인 버스들이 많이 있습니다.

마무리 〉 **Therefore**, I prefer to use public transportation.

그러므로 저는 대중 교통 수단을 이용하는 것을 선호합니다.

어휘학습

public 대중의, 공공의 private 개인의 lane 차선 allow 허용하다, 허락하다 get through 통과하다
traffic 차량, 교통, 교통량 accommodate 수용하다 pollution 오염물질, 오염 eco-friendly 환경친화적인

PART 1

PART 2

PART 3

PART 4

PART 5

PART 6

4 신유형

Part 3의 신유형은 기존 유형과 유사하다. 다른 것은 대화 대상이 친구나 직장 동료이라는 것이다. 다음 문제는 직장 동료와 곧 있을 출장에 대해 이야기를 나누는 상황을 가정한다.

Imagine that you are talking on the telephone with a colleague. You are both talking about an **upcoming business trip**.

여러분이 동료와 전화 통화를 하는 것으로 가정해 봅시다. 두 사람은 곧 있을 출장에 대해서 이야기를 나누고 있습니다.

Question 4. What time do we have to get to the airport?

몇 시까지 공항에 도착해야 합니까?

기본 답변 〉 The flight is **at 9:30 am**,

오전 9시 30분 비행기라서.

추가 설명 〉 so I think we should **get to the airport at least an hour earlier**.

적어도 한 시간 일찍 공항에 도착해야 될 것 같습니다.

Question 5. Have you already booked the hotel rooms or should I do it?

호텔 객실을 이미 예약했나요? 아니면 제가 해야 하나요?

기본 답변 〉 I haven't booked the rooms yet, so **you can do it**.

아직 객실을 예약하지 않아서 예약하셔도 됩니다.

추가 설명 〉 **Just make sure** we get Internet connection and workspace.

인터넷 연결과 업무 공간이 있는지 확인해 주세요.

Question 6. Alright, and should we hire a driver or do you think a taxi is enough to get around?

알겠습니다. 그리고 운전사를 고용해야 되나요? 아니면 택시로 돌아다니기에 충분할 것 같나요?

기본 주장 〉 **I think** most of our time will be spent at the hotel, **unless** you're planning on doing some sight-seeing outside of the conference,

회의 외에 관광을 할 계획이 아니면 우리가 대부분의 시간을 호텔에서 보낼 것 같아서.

추가 설명 〉 so I think **we don't need a driver**. I believe **the hotel also provides shuttle service**, so we'll be fine.

운전사는 필요 없을 것 같습니다. 호텔에서 셔틀 서비스도 제공하는 것으로 알고 있어서 괜찮을 것 같습니다.

어휘학습

get to ~에 도착하다 at least 적어도 book 예약하다 make sure ~을 확실히 하다 get Internet connection 인터넷이 연결되다 workspace 업무 공간 do sight-seeing 관광을 하다 provide 제공하다

[Test 1] 주어진 해석에 맞게 문장을 완성하시오.

Test 1	🎧 Part 3_03

Imagine that a marketing firm is doing research in your country. You have agreed to participate in a telephone interview about **media**.

Question 4.

Q. How often do you check the news?

얼마나 자주 뉴스를 확인하나요?

A. I usually check the news _____, maybe more if

_____ an important story. I think it is important to

_____ current events.

저는 보통 하루에 한 번 또는 두 번 뉴스를 확인하는데, 중요한 기사가 있다면 더 많이 확인합니다. 저는 최신 소식을 아는 것이 중요하다고 생각합니다.

PART 1

PART 2

PART 3

PART 4

PART 5

PART 6

Test 1 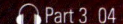Part 3_04

Imagine that a marketing firm is doing research in your country. You have agreed to participate in a telephone interview about **media**.

Question 5.

Q. How do you think other people in your community get their news?

여러분 지역사회의 다른 사람들은 어떻게 뉴스를 접한다고 생각하나요?

A. I assume much _____ : on the Internet, TV and in

newspapers. _____ , I assume most people get their

news from Internet sites.

저와 동일한 방법으로 접한다고 생각합니다. 인터넷과 TV, 신문이죠. 하지만 대부분의 사람들이 뉴스를 인터넷 사이트에서 접한다고 생각합니다.

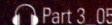
Imagine that a marketing firm is doing research in your country. You have agreed to participate in a telephone interview about **media**.

Question 6.

Q. What do you think is **the advantage** of getting your news from different sources?

다양한 출처에서 뉴스를 접하는 것의 장점은 무엇이라고 생각하나요?

A. Well, obviously, every source has a different _____ and

sense of politics. If you only get your news _____, you

may have a _____ of what is going on. Some current

events are _____ unless you can see it from different

_____. I would assume that is the main advantage.

확실히 모든 출처가 다른 관점과 정치관을 가지고 있습니다. 하나의 출처로만 뉴스를 접한다면, 일어나고 있는 일에 대해서 좁은 관점을 가질 수도 있습니다. 일부 시사 문제들은 다른 정치적인 관점들로 볼 수 없다면 이해하기 어렵습니다. 저는 그것이 가장 주요한 장점이라고 생각합니다.

[Test 2] 주어진 해석에 맞게 문장을 완성하시오.

Test 2 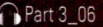 Part 3_06

Imagine that a marketing firm is doing research in your country. You have agreed to participate in a telephone interview about **leadership**.

Question 4.

Q. **Have you ever** held a position of leadership? **If so, what was it**? **If not, why not**?

대표직 자리를 맡아 본 적이 있나요? 있다면 어떤 자리였나요? 아니라면 왜 하지 않았나요?

A. No, I _____ a position of leadership.

I am not _____. I don't like to have a lot of

_____.

네, 저는 대표직 자리를 맡아 본 적이 없습니다. 저는 그런 부류의 사람이 아닙니다. 저는 많은 책임을 지는 것을 좋아하지 않습니다.

Imagine that a marketing firm is doing research in your country. You have agreed to participate in a telephone interview about **leadership**.

Question 5.

Q. What qualities do you think good leaders have?

좋은 대표자는 어떤 자질을 가져야 한다고 생각하나요?

A. I think good leaders need to have two qualities _____.

_____ is an ability to identify and solve problems.

_____ is to have a good heart and care about people.

저는 좋은 대표자는 적어도 두 가지 자질을 가져야 한다고 생각합니다. 하나는 문제들을 알아보고 해결하는 능력입니다. 다른 하나는 상냥한 마음을 가지고 사람들에게 관심을 가지는 것입니다.

Imagine that a marketing firm is doing research in your country. You have agreed to participate in a telephone interview about **leadership**.

Question 6.

Q. What do you think are **the challenges** to being a leader?

대표자가 됨에 있어서의 어려움은 무엇이라고 생각하나요?

A. There are _____ challenges to being a leader. The first

is that it is very stressful. If you are a good leader, other people benefit but if

you are a bad leader or even just a mediocre leader, people do not benefit as

much. I also think there are _____ as a leader to cheat

or to just benefit a few people. It takes a person of _____

to not be tempted as a leader.

대표자가 됨에 있어서 많은 어려움이 있습니다. 첫째는 매우 스트레스를 받는다는 것입니다. 여러분이 좋은 대표자라면 다른 사람들은 혜택을 받지만, 나쁜 대표자이거나 보통의 대표자라면 사람들은 많은 혜택을 받지 못합니다. 저는 또한 대표자로서 속이거나 소수의 사람들에게만 혜택을 주는 많은 유혹이 있다고 생각합니다. 대표자로서 유혹을 받지 않으려면 도덕성이 강한 사람이어야 합니다.

[Test 3] 주어진 해석에 맞게 문장을 완성하시오.

Test 3 🎧 Part 3_09

Imagine that you are talking to a friend on the telephone. You are talking about **furniture**.

Question 4.

Q. What type of couch should I get?

어떤 종류의 소파를 사야 할까요?

A. The leather ones are beautiful in my opinion. They are

_____ but you'll _____ .

제 생각에는 가죽 소파가 아름답습니다. 비싸기는 하지만 수년 동안 사용할 겁니다.

Imagine that you are talking to a friend on the telephone. You are talking about **furniture**.

Question 5.

Q. Should I **get a matching ottoman** or **a coffee table** instead?

어울리는 오토만을 사야 할까요 아니면 커피 테이블을 사야 할까요?

A. I think coffee tables are _____, especially if you

_____.

커피 테이블이 실용적이라고 생각합니다. 특히 손님을 초대한다면요.

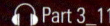
Imagine that you are talking to a friend on the telephone. You are talking about **furniture**.

Question 6.

Q. Do you know **where I can get quality furniture at the best prices**?

양질의 가구를 가장 좋은 가격으로 살 수 있는 곳을 아시나요?

A. Online shops usually _____ , but I know

_____ in the industrial part of the city.

We can _____ at the furniture there together

_____ .

보통 온라인 상점이 더 저렴하지만 저는 도시의 산업지구에 있는 두 군데의 가구 할인매장을 알고 있어요. 원한다면 같이 가구를 보러 갈 수 있어요.

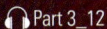

Test 4 Part 3_12

Imagine that you are having a telephone conversation with a relative. You are talking about **a wedding**.

Question 4.

Q. Where is the wedding **taking place**?

결혼식은 어디에서 하나요?

A. It'll be held _____. The reception, however, will be held

_____.

St. Vincent's 공원의 예배당에서 할 거예요. 하지만 공원 반대쪽에 있는 메인홀에서 피로연이 있을 거예요.

Imagine that you are having a telephone conversation with a relative. You are talking about **a wedding**.

Question 5.

Q. Are you **bringing a gift or giving some money**?

선물을 가져가나요? 아니면 축의금을 낼건가요?

A. I bought _____. It's _____.

웨딩 레지스트리에서 선물을 구입했어요. 선물은 크리스탈 와인잔 세트예요.

Imagine that you are having a telephone conversation with a relative. You are talking about **a wedding**.

Question 6.

Q. Do they need **any help making preparations** for the wedding?

결혼식을 준비하는 데 도움이 필요한가요?

A. Yes, the bride will ＿＿＿＿＿＿＿＿＿＿＿＿. She wants to talk to

us ＿＿＿＿＿＿＿＿＿＿ for the reception hall. She's having

＿＿＿＿＿＿＿＿＿＿ because it'll ＿＿＿＿＿＿＿＿＿＿ for

professionals to do it.

네, 신부가 이번 주에 전화할 거예요. 피로연 장소를 꾸미는 것에 대해 얘기하고 싶어 해요. 전문직원들이 하는 데 몇 백 달러가 추가로 들기 때문에 가족과 친구들의 도움을 받고 있어요.

PART 1
PART 2
PART 3
PART 4
PART 5
PART 6

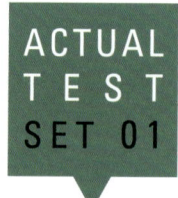

ACTUAL TEST SET 01

정답 및 해설 p 17

Part 3_15~17

TOEIC Speaking

Questions 4–6: Respond to questions

Directions: In this part of the test, you will answer three questions. You will have 3 seconds to prepare. You will have 15 seconds to respond to Questions 4 and 5 and 30 seconds to respond to Question 6.

Imagine that a marketing firm is doing research in your country. You have agreed to participate in a telephone interview about universities.

How far away is the nearest university to you?

PREPARATION TIME	RESPONSE TIME
00:00:03	00:00:15

Imagine that a marketing firm is doing research in your country. You have agreed to participate in a telephone interview about universities.

When taking a class, which do you prefer:
a large class or a small class? Why?

PREPARATION TIME	RESPONSE TIME
00:00:03	00:00:15

Imagine that a marketing firm is doing research in your country. You have agreed to participate in a telephone interview about universities.

If you were to take a class at a university, what would you take?

PREPARATION TIME	RESPONSE TIME
00:00:03	00:00:30

Model Answers 🎧 Part 3_18~20

PART 1
PART 2
PART 3
PART 4
PART 5
PART 6

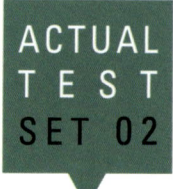

TOEIC Speaking

Questions 4–6: Respond to questions

Directions: In this part of the test, you will answer three questions. You will have 3 seconds to prepare. You will have 15 seconds to respond to Questions 4 and 5 and 30 seconds to respond to Question 6.

PART 1

PART 2

PART 3

PART 4

PART 5

PART 6

TOEIC Speaking

Imagine that a marketing firm is doing research in your country. You have agreed to participate in a telephone interview about leisure activities.

How often do you meet new people?

PREPARATION TIME	RESPONSE TIME
00:00:03	00:00:15

TOEIC Speaking

Imagine that a marketing firm is doing research in your country. You have agreed to participate in a telephone interview about leisure activities.

What do you like about meeting new people?

PREPARATION TIME	RESPONSE TIME
00:00:03	00:00:15

TOEIC Speaking

Imagine that a marketing firm is doing research in your country. You have agreed to participate in a telephone interview about leisure activities.

When you meet someone for the first time,
what do you like to talk about?

PREPARATION TIME	RESPONSE TIME
00:00:03	00:00:30

Model Answers 🎧 Part 3_24~26

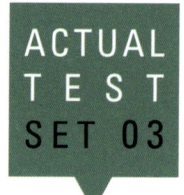

ACTUAL
T E S T
SET 03

TOEIC Speaking

Questions 4–6: Respond to questions

Directions: In this part of the test, you will answer three questions. You will have 3 seconds to prepare. You will have 15 seconds to respond to Questions 4 and 5 and 30 seconds to respond to Question 6.

Imagine that you are talking to a friend on the telephone. You are talking about social media sites.

Do you use any of the social media platforms?

PREPARATION TIME	RESPONSE TIME
00:00:03	00:00:15

Imagine that you are talking to a friend on the telephone. You are talking about social media sites.

I see. Why don't you use social media sites?

PREPARATION TIME	RESPONSE TIME
00:00:03	00:00:15

Imagine that you are talking to a friend on the telephone. You are talking about social media sites.

Do you think social media has done more good or bad to our society?

PREPARATION TIME	RESPONSE TIME
00:00:03	00:00:30

Model Answers Part 3_30~32

PART 4

Respond to Questions Using Information Provided

제공된 정보를 사용하여 질문에 답하기

TOEIC

SPEAKING

PREVIEW ▶ 유·형·미·리·보·기

1 ▶ 문항 소개

문제	정보 읽는 시간	답변 준비 시간	답변 시간
Questions 7~9: Respond to Questions Using Information Provided	45초	문항당 3초	7번 – 15초 8번 – 15초 9번 – 30초

평가 기준	문제 유형
발음, 강세, 억양, 문법, 어휘, 일관성, 내용의 관련성, 내용의 완성도	• 어떤 행사에 대한 일정표를 보고 세 개 질문에 대답하기 • Part 3과 달리 화면에 질문이 제시되지 않음 • Question 7: 누가, 언제, 어디서, 왜 등의 일정과 관련된 특정 사항에 대한 질문 • Question 8: 주어진 일정에서 변경되거나 내용이 다른 부분에 대한 질문 • Question 9: 여러 가지 사건이나 정보를 간추려 설명할 것을 요구하는 질문

2 ▶ 진행 순서

❶ 화면에 지시문(Directions) 제시 및 음성 설명

TOEIC Speaking

Questions 7–9: Respond to questions using information provided

Directions: In this part of the test, you will answer three questions based on the information provided. You will have 45 seconds to read the information before the questions begin. You will have 3 seconds to prepare. You will have 15 seconds to respond to questions 7 and 8 and 30 seconds to respond to question 9.

---

❷ 7~9문제에서 사용할 정보 제시: "Begin preparing now." 음성 지시 후 "삐" 소리와 함께 정보를 읽는 시간 45초 시작

❸ 내레이션이 음성으로만 제시

❹ 내레이션 후 7번 문제 음성으로 제시, 질문이 끝나면 준비 시간 3초 후, 답변 시간 15초 시작

❺ 8번 문제 음성으로 제시, 질문이 끝나면 준비 시간 3초 후, 답변 시간 15초 시작

❻ 9번 문제 음성으로 제시, 질문이 끝나면 준비 시간 3초 후, 답변 시간 30초 시작

3 실전 공략법

- 정보 읽는 시간(45초)을 활용한다.
  - 지문 읽기
  - 제목에서 표의 용도 확인하기
  - 표의 정렬 방식 확인하기
  - 특이사항 여부를 체크, 특히 별표(*), note, canceled, strikethrough 확인하기
- 문서에서 정보를 빨리 찾아내는 연습이 필요하다.
- 답은 화면 안에 있다.
- 정보의 내용과 말하기의 완성도가 중요하다.
- 너무 짧거나 너무 길게 답변하지 않도록 하며, 15초와 30초 감각을 키운다.
- 초반 내레이션에 집중하지 마라. 그 시간은 주어진 정보를 분석하는 데에 활용하자.

 **CAUTION**

- 문제가 화면으로 제시되지 않는다.
- 주어진 정보와 다른 답을 하지 말아야 한다.
- 내레이션은 주어진 정보의 분실 등을 이야기하는 부분에 불과하다. 신경쓰지 말고 표를 더 파악한다.

PART 1
PART 2
PART 3
PART 4
PART 5
PART 6

BASIC STUDY ▶ 기 · 초 · 학 · 습

---

1 ▶ 장소, 시간, 날짜 전치사에 유의하기

in + 실내 공간, 넓은 면적의 장소	in a conference room
at + 건물 이름, 구체적인 장소	at the TOS building
on + 거리 이름, 층수	on 5th avenue
at + 시간	at 9 o'clock
on + 요일, 날짜, 특정일	on Monday, on May 5, on national holidays
in + 월, 연도	in May, in 2014

※ 다양한 숫자 읽기 등의 방식은 Part 1의 〈Perfect Tactics〉 참조

---

2 ▶ 질문 듣기 연습

Part 3와는 다르게 문제가 화면에 제시가 되지 않는다. 따라서 듣기 실력을 향상시키는 것이 무엇보다 중요하다. 밑줄 친 부분을 유의해서 듣고 질문의 핵심을 파악하는 연습을 한다.

Q1. What time is the second presentation?

두 번째 발표는 몇 시인가요?

A1. The second presentation will be at 11 a.m. It will be presented by John Smith.

두 번째 발표는 오전 11시에 있습니다. John Smith가 발표할 것입니다.

Q2. Who will be presenting?

누가 발표를 하나요?

A2. John Smith will make the presentation. He is the CEO of a publishing company.

John Smith가 발표할 것입니다. 그는 출판사의 CEO입니다.

Q3. What is the last presentation and **when** will it start?

마지막 발표는 무엇이고 언제 시작할 것인가요?

A3. The last presentation is about marketing strategies. It will start at 4 p.m.

마지막 발표는 마케팅 전략에 관한 것입니다. 오후 4시에 시작할 것입니다.

Q4. What events are scheduled in the morning?

아침에는 어떤 행사가 예정되어 있나요?

A4. In the morning, there are two events. First, John Taylor will talk about customer service at 9 a.m. followed by a presentation by Mary Wilson about Internet security at 10:30 a.m. Then, you will have lunch at 12 p.m.

아침에는 2가지 행사가 있습니다. 첫째, John Taylor가 고객 서비스에 대해서 오전 9시에 이야기하고 이어서 인터넷 보안에 대한 Mary Wilson의 발표가 오전 10시 30분에 있습니다. 그리고 오후 12시에 점심을 드실 것입니다.

Q5. Where is the conference taking place?

학회는 어디에서 열리나요?

A5. The conference about medical history will take place at Emerald Hall.

의학 역사에 관한 학회는 에메랄드 홀에서 열릴 것입니다.

Q6. I heard that the seminar will take place on Monday. **Is that right**?

세미나가 월요일에 열린다고 들었어요. 맞나요?

A6. Yes, you have correct information. The registration will start at 9 a.m.

네, 정확하십니다. 등록은 오전 9시에 시작될 것입니다.

Q7. We are looking for someone who can speak Russian. **Can he do it**?

러시아어를 말할 수 있는 사람을 찾고 있습니다. 그 사람은 가능한가요?

A7. Yes, he can. He also has work experience in Russia.

네, 가능합니다. 그 사람은 또한 러시아에서 근무 경험도 있습니다.

Q8. Can you tell me about his work experience **in detail**?

그 사람의 근무 경험을 상세하게 알려 주시겠어요?

A8. Of course. According to his résumé, he worked as an assistant manager in a publishing company from 2010 to 2011 and as a manager in a marketing department in 2013. He also has experience working as a manager in a sales department before that.

물론입니다. 이력서에 의하면, 2010년부터 2011년까지 출판사에서 대리로 근무했고 2013년에는 마케팅 부서에서 부장으로 근무했습니다. 그리고 그전에는 영업 부서에서 관리자로 일한 경험도 있습니다.

다음 질문을 듣고 빈칸을 완성하오.　　　　　　　　　　🎧 Part 4_01

1　**Q.** _____ are planned after lunch?

　A. There are two activities. A presentation about company policies will be at 1 p.m. and then you will attend a seminar about network security at 2:30 p.m.

2　**Q.** _____ and _____ can I _____ for the seminar?

　A. The registration will start at 9 a.m. and you can register in front of Emerald Hall.

3　**Q.** _____ is the _____ for this seminar?

　A. The registration fee is $50 and it includes a free gift, lunch, and seminar materials.

4　**Q.** I heard that I will _____ the City Square Hotel _____ . _____ ?

　A. Yes, you are correct. But you have to stay at a different hotel the next day.

5　**Q.** _____ the times and the names of _____ for the _____ ?

　A. Certainly, you have two applicants. One is John Frank at 11 a.m. and the other is Mary Flowers at 11:30 a.m.

PART 4

만 · 점 · 전 · 략

PERFECT TACTICS

1 표의 구성 파헤치기

Regional Farmers Association Conference
지역 농민 연합 학회

City Conference Center, Room 2, 9 am ~ 5 pm
시립 학회 센터, 2호실, 오전 9시 ~ 오후 5시

title, 주제, 기본 정보(장소, 시간, 날짜)

9 am	Registration 등록
10 am	Keynote Speech, Christine Child, President 기조 연설, Christine Child 대표
11 am	Organic Farming Round Table Discussion 유기농 농사 원탁 토의
12 noon	Lunch 점심
1 pm	Tax Policy Round Table Discussion 세금 정책 원탁 토의
2 pm	Legal Matter Round Table Discussion 법적 문제 원탁 토의
3 pm	Afternoon Speech, Thomas Pepper, Secretary 오후 연설, Thomas Pepper 총무
4 pm	Closing Speech, Danielle Darling, Vice President 폐회사, Danielle Darling 부사장

세부 정보(시간, 행사 내용)

Note: Lunch is included in the registration fee and brought to you fresh from the local Farmer's Market.
비고: 등록비에는 점심이 포함되어 있고 지역 농민 시장에서 온 신선한 음식을 제공합니다.

특이사항(추가 정보, 유의사항)

▶ **title, 주제, 기본 정보(장소, 시간, 날짜)**

7번에서 자주 출제되는 문제와 관련된 정보가 있는 부분이다. 준비 시간 동안 미리 발음해 보는 연습을 한다.

▶ **세부 정보(시간, 행사 내용)**

8번과 9번에서 자주 출제되는 문제와 관련된 정보가 있는 부분이다. 주로 상반부 내용은 간략한 내용 확인 등의 8번 문제가, 하반부 내용은 나머지 세부사항 및 일정들을 자세히 묻는 9번 문제가 주로 출제된다.

▶ **특이사항(추가 정보, 유의사항)**

7번, 8번에서 직접적으로 묻는 경우가 빈번한 부분이다. 준비 시간 동안에 반드시 확인하고 미리 발음 연습을 한다.

2 ▶ 7번과 8번 질문 유형 모범 답변

주어진 표에 대한 특정 장소, 시간, 일정, 특이사항 등과 같은 기본적인 사항들을 자주 묻는다. 표의 제목이나 초반부 내용을 다루는 질문들이 많으므로 7번, 8번 문제에 대해 답을 할 때 주의한다. Part 3에서와 마찬가지로 질문의 표현을 사용하여 답을 시작하는 것이 좋다.

Q. Where can I register for the conference?

어디에서 학회 등록을 할 수 있나요?

A. You can register for the conference **in room 2 at the City Conference Center**. The registration will start **at 9 a.m**.

시립 학회 센터의 2호실에서 학회 등록을 할 수 있습니다. 등록은 오전 9시에 시작할 것입니다.

※ 등록 장소만을 묻고 있지만, 추가적으로 처음 일정에 대한 안내를 해 주는 것이 좋다. 전치사 사용에도 유의한다.

Q. Who is going to give the keynote speech and **when** will it start?

기조 연설은 누가 하고 언제 시작하나요?

A. The keynote speech will be given **by Christine Child**, President and it will start **at 10 a.m**.

기조 연설을 Christine Child 대표가 하고, 오전 10시에 시작할 것입니다.

※ 점심 전, 오전 행사에 대한 질문이다. 질문에서 요구하는 Who, When에 대한 답을 명확하게 해야 한다.

Q. I heard the seminar will take place at the City Conference Center. **Is that right**?

세미나가 시립 학회 센터에서 열린다고 들었습니다. 맞나요?

A. Yes, **you have correct information**. The registration will start at 9 am.

네, 정확하게 알고 계십니다. 등록은 오전 9시에 시작할 것입니다.

※ 자신이 알고 있는 정보를 다시 확인하는 질문이다. You are correct.나 You have correct(wrong) information.과 같은 표현으로 답할 수 있다.

Q. What is included in the registration fee?

등록비에는 어떤 것이 포함되어 있나요?

A. Lunch is included in the registration fee. It is fresh from the local Farmer's Market.

점심이 등록비에 포함되어 있습니다. 지역 농민 시장에서 온 신선한 음식입니다.

※ 특이사항(note)에 관련된 질문이다. 자주 출제되기 때문에 주의해야 한다. 추가적으로 특이사항에 언급된 내용들을 안내해 주는 것이 좋다.

Tips for Speaking 7번, 8번 답변에서 자주 사용하는 표현

There will be ~이 있을 것이다

There is(are) ~이 있습니다

take place 발생하다, 일이 생기다

make(give) a presentation 발표하다

You are correct. 맞습니다.

You will have ~이 있을 것이다

It will begin(start) ~ 시작할 것입니다

be held 개최되다

I am sorry but 죄송합니다만

You have correct(wrong) information. 정확하게(잘못) 알고 계십니다.

---

3 ▶ 9번 질문 유형 및 모범 답변

세부 일정, 나머지 일정 등과 같이 7번, 8번 문제에서 다루지 않은 정보의 내용을 종합적으로 답해야 하는 질문이 자주 나온다. 30초의 시간 동안 문제에서 요구하는 답을 빠짐없이 해야 한다.

Q. What is the afternoon schedule?

오후 일정은 어떻게 되나요?

Could you please let me know about the schedule after lunch in detail?

점심 이후의 일정을 상세하게 알려 주시겠어요?

A. According to the schedule, **there is** a round table discussion on tax policy at 1 pm, **followed by** another round table discussion at 2 pm on legal matters. **After that, there is** an afternoon speech by Thomas Pepper, Secretary. **And, the conference closes with** a closing speech by Danielle Darling, Vice President, at 4 pm.

일정에 의하면, 오후 1시에는 세금 정책에 대한 원탁 토의가 있고, 이어서 오후 2시에 법적 문제에 대한 다른 원탁 토의가 있습니다. 그 이후에 총무인 Thomas Pepper의 오후 연설이 있습니다. 그리고 오후 4시에 학회는 부사장인 Danielle Darling의 폐회사로 마칩니다.

Tips for Speaking 9번 답변에서 자주 사용하는 표현(7번, 8번에서 자주 사용하는 표현 포함)

A followed by B A 다음 이어서 B

before that 그 이전에

and 그리고

first, second, last, 첫째, 둘째, 마지막

after that 그 이후에

then 그리고 나서

according to ~에 의하면

first of all 우선

다음을 듣고 문제를 쓴 후, 주어진 키워드를 사용하여 답하시오. Part 4_02

1 Q. _____ is the second presentation?

A. The second presentation will be _____ Charlie Johnson will talk about _____ .

Keywords: Charlie Johnson / 10:30 a.m. / school policy

2 Q. Do you have any tickets _____ for the concert in New York?

A. I am sorry. The concert in New York is _____ . But you can still buy a ticket for the concert in _____ .

Keywords: New York (canceled) / Washington (available)

3 Q. _____ can I register for the seminar?

A. You can register _____ from _____ . If you register online you will get _____ .

Keywords: online / May 5 / 20% off

4 Q. Could you _____ of Monday's tour?

A. Of course, we will go to the _____ at _____ and then we will see the _____ at _____ . Lastly, _____ will be served at _____ . You can enjoy the rest of your day in the resort.

Keywords: National Museum (2 p.m.) / Memorial Statue (3 p.m.) / dinner (5 p.m.)

5 Q. _____ in the afternoon?

A. There are three events in the afternoon. At 1:30 p.m. _____ will make a presentation about _____ followed by a seminar about _____ at _____ . Then a _____ will be held in the dining hall at _____ .

Keywords: Presentation (Recycling Policies), Tom Wilson, 1:30 p.m. / Seminar (Environment Issues), 3 p.m. / Banquet, dining hall, 6 p.m.

Model Answers Part 4_03

유·형·별·맛·보·기

1 ▶ 출장, 회의, 학회, 강의 일정

주요 장소, 일자, 요일, 시간 등과 같은 정보들을 유심히 살펴보고, 오전과 오후를 구분해서 일정표를 분석한다. 시간, 요일 등과 같은 단어들은 미리 입으로 읽는 연습을 한다. 특이사항은 없는지 반드시 확인한다.

Employee Training Program

9 am   Opening Speech
(Mrs. Jane Barnes, Human Resources)
개회사(인사부 Jane Barnes씨)

9:30   Morning Small Group Session
아침 소그룹 강좌

11:30   ~~Pre-lunch Speech (Mr. Robert Loud, Safety Director)~~
중식 전 연설(Robert Loud 안전지도관)

Note: Canceled. Attendees can go to lunch early.
비고: 취소. 참석자들은 일찍 점심 먹으러 갈 수 있음

12:00   Lunch (Basement Cafeteria) 점심(지하 식당)

1:00 pm   Post-lunch Speech
(Ms. Michelle Wilkins, Technical Training)
중식 후 연설(기술교육팀 Michelle Wilkins씨)

2:00   Afternoon Small Group Session
오후 소그룹 강좌

4:00   Closing Speech (Mr. Jack Warner, Vice President)
폐회사(Jack Warner 부사장)

5:00   Go Home!
귀가

제목, 장소, 일정 등이 주로 제시됨 (7번 문제 빈출)

세부 일정 1 오전 일정이 주로 제시됨 (7번, 8번 문제 빈출)

특이사항 (자주 출제)

세부 일정 2 오후 일정이 주로 제시됨 (9번 문제 빈출)

Narration: I'm sorry I have misplaced my Employee Training Program. Can you answer a few questions for me?

죄송하지만 제가 직원 교육 프로그램을 잃어 버렸습니다. 몇 가지 질문에 답해 주시겠어요?

Q7. Who is going to give the Opening Speech and **what time** will it take place?

개회사는 누가, 몇 시에 하나요?

A7. According to the program, **Jane Barnes from Human Resources** will give the Opening Speech **at 9 o'clock**.

프로그램에 의하면, 인사부의 Jane Barnes가 9시 정각에 개회사를 할 것입니다.

Q8. What time is the Pre-lunch Speech scheduled?

중식 전 연설은 몇 시에 예정되어 있나요?

A8. Well, according to this, the Pre-lunch Speech was supposed to take place **at 11:30 am** but it has been **canceled**. I guess attendees can go to lunch early.

프로그램에 의하면, 중식 전 연설은 오전 11시 30분에 하기로 되어 있었는데 취소되었습니다. 참석자들은 일찍 점심을 먹으러 갈 수 있을 것 같습니다.

Q9. What is scheduled after the Pre-lunch Speech?

중식 전 연설 이후에는 무엇이 예정되어 있나요?

A9. According to the program, you will have lunch **at 11:30**, followed by a Post-lunch Speech **at one**, then the Afternoon Small Group Discussion and the Closing Speech **at 4 o'clock**. And, it says you can go home **at five**.

프로그램에 의하면, 11시 30분에 점심을 먹고, 이어서 1시에 중식 후 연설이 있습니다. 그러고 나서 오후 소그룹 토의와 4시 정각에 폐회사가 있습니다. 그리고 5시에 집으로 갈 수 있다고 되어 있습니다.

2 예약, 주문, 할인, 영수증

수신자, 발신자, 각 항목별 금액, 수량 등과 같은 정보들을 유심히 살펴보고, 수량이나 금액과 같은 단어들은 미리 입으로 읽는 연습을 한다. 특이사항은 없는지 반드시 확인한다.

Receipt
영수증
Invoice: 33R4
송장: 33R4
To: John Hammer — From: Donnie's Fruit Stand

기본 정보
(7번, 8번 문제 빈출)

To: John Hammer
수신: John Hammer
34 Miller Rd., Southfield, MI

From: Donnie's Fruit Stand
발신: Donnie 과일 가게

Item 항목	Quantity 수량	Price per unit 단가
Cherries	3 boxes	$33
Blueberries	5 pints	$4
Raspberries	2 quarts	$6
Total 합계		$131

세부 정보
항목별 가격, 총합, 수량
등이 제시
(9번 문제 빈출)

Notes: Payment on delivery. Cash only. Delivery is to be made on Saturday, March 4th. Customer does not want morning delivery.

비고: 배송 시 지불. 현금만 가능. 3월 4일 토요일 배송. 고객이 오전 배송을 원하지 않음.

특이사항
(자주 출제)

Narration: Hi. I forgot the receipt for Hammer's delivery. Could you answer a few questions, please?

안녕하세요. Hammer씨 배송 영수증을 잃어버려서요. 몇 가지 질문에 답해 주시겠어요?

Q7. Could you tell me his address?

주소를 알려 주시겠어요?

A7. Of course, he lives in **34 Miller Rd., Southfield, MI.** and you have three items to deliver.

물론이죠. 34 Miller Rd., Southfield, MI이고 배송할 3가지 상품들이 있습니다.

Q8. Is there anything I should know about this delivery?

배송에 대해서 제가 알아야 하는 것이 있나요?

A8. Yes. It says here that the customer has to **pay for the delivery by cash only** and he does **not want a morning delivery**.

네. 영수증에 고객이 배송료를 현금으로만 지불하셔야 하고, 오전 배송을 원하지 않는다고 되어 있습니다.

Q9. What exactly is **in the order** and **what** is **the total cost**?

주문이 정확하게 어떻게 되고 총금액이 어떻게 되나요?

A9. According to the receipt, there are **three items in the order**. Mr. Hammer ordered **3 boxes of cherries, 5 pints of blueberries** and **2 quarts of raspberries**. Also, the receipt says that the **total is $131**.

영수증에 의하면, 3가지 상품 주문이 있습니다. Hammer씨는 체리 3상자, 블루베리 5파인트, 라즈베리 2쿼터를 주문했습니다. 그리고 영수증에는 총합이 131달러이라고 되어 있습니다.

3 ▶ 이력서

지원자의 이름, 연락처, 학력, 자격사항, 기타 능력, 근무 경력사항 등과 같은 정보들을 유심히 살펴보고, 연도와 같은 단어들은 미리 입으로 읽는 연습을 한다. 특이한 이력은 없는지 반드시 확인한다.

Jill Plato		
(H) 312-376-8901　(C) 312-741-2828　E-mail: jplato@email.com		기본 정보 이름, 연락처, 학력 등 (7번, 8번 문제 빈출)
Education 학력	BA Liberal Arts, City College, 2011 시립대 학사 인문학, 2011년	
Other Skills 기타 능력	Bi-lingual English and Greek 영어와 그리스어 이중언어 구사	특이 이력 (자주 출제)
Work Experience 근무 경력		
2011 ~ present	Substitute Teacher, Big City Schools Big City 학교 대체 교사	근무 경력 최근부터 과거 순으로 작성됨 (9번 문제 빈출)
2010 ~ 2011	Student Teacher, Big City Schools Big City 학교 교생	
2008 ~2010	Cashier, Big Groceries Big 식료품점 계산원	

Narration: I am looking for a Greek tutor and I came across Jill Plato in our files. But, I don't have the résumé in front of me. Could you answer a few questions about her résumé?

그리스어 개인 지도교사를 찾고 있는데 서류에서 Jill Plato를 우연히 발견했습니다. 그런데 제 앞에 이력서가 없습니다. 그녀의 이력서에 대한 몇 가지 질문에 답해 주시겠어요?

Q7. Where did she go to college and **what** did she study?

그녀는 어느 대학을 다녔고, 어떤 공부를 했나요?

A7. She went to **City College** and she studied **Liberal Arts**.

시립대를 다녔고 인문학을 공부했습니다.

Q8. This job requires someone **who knows Greek**. Is she **qualified**?

이 일은 그리스어를 아는 사람을 필요로 합니다. 자격이 되나요?

A8. Well, according to her résumé, she is **bi-lingual in English and Greek**.

네, 이력서에 의하면, 영어와 그리스어 이중언어를 구사합니다.

Q9. Can you tell me about her work experience **in detail**?

근무 경력에 대해서 자세히 말씀해 주실 수 있나요?

A9. Sure. <u>According to</u> her résumé, she has been working as **a substitute teacher at the Big City Schools from 2011 to the present**. <u>Before that</u>, she was **a student teacher at the Big City Schools from 2010 to 2011**. And, <u>before that</u>, she was **a cashier at the Big Groceries from 2008 to 2010**.

물론이죠. 이력서에 의하면, 2011년부터 현재까지 Big City 학교에서 대체 교사로 일하고 있습니다. 그전에는 2010년부터 2011년까지 Big City 학교에서 교생이었습니다. 그리고 그전에는 2008년부터 2010년까지 Big 식료품점 계산원이었습니다.

[Test 1] 물음(Q)에는 음성을 듣고 빈칸을 채우고, 답변(A)에는 주어진 해석에 맞게 문장을 완성하시오.

Test 1 🎧 Part 4_04

Star Gate Human Resources
Interview Schedule for Martin Waller,
December 18th, Room 306

Time	Name	Position
9:00	Alicia Sanchez	Marketing
10:00	Carla Cantor	Marketing
~~11:00~~	~~Ali Basheer~~	~~Public Relations~~ canceled
1:00	Dirk Frank	Assistant Manager
2:00	Tanya Flowers	Marketing
3:00	Samuel Fryman	Assistant Manager
4:00	Roger Thistle	Marketing

Narration: Hi. This is Martin Waller. Can you give me an update on the interview schedule for December 18th?

Question 7.

Q. _____ is my first interview and _____ will

the day's interview _____?

A. _____ the schedule, your first interview is

_____ and you will be _____.

일정에 의하면, 첫 번째 면접은 오전 9시이고, 306호에서 있습니다.

Star Gate Human Resources
Interview Schedule for Martin Waller,
December 18th, Room 306

Time	Name	Position
9:00	Alicia Sanchez	Marketing
10:00	Carla Cantor	Marketing
~~11:00~~	~~Ali Basheer~~	~~Public Relations~~ canceled
1:00	Dirk Frank	Assistant Manager
2:00	Tanya Flowers	Marketing
3:00	Samuel Fryman	Assistant Manager
4:00	Roger Thistle	Marketing

Narration: Hi. This is Martin Waller. Can you give me an update on the interview schedule for December 18th?

Question 8.

Q. If I _____, I won't be interviewing anyone for

_____ today. _____?

A. Yes, _____. _____ the schedule, Ali

Basheer, who was to be interviewed, _____.

네. 맞습니다. 일정에 의하면 면접하기로 했던 Ali Basheer가 취소했습니다.

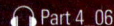
Star Gate Human Resources
Interview Schedule for Martin Waller,
December 18th, Room 306

Time	Name	Position
9:00	Alicia Sanchez	Marketing
10:00	Carla Cantor	Marketing
~~11:00~~	~~Ali Basheer~~	~~Public Relations~~ canceled
1:00	Dirk Frank	Assistant Manager
2:00	Tanya Flowers	Marketing
3:00	Samuel Fryman	Assistant Manager
4:00	Roger Thistle	Marketing

Narration: Hi. This is Martin Waller. Can you give me an update on the interview schedule for December 18th?

Question 9.

Q. _____ the times and the names of the people applying for

_____ ?

A. Certainly. _____ will be interviewing for

_____ : Alicia Sanchez _____ , Carla

Cantor _____ , Tanya Flowers _____ and

Roger Thistle _____ .

물론입니다. 다음 사람들이 마케팅 자리로 면접할 것입니다. 9시 정각에 Alicia Sanchez, 10시 정각에 Carla Cantor, 2시 정각에 Tanya Flowers, 그리고 4시 정각에 Roger Thistle입니다.

Test 2 🎧 Part 4_07

Lantern Tours
City Tour, January 7th and January 8th

January 7th (Saturday)

7:00	Meet at the City Square, in front of Tom's Diner
9:00	Tour City Natural History Museum
12:00	Lunch (Pretty Polly's Kitchen)
1:00	Crystal Falls City Park Botanical Gardens
3:30	Downtown Tour
5:00	Finish at the City Square, in front of Tom's Diner

January 8th (Sunday)

7:00	Meet at Lloyd Square, Subway Terminal, Gate 1
9:00	Historical Village and Amusement Park
12:00	Lunch (Historical Village and Amusement Park)
2:00	City Museum of Science and Technology
4:00	City Railway Museum
5:00	Finish at Lloyd Square, Subway Terminal, Gate 1

Narration: Can I ask you about the City Tour of January 7th and 8th?

Question 7.

Q. _____ does the tour _____ and

_____ ?

A. _____ the schedule, you _____ meet

_____ and the tour finishes _____ _____ .

일정에 의하면, 오전 7시에 만나기로 되어 있고, 관광은 오후 5시에 끝이 납니다.

Lantern Tours
City Tour, January 7th and January 8th

January 7th (Saturday)

7:00	Meet at the City Square, in front of Tom's Diner
9:00	Tour City Natural History Museum
12:00	Lunch (Pretty Polly's Kitchen)
1:00	Crystal Falls City Park Botanical Gardens
3:30	Downtown Tour
5:00	Finish at the City Square, in front of Tom's Diner

January 8th (Sunday)

7:00	Meet at Lloyd Square, Subway Terminal, Gate 1
9:00	Historical Village and Amusement Park
12:00	Lunch (Historical Village and Amusement Park)
2:00	City Museum of Science and Technology
4:00	City Railway Museum
5:00	Finish at Lloyd Square, Subway Terminal, Gate 1

Narration: Can I ask you about the City Tour of January 7th and 8th?

Question 8.

Q. _____ the tour meets at the City Square on Sunday.

_____ ?

A. No, I am sorry. _____ . _____ the

schedule, the tour meets _____ , Subway Terminal, Gate 1.

아닙니다. 죄송하지만, 틀렸습니다. 일정에 의하면, 로이드 광장 지하철 1번 출구에서 모입니다.

Lantern Tours
City Tour, January 7th and January 8th

January 7th (Saturday)

7:00	Meet at the City Square, in front of Tom's Diner
9:00	Tour City Natural History Museum
12:00	Lunch (Pretty Polly's Kitchen)
1:00	Crystal Falls City Park Botanical Gardens
3:30	Downtown Tour
5:00	Finish at the City Square, in front of Tom's Diner

January 8th (Sunday)

7:00	Meet at Lloyd Square, Subway Terminal, Gate 1
9:00	Historical Village and Amusement Park
12:00	Lunch (Historical Village and Amusement Park)
2:00	City Museum of Science and Technology
4:00	City Railway Museum
5:00	Finish at Lloyd Square, Subway Terminal, Gate 1

Narration: Can I ask you about the City Tour of January 7th and 8th?

Question 9.

Q. _____ the exact _____ ?

A. Sure. People will meet at the City Square _____ Tom's

Diner _____ . _____ , at nine o'clock _____

a tour of the City Natural History Museum. This is _____

lunch at Pretty Polly's Kitchen. _____ , at one, you will go

to Crystal Falls City Park Botanical Gardens. This is _____

a tour of downtown at three-thirty and finishing back at the City Square

_____ Tom's Diner at five.

물론입니다. 사람들은 오전 7시에 Tom's Diner 앞의 City Square에서 모입니다. 그러고 나서, 9시 정각에 시립 자연사 박물관 관광이 있을 것입니다. 이어서 Pretty Polly's Kitchen에서 점심이 있습니다. 이후, 1시에 수정 폭포 시립 공원 식물 가든으로 갈 것입니다. 이어서 3시 30분에 시내 관광이 있고 5시에 Tom's Diner 앞의 City Square로 돌아와서 끝납니다.

Test 3	 Part 4_10

Giuseppe's Groceries Delivery Form		
Customer: Lana Little	48 Rose Avenue, Apartment 5A	
Item	**Quantity**	**Price**
Milk	1 carton	2.29
Eggs	2 dozen	2.58
Flour	16 oz.	1.99
Beef	2 lbs.	13.88
Boneless Chicken Breasts	3 lbs.	12.55
Lettuce	1 head	0.89
Peas and Carrots	3 cans	2.97
Total		$37.15

Notes: Customer has already paid. Delivery should not be made before 4 pm. Please ring the bell at the side door, not the front door.

Narration: I have some questions about the delivery to Lana Little. Can you help me?

Question 7.

Q. _____

A. _____

_____

_____

Giuseppe's Groceries Delivery Form		
Customer: Lana Little	48 Rose Avenue, Apartment 5A	
Item	**Quantity**	**Price**
Milk	1 carton	2.29
Eggs	2 dozen	2.58
Flour	16 oz.	1.99
Beef	2 lbs.	13.88
Boneless Chicken Breasts	3 lbs.	12.55
Lettuce	1 head	0.89
Peas and Carrots	3 cans	2.97
Total		**$37.15**

Notes: Customer has already paid. Delivery should not be made before 4 pm. Please ring the bell at the side door, not the front door.

Narration: I have some questions about the delivery to Lana Little. Can you help me?

Question 8.

Q. _____

A. _____

_____

_____

Giuseppe's Groceries Delivery Form		
Customer: Lana Little	48 Rose Avenue, Apartment 5A	
Item	**Quantity**	**Price**
Milk	1 carton	2.29
Eggs	2 dozen	2.58
Flour	16 oz.	1.99
Beef	2 lbs.	13.88
Boneless Chicken Breasts	3 lbs.	12.55
Lettuce	1 head	0.89
Peas and Carrots	3 cans	2.97
Total		$37.15

Notes: Customer has already paid. Delivery should not be made before 4 pm. Please ring the bell at the side door, not the front door.

Narration: I have some questions about the delivery to Lana Little. Can you help me?

Question 9.

Q. _____

A. _____

_____

_____

Model Answer 🎧 Part 4_13~15

[Test 4] 물음(Q)을 듣고 빈칸을 채운 후 답변(A)을 작성하시오.

Seminar on Furniture Making
July 23rd, Little John's Log Cabin Furniture Market, 1st and 2nd floor

9:00	Registration, 1st Floor Lobby
10:00	Opening Address, Coyote Joe Briggs
10:30	Seminar 1: "Raw Materials," Burly Bob Brill
~~11:30~~	~~Free Samples provided by Frank's Furniture~~ canceled
12:00	Lunch
1:00	Seminar 2: "Tools," Long John Dallas
2:00	Keynote Address, Missy Stacey Walker
3:00	Seminar 3: "Design," Turkey Foot Winston Fry
4:00	Closing Address, Little John Harper

Narration: Hi. I lost my brochure on the Seminar on Furniture Making. Could you please answer a few questions?

Question 7.

Q. _____

A. _____

_____

_____

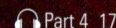
Seminar on Furniture Making
July 23rd, Little John's Log Cabin Furniture Market, 1st and 2nd floor

9:00	Registration, 1st Floor Lobby
10:00	Opening Address, Coyote Joe Briggs
10:30	Seminar 1: "Raw Materials," Burly Bob Brill
~~11:30~~	~~Free Samples provided by Frank's Furniture~~ canceled
12:00	Lunch
1:00	Seminar 2: "Tools," Long John Dallas
2:00	Keynote Address, Missy Stacey Walker
3:00	Seminar 3: "Design," Turkey Foot Winston Fry
4:00	Closing Address, Little John Harper

Narration: Hi. I lost my brochure on the Seminar on Furniture Making. Could you please answer a few questions?

Question 8.

Q. _____

A. _____

_____

_____

_____

Seminar on Furniture Making

July 23rd, Little John's Log Cabin Furniture Market, 1st and 2nd floor

9:00	Registration, 1st Floor Lobby
10:00	Opening Address, Coyote Joe Briggs
10:30	Seminar 1: "Raw Materials," Burly Bob Brill
~~11:30~~	~~Free Samples provided by Frank's Furniture~~ canceled
12:00	Lunch
1:00	Seminar 2: "Tools," Long John Dallas
2:00	Keynote Address, Missy Stacey Walker
3:00	Seminar 3: "Design," Turkey Foot Winston Fry
4:00	Closing Address, Little John Harper

Narration: Hi. I lost my brochure on the Seminar on Furniture Making. Could you please answer a few questions?

Question 9.

Q. _____

A. _____

_____

_____

_____

Model Answer 🎧 Part 4_19~21

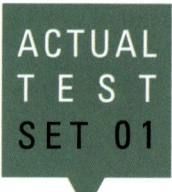

ACTUAL TEST SET 01

정답 및 해설 p 28

 Part 4_22~24

TOEIC Speaking

Questions 7–9: Respond to questions using information provided

Directions: In this part of the test, you will answer three questions based on the information provided. You will have 45 seconds to read the information before the questions begin. You will have 3 seconds to prepare. You will have 15 seconds to respond to questions 7 and 8 and 30 seconds to respond to question 9.

Mike O'Dowd	
(H) 212-334-4591 X(C) 212-773-4591 E-mail: odowd24@email.com	
Education	Master's of Science, Engineering, New York University, 2012 Bachelor's of Arts, English, Rutgers University, 2002
Other Skills	I have studied piano for 20 years.
Work Experience	
2011 ~ present	Maitre D', Jack's French Restaurant
2010 ~ present	Piano Player, Lizzie's Piano Lounge
2008 ~ 2010	Bartender, The Royal Scam Disco
Other Experience	Private piano tutor off and on since 2000

PREPARATION TIME
00:00:45

Mike O'Dowd	
(H) 212-334-4591 X(C) 212-773-4591 E-mail: odowd24@email.com	
Education	Master's of Science, Engineering, New York University, 2012 Bachelor's of Arts, English, Rutgers University, 2002
Other Skills	I have studied piano for 20 years.
Work Experience	
2011 ~ present	Maitre D', Jack's French Restaurant
2010 ~ present	Piano Player, Lizzie's Piano Lounge
2008 ~ 2010	Bartender, The Royal Scam Disco
Other Experience	Private piano tutor off and on since 2000

PREPARATION TIME	RESPONSE TIME
00:00:03	00:00:15

Mike O'Dowd	
(H) 212-334-4591 X(C) 212-773-4591 E-mail: odowd24@email.com	
Education	Master's of Science, Engineering, New York University, 2012 Bachelor's of Arts, English, Rutgers University, 2002
Other Skills	I have studied piano for 20 years.
Work Experience	
2011 ~ present	Maitre D', Jack's French Restaurant
2010 ~ present	Piano Player, Lizzie's Piano Lounge
2008 ~ 2010	Bartender, The Royal Scam Disco
Other Experience	Private piano tutor off and on since 2000

PREPARATION TIME	RESPONSE TIME
00:00:03	00:00:15

Mike O'Dowd	
(H) 212-334-4591 X(C) 212-773-4591 E-mail: odowd24@email.com	
Education	Master's of Science, Engineering, New York University, 2012 Bachelor's of Arts, English, Rutgers University, 2002
Other Skills	I have studied piano for 20 years.
Work Experience	
2011 ~ present	Maitre D', Jack's French Restaurant
2010 ~ present	Piano Player, Lizzie's Piano Lounge
2008 ~ 2010	Bartender, The Royal Scam Disco
Other Experience	Private piano tutor off and on since 2000

PREPARATION TIME	RESPONSE TIME
00:00:03	00:00:30

Model Answers Part 4_25~27

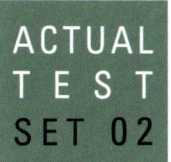

ACTUAL
TEST
SET 02

정답 및 해설 p 29

 Part 4_28~30

TOEIC Speaking

Questions 7–9: Respond to questions using information provided

Directions: In this part of the test, you will answer three questions based on the information provided. You will have 45 seconds to read the information before the questions begin. You will have 3 seconds to prepare. You will have 15 seconds to respond to questions 7 and 8 and 30 seconds to respond to question 9.

Business Software Seminar
Mather Hotel, Suite 201, 9 am ~ 5 pm

9:00~10:00	Welcome Address	Bill Hayward, President of Software Solutions
10:00~11:00	Slide Show	Rebecca Wild
11:00~12:00	Group Discussion	All Attendees
12:00~ 1:00	Lunch	
1:00~ 2:00	New Technical Solutions	Pamela Marmalade
2:00~ 3:00	Parade of New Products	Various Presenters
3:00~ 5:00	Meet and Greet (Networking Party)	

PREPARATION TIME
00:00:45

Business Software Seminar
Mather Hotel, Suite 201, 9 am ~ 5 pm

9:00~10:00	Welcome Address	Bill Hayward, President of Software Solutions
10:00~11:00	Slide Show	Rebecca Wild
11:00~12:00	Group Discussion	All Attendees
12:00~ 1:00	Lunch	
1:00~ 2:00	New Technical Solutions	Pamela Marmalade
2:00~ 3:00	Parade of New Products	Various Presenters
3:00~ 5:00	Meet and Greet (Networking Party)	

PREPARATION TIME
00:00:03

RESPONSE TIME
00:00:15

Business Software Seminar
Mather Hotel, Suite 201, 9 am ~ 5 pm

9:00~10:00	Welcome Address	Bill Hayward, President of Software Solutions
10:00~11:00	Slide Show	Rebecca Wild
11:00~12:00	Group Discussion	All Attendees
12:00~ 1:00	Lunch	
1:00~ 2:00	New Technical Solutions	Pamela Marmalade
2:00~ 3:00	Parade of New Products	Various Presenters
3:00~ 5:00	Meet and Greet (Networking Party)	

PREPARATION TIME	RESPONSE TIME
00:00:03	00:00:15

PART 1
PART 2
PART 3
PART 4
PART 5
PART 6

Business Software Seminar
Mather Hotel, Suite 201, 9 am ~ 5 pm

9:00~10:00	Welcome Address	Bill Hayward, President of Software Solutions
10:00~11:00	Slide Show	Rebecca Wild
11:00~12:00	Group Discussion	All Attendees
12:00~ 1:00	Lunch	
1:00~ 2:00	New Technical Solutions	Pamela Marmalade
2:00~ 3:00	Parade of New Products	Various Presenters
3:00~ 5:00	Meet and Greet (Networking Party)	

PREPARATION TIME	RESPONSE TIME
00:00:03	00:00:30

Model Answers Part 4_31~33

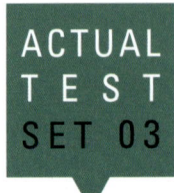

TOEIC Speaking

Questions 7–9: Respond to questions using information provided

Directions: In this part of the test, you will answer three questions based on the information provided. You will have 45 seconds to read the information before the questions begin. You will have 3 seconds to prepare. You will have 15 seconds to respond to questions 7 and 8 and 30 seconds to respond to question 9.

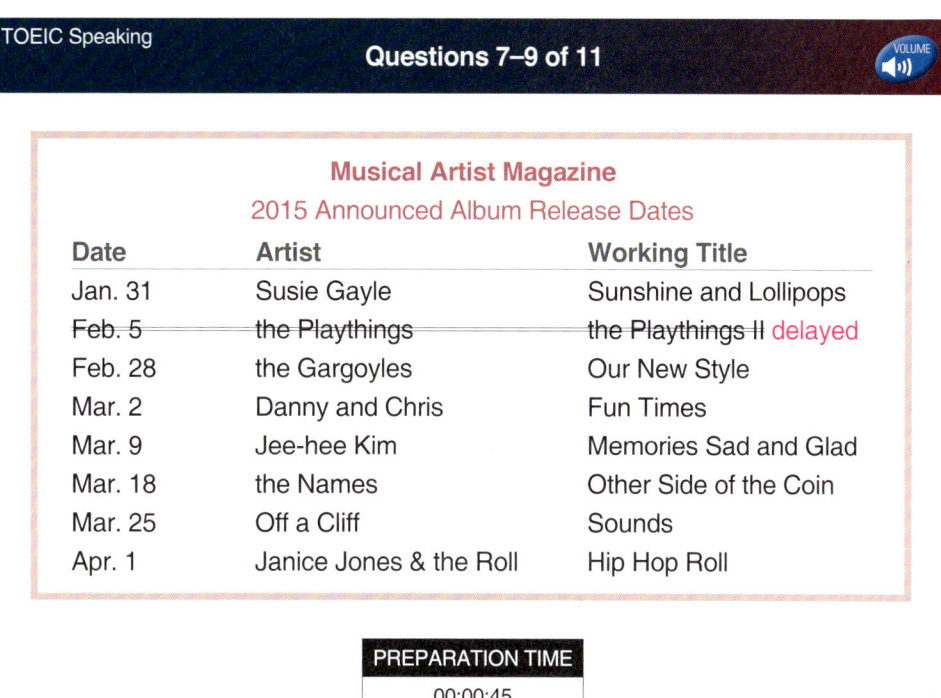

Musical Artist Magazine

2015 Announced Album Release Dates

Date	Artist	Working Title
Jan. 31	Susie Gayle	Sunshine and Lollipops
~~Feb. 5~~	~~the Playthings~~	~~the Playthings II~~ delayed
Feb. 28	the Gargoyles	Our New Style
Mar. 2	Danny and Chris	Fun Times
Mar. 9	Jee-hee Kim	Memories Sad and Glad
Mar. 18	the Names	Other Side of the Coin
Mar. 25	Off a Cliff	Sounds
Apr. 1	Janice Jones & the Roll	Hip Hop Roll

PREPARATION TIME
00:00:45

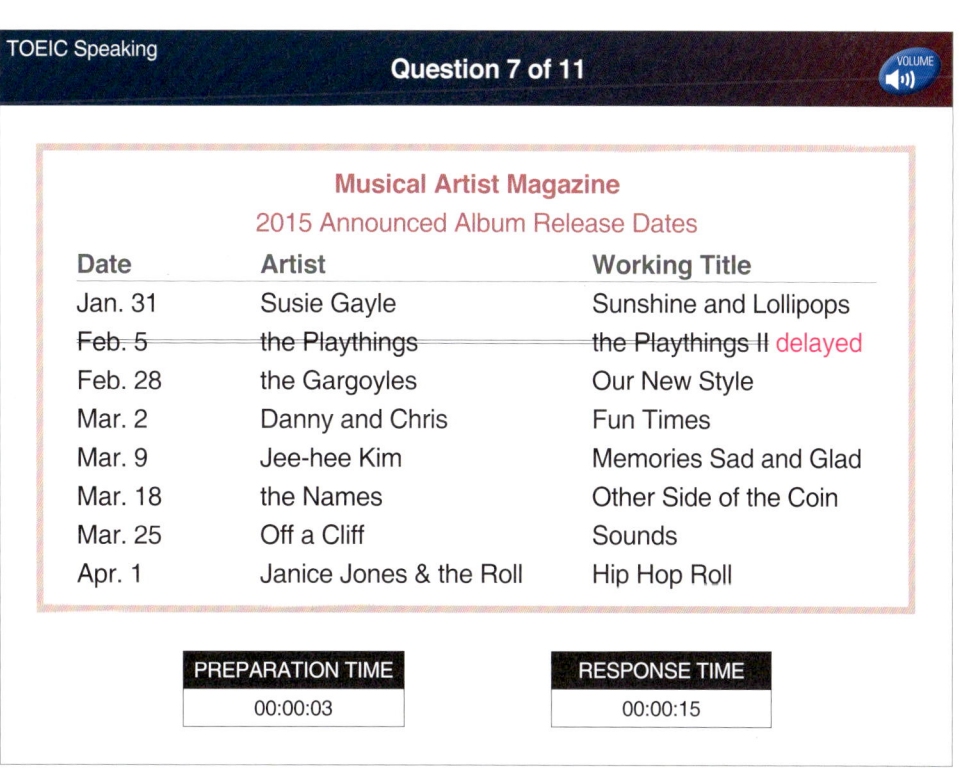

Musical Artist Magazine

2015 Announced Album Release Dates

Date	Artist	Working Title
Jan. 31	Susie Gayle	Sunshine and Lollipops
~~Feb. 5~~	~~the Playthings~~	~~the Playthings II~~ delayed
Feb. 28	the Gargoyles	Our New Style
Mar. 2	Danny and Chris	Fun Times
Mar. 9	Jee-hee Kim	Memories Sad and Glad
Mar. 18	the Names	Other Side of the Coin
Mar. 25	Off a Cliff	Sounds
Apr. 1	Janice Jones & the Roll	Hip Hop Roll

PREPARATION TIME	RESPONSE TIME
00:00:03	00:00:15

PART 1　PART 2　PART 3　PART 4　PART 5　PART 6

Musical Artist Magazine

2015 Announced Album Release Dates

Date	Artist	Working Title
Jan. 31	Susie Gayle	Sunshine and Lollipops
~~Feb. 5~~	~~the Playthings~~	~~the Playthings II~~ delayed
Feb. 28	the Gargoyles	Our New Style
Mar. 2	Danny and Chris	Fun Times
Mar. 9	Jee-hee Kim	Memories Sad and Glad
Mar. 18	the Names	Other Side of the Coin
Mar. 25	Off a Cliff	Sounds
Apr. 1	Janice Jones & the Roll	Hip Hop Roll

PREPARATION TIME	RESPONSE TIME
00:00:03	00:00:15

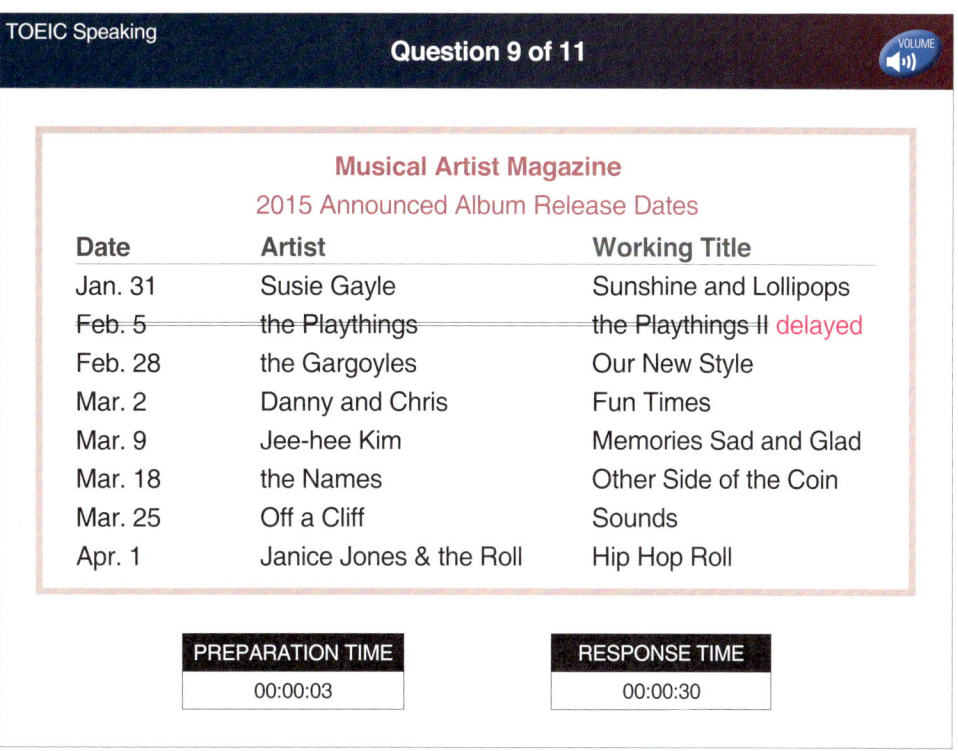

Musical Artist Magazine
2015 Announced Album Release Dates

Date	Artist	Working Title
Jan. 31	Susie Gayle	Sunshine and Lollipops
~~Feb. 5~~	~~the Playthings~~	~~the Playthings II~~ delayed
Feb. 28	the Gargoyles	Our New Style
Mar. 2	Danny and Chris	Fun Times
Mar. 9	Jee-hee Kim	Memories Sad and Glad
Mar. 18	the Names	Other Side of the Coin
Mar. 25	Off a Cliff	Sounds
Apr. 1	Janice Jones & the Roll	Hip Hop Roll

PREPARATION TIME
00:00:03

RESPONSE TIME
00:00:30

Model Answers Part 4_37~39

PART 5

Propose a Solution
해결책 제안하기

T O E I C

SPEAKING

PREVIEW ▶ 유·형·미·리·보·기

1 ▶ 문항 소개

문제	답변 준비 시간	답변 시간
Questions 10: Propose a Solution	45초	60초

평가 기준	문제 유형
발음, 강세, 억양, 문법, 어휘, 일관성, 내용의 관련성, 내용의 완성도	• 기존 유형: 상대방의 전화 메시지를 듣고, 문제점을 파악하여 그에 적절한 해결책 제시 • 신유형: 회의 상황에서 두 사람의 대화 내용을 듣고, 문제점을 파악하여 그에 적절한 해결책 제시 • 전화 메시지와 회의 상황은 음성으로만 제공

2 ▶ 신유형

기존 유형은 단일 화자의 음성메시지가 문제 상황으로 제시되지만 신유형에서는 회의 상황에서 두 사람이 나누는 대화 내용이 문제 상황으로 제시된다. 듣고 문제에 대한 해결책이나 개인의 의견을 제안하는 방식인 것은 같다. 시험 화면에 본인의 역할이 주어지므로, 역할에 맞는 제안이나 해결책을 제시하시면 된다.

3 ▶ 진행 순서

❶ 화면에 지시문(Directions) 제시 및 음성 설명

TOEIC Speaking

Question 10: Propose a solution

Directions: In this part of the test, you will be presented with a problem and asked to propose a solution. You will have 45 seconds to prepare. Then you will have 60 seconds to speak.

In your response, be sure to
• show that you recognize the problem, and
• propose a way of dealing with the problem.

---

❷ 전화기 또는 회의 상황인 화면이 나오고 전화 메시지 또는 회의 상황이 음성으로만 제시

❸ 지시문이 화면 제시되고 "Begin preparing now." 음성 지시 후 "삐" 소리와 함께 준비 시간 45초 시작

Respond as if you work in the Marketing Department in the company.

In your response, be sure to
• show that you recognize the problem, and
• propose ta way of dealing with the problem.

❹ 준비 시간 45초 후 "Begin speaking now." 음성 지시 후 "삐"소리와 함께 답변시간 60초 시작

4 ▶ 실전 공략법

• 필요한 부분만 듣는 연습을 한다.

• 준비 시간 45초는 해결책을 생각하는 데 사용하며, 여러 상황별 문제점에 대한 해결 방식을 생각해 둔다.

 CAUTION

• 반드시 상대방의 문제점을 요약해야 한다.

• 반드시 문제점에 대한 해결책을 제시해야 한다.

BASIC STUDY ▶ 기 · 초 · 학 · 습

1 ▶ 기본 주요 표현 – 전화 메시지

▶ **첫인사**

Hi, this is + 사람 + (calling) from + 소속. (소속)에서 전화 드리는 (사람)입니다.

▶ **전화 목적**

I'm calling to ~. ~하려고 전화했습니다.

I'm worried(concerned) that ~. ~이 걱정입니다.

We are facing a problem ~. 문제에 직면해 있습니다.

I would like to talk about ~. ~에 대해 이야기하고 싶습니다.

I would like to notify you of a problem ~. 문제에 대해서 알려드리고 싶습니다.

I would like to bring up a problem ~. 문제를 꺼내고 싶습니다.

▶ **마무리 인사**

Please give me a call. 연락주세요.

Could you please give me a call? 연락주시겠어요?

If you have any suggestions, could you please call me back? 제안이 있으시면 연락주시겠어요?

I will be waiting for your call. 연락 기다리겠습니다.

If you could call me back, it would be much appreciated. 연락주시면 매우 감사하겠습니다.

I hope you could give me a solution to this problem. 이 문제에 대한 해결책을 주시길 바랍니다.

I just wanted to know what you plan to do about this situation.

이 상황에 대해 어떤 계획을 하고 계시는지 알고 싶었습니다.

I really wish that you would take care of these problems.

이 문제들을 처리해 주시길 정말 바랍니다.

2 기본 주요 표현 – 해결책 제시 답변

▶ **첫인사**

Hi, this is + 사람 + returning your call. / Hello, this is + 사람 + calling you back.

안녕하세요, 저는 (사람)인데요, 답변드립니다.

▶ **문제점 인식**

It sounds like ~. ~인 것 같습니다.

I understand that ~. ~라는 것을 이해합니다.

In your call, you said that ~. 전화에서 ~라고 말씀하셨죠.

I got your message saying that ~. ~라고 하시는 메시지 잘 받았습니다.

If I got this right, ~. 제가 정확하게 이해했다면, ~.

You asked that ~. ~라고 문의하셨죠.

▶ **사과하기**

I'm really sorry about ~. ~에 대해서 정말 죄송합니다.

I'd like to apologize that ~. ~라는 점 사과 드립니다.

(Since) It's all our fault, ~. 모두 저희 잘못(이기 때문에)입니다.

▶ **해결책 제시**

This is what I recommend. 이것이 제가 제안을 드리는 바입니다.

My suggestion is that ~. 서의 제안은 ~입니다.

Here is my suggestion. 저의 제안입니다.

I'd like to suggest ~. ~을 제안드리고 싶습니다.

Let me make a suggestion. 제안을 드리겠습니다.

As for the problem with ~, there are a number of things you should consider.

~의 문제에 대해서 고려하셔야 할 많은 것들이 있습니다.

If you are looking for ways to ~, I have suggestions. ~할 방법을 찾고 있으시다면 제안이 있습니다.

You need to consider -ing ~하는 것을 고려해 보셔야 합니다.

▶ **마무리 인사**

Thank you for asking for my suggestion 저의 제안을 요청해 주셔서 감사합니다.

If you have any questions(inquiries), do not hesitate to call me.

질문(문의사항)이 있으면 망설이지 말고 연락해 주세요.

I hope that helps. 도움이 되기를 바랍니다.

Feel free to call me back if I can be of any other help.

제가 다른 도움이 될 수 있다면 자유롭게 연락주세요.

If I can be of any other service, let me know. 제가 다른 도움이 된다면 알려 주세요.

If there is ever anything I can do, please do not hesitate to ask.

제가 해 드릴 일이 있다면 망설이지 말고 요청해 주세요.

Pattern Drills ▶   정답 p 33

A. 상대방의 전화 메시지를 듣고 빈칸을 완성하시오.   🎧 Part 5_01

1 Hello, _____ Rodney Moore _____ the Sales
department.

안녕하세요 영업부에서 전화 드리는 Rodney Moore입니다.

2 _____ we need to train new employees on the weekend.

저희가 주말에 신입직원들을 교육해야 되어서 걱정입니다.

3 _____ how to encourage the new employees to participate in this
training.

저는 어떻게 신입직원들이 이 교육에 참여하도록 독려해야 할지에 대해서 이야기하고 싶습니다.

4 _____ to this problem. 이 문제에 대한 조언을 해 주시기 바랍니다.

B. 해결책을 제시하는 다음 빈칸을 해석에 맞게 완성하시오.   🎧 Part 5_02

1 Hi, _____ John Taylor _____ the Human
Resources.

안녕하세요. 인사부의 John Taylor입니다.

2 _____, _____ you want to know how to
encourage the new employees to participate in the _____.

전화에서 어떻게 신입직원들을 주말 교육에 참여하도록 독려해야 하는지에 대해서 알고 싶다고 말씀하셨죠.

3 _____. _____ giving them
compensation for the weekend such as free luncheon vouchers or free gifts.

제안을 드리겠습니다. 신입직원들에게 주말에 대한 보상으로 무료 점심 쿠폰이나 무료 선물 같은 것을 제공하는 것을 고려해야
합니다.

4 _____. _____ if I can be of any other help.

도움이 되기를 바랍니다. 제가 다른 도움이 될 수 있다면 자유롭게 연락주세요.

만·점·전·략

1 전화 메시지(기존 유형)

▶ **상대방 이름 확인**

Hi. This is Susan Wilson of Susan's Coffee Shop.

안녕하세요. Susan's 커피숍의 Susan Wilson입니다.

▶ **문제점 확인**

As you already know, my coffee shop has been growing and business is good. We have actually seen sales increase every month for the last twelve months!

아시는 것처럼, 저희 커피숍이 성장을 했고 영업이 좋습니다. 저희는 실제로 지난 12개월 동안 매달 매출 증대를 보았습니다!

But, now I am worried that our customer base is outgrowing the capacity of our store. It is great to see the long lines of customers! **But, I worry** we are going to lose them if we cannot provide them with the service they have come to expect. **Even worse**, I've been hiring new staffs but they are just not as good as the old staffs.

하지만 지금 저희 고객 기반이 매장 용량을 초과하고 있어서 걱정입니다. 길게 줄을 서 있는 고객들을 보는 것은 좋습니다! 하지만 고객들이 기대하고 오시는 서비스를 저희가 제공하지 못한다면 고객들을 잃게 될까봐 걱정입니다. 더 걱정인 것은, 새로운 직원들을 고용했는데 이전 직원들만큼 좋지가 않습니다.

▶ **마무리 인사: 답변 준비 시작**

As an expert in this field, I was really hoping you could help me with these problems. Could you please call me back? Thank you so much!

이 분야의 전문가로서, 이 문제들에 대한 도움을 주시길 바랍니다. 전화주시겠어요? 감사합니다!

- 상대방의 이름은 반드시 기억한다. 답변 시 첫인사에 상대방을 언급해야 한다.
- 상대방의 메시지를 들을 때, but, however, problem, difficulty, worry, worse 등 부정적인 표현이 나오는 부분을 잘 듣는다. (문제점 = 부정적)
- I'd like to ~, I'm calling to ~ 등 상대방의 전화 목적이 나타나는 표현이 나오는 부분을 잘 듣는다. 〈Basic Study 참조〉
- 마무리 인사는 대부분 상투적인 표현들이다. 메시지가 다 끝날 때까지 기다릴 필요 없이 상대방의 문제점이 파악됐다면, 이 부분에서 답변을 준비하면 된다. (준비 시간 30초는 생각보다 짧다)

▶ **첫인사:** 첫인사에서 상대방의 이름을 언급해 준다.

Hi, Susan. I am returning your call. 안녕하세요, Susan. 답변드립니다.

▶ **문제점 요약:** 상대방의 문제점을 간략하게 요약한다.

It sounds like you have some interesting problems! Not every business has the difficult problem of too many customers. Though, the problem of finding quality staff is a much more common problem.

재미있는 문제가 있는 것 같습니다! 모든 사업장이 너무 많은 고객들로 어려운 문제가 있는 것은 아닙니다. 하지만 우수한 직원을 찾는 문제는 너무나도 흔한 문제입니다.

▶ **해결책 제시:** 문제점에 대한 간략한 해결책을 제시한다.

This is what I recommend. 이것이 저의 제안입니다.

〈문제 1에 대한 해결책〉

You need to consider expanding your business. If you have enough customers, you should open a new store.

사업장을 확장하는 것을 고려해야만 합니다. 충분한 고객이 있다면 새로운 매장을 열어야 합니다.

〈문제 2에 대한 해결책〉

As for the problem with the poor service from the new staff, **there are a number of things you should consider. You might want to** try motivating them with rewards, such as monetary bonuses, for providing good service, or penalizing them, such as giving them warnings and then firing them if they do not provide the quality of the service you expect compared to the other staff, or some combination of the two.

새로운 직원의 낮은 서비스에 대한 문제에 대하여는 고려해야 할 많은 것들이 있습니다. 좋은 서비스를 제공한 것에 대해 금전적인 보너스 같은 보상으로 직원들을 동기화시켜 볼 수 있고, 또는 다른 직원과 비교하여 당신이 기대하는 서비스의 질을 제공하지 못한다면 경고를 하거나 해고하는 것과 같이 처벌할 수도 있고, 또는 두 가지를 조합할 수도 있습니다.

▶ **마무리 인사:** 상투적인 표현 하나 정도를 반드시 암기하여 마무리 인사에 활용한다.

I hope this helps. Feel free to call again. Bye.

제안이 도움이 되길 바랍니다. 언제든 또 연락주세요. 안녕히 계세요.

2 회의사항(신유형)

[예시 1]

Man: This leads me to my last point which is about the budget cuts for this quarter. Unfortunately, we will have to cut back on spending despite a successful year.

이번 분기의 예산 삭감에 대한 마지막 논점으로 이어집니다. 유감스럽게도, 성공적인 한 해임에도 불구하고 지출을 줄여야만 합니다.

Woman: That's really too bad. I thought with the success of our new summer line, we would have more money in the budget for our new projects.

정말 안타깝습니다. 새로운 여름 상품의 성공으로 새 프로젝트의 예산이 늘어날 거라고 생각했습니다.

Man: I thought so too, but the higher ups have decided to cut back on the spending a bit. Can you come up with some suggestions for where we should make the cuts? I know you'll have differing ideas, so we will have to compromise in the end. Call me anytime this week.

저도 그렇게 생각했지만, 상부에서 지출을 조금 줄이기로 결정했습니다. 어디서 삭감해야 할지 제안해 줄 수 있나요? 이견이 있다는 것을 알기 때문에 결국에는 절충해야 할 것 같습니다. 이번 주에 언제든지 전화주세요.

▶ **첫인사**

Hello, this is Angela. 안녕하세요. Angela입니다.

▶ **문제점 요약**

I'm calling in regards to the budget cuts you discussed in today's meeting.

오늘 회의에서 논의한 예산 삭감 관련해서 전화했습니다.

〈해결책 제시 1〉

I believe that most of the money should be spent on the projects themselves. After all, our company depends on the success of our products and on the marketing.

비용의 대부분은 프로젝트에만 지출해야 된다고 생각합니다. 결국, 우리 회사는 제품의 성공과 마케팅에 달려 있습니다.

〈해결책 제시 2〉

We can forgo fancy dinner meetings by finding more cost efficient places to meet and we can save on office supplies by emailing reports rather than printing everything out.

더 비용효과적인 장소를 찾아서 만남으로써 호화로운 저녁 모임을 포기할 수 있고, 모든 것을 출력하기 보다는 보고서를 이메일로 보내서 사무용품을 아낄 수 있습니다.

▶ **마무리 인사**

I hope some of my ideas are helpful. 제 생각이 도움이 되기를 바랍니다.

Man: I want everyone to think about ways we can honor our retiring manager. Mr. Vans has been with us for over 20 years and he has made this department one of the best places to work.

저는 모든 사람들이 은퇴하는 부장님을 예우할 수 있는 방법에 대해서 생각해 봤으면 좋겠습니다. Vans씨는 20년 넘게 함께 해왔으며 이 부서를 일하기 가장 좋은 회사 중의 하나로 만들었습니다.

Woman: I completely agree. I've been here for 10 years and worked in marketing as well as product development but our finance department has been the most satisfying place to work because of him. I will really miss him.

전적으로 동의합니다. 저는 이 회사에서 10년 동안 제품개발과 마케팅 부서에서 근무했지만 우리 회사의 재무 부서는 Vans씨 덕분에 일하기 가장 만족스러운 부서가 되었습니다. 정말 그리울 거예요.

Man: Yes, I think we can all agree with that. I'd like some suggestions on ways to show our appreciation to him. I think just giving him a goodbye gift or a goodbye dinner is not enough. Let me know if you have any good ideas.

맞아요. 모두 동의할 것 같습니다. 그에게 감사함을 전할 방법에 대한 제안을 받고 싶습니다. 그에게 송별 선물을 주거나 송별 식사를 하는 것으로는 충분하지 않다고 생각합니다. 좋은 생각 있으면 알려주세요.

▶ **첫인사**

Hello, this is Heather. 안녕하세요, Heather입니다.

▶ **문제점 요약**

I'm calling because I have a suggestion for what we can do for Mr. Vans' retirement.

Vans씨의 은퇴를 위해 무엇을 할 수 있는지에 대한 제안이 있어서 전화했습니다.

〈해결책 제시 1〉

I was thinking about having a more formal party using our conference room. We can order catering service and have speeches from Mr. Vans and our new manager. If anyone else wants to give speeches they can do so.

우리 회의실을 사용해서 좀 더 격식을 갖춘 파티를 여는 것을 생각하고 있었습니다. 출장연회 서비스를 주문하고 Vans씨와 새로운 부장님의 연설을 들을 수 있습니다. 누구든지 연설하고 싶다면 할 수 있습니다.

〈해결책 제시 2〉

I thought we could also all pitch in to give Mr. Vans a nice parting gift from all of us. I don't know how much of the budget the company will allow us to use, but I think most of us are willing to spend the budget on this rather than our annual New Year's party.

우리 모두가 Vans씨에게 좋은 송별 선물을 주기 위해 돈을 모을 수 있다고 생각했습니다. 회사가 얼마나 많은 예산을 사용하도록 허락할지 모르겠지만 저희 대부분은 신년 파티보다 여기에 예산을 사용하고 싶어 한다고 생각합니다.

▶ **마무리 인사**

Let me know what you think! 어떻게 생각하는지 알려주세요.

A. 다음 전화 메시지를 듣고 빈칸을 채우고, 질문에 답하시오.   🎧 Part 5_03

Hi, this is _____ from the IT department. I am calling you

as a receptionist at the company to talk about our phone menu. We know

_____ having a customer-friendly phone menu which is

_____, convenient and quick for customer satisfaction. So, we

thought, as a receptionist, you might have some insight on _____

we could make to improve our phone menu. If you have some suggestions, could you

please call us back? Thanks!

1 전화한 사람의 이름은 무엇입니까?

2 문제점은 무엇입니까?

B. 다음 답변을 듣고 빈칸을 채우고, 질문에 답하시오.   🎧 Part 5_04

Hi, Stanley. This is Gunwoo Kim, _____ at the company. I am

returning your call. You asked me if I had any suggestions for _____

so that it is simpler to understand, more convenient and quicker for our customers.

Well, I have some suggestions. First, you should have _____.

Second, you need to _____ so customers don't have to wait as long. I

hope that helps. If I can ever be of service again, please let me know. Bye.

1 답변한 사람의 직책은 무엇입니까?

2 제시한 해결책은 무엇입니까?

PART 1

PART 2

PART 3

PART 4

PART 5

PART 6

CASE STUDY ▶ 유·형·별·맛·보·기

1 ▶ 예약, 일정 문제

각종 예약 변경, 취소, 일정 변경, 취소 등과 관련하여 문제점이 제시된다. 변경 및 취소에 대한 보상, 대안 등을 해결책으로 제시한다.

▶ **전화 메시지**

Hi, this is Brad Hughes in the International Sales Department.

안녕하세요, 국제영업부의 Brad Hughes입니다.

※ 상대방의 이름을 확인한다.

Well, I was hoping you could help me with a problem. I am supposed to fly to Zurich this upcoming Saturday for an important sales meeting.

음, 문제를 도와주시길 바랍니다. 저는 다가오는 토요일에 중요한 영업회의를 위해 취리히로 가기로 되어 있습니다.

But, suddenly, one of my most important customers called me and said that it was important we meet face to face and the only time he had was Saturday. I cannot cancel or delay the flight as it is non-refundable so I would lose my money on the ticket if I did.

하지만 갑자기 매우 중요한 고객 한 분이 전화하셔서 직접 만나야 하는 중요한 일로 토요일에만 시간이 된다고 하십니다. 환불이 불가한 것이라 비행기를 취소하거나 연기할 수 없고, 한다면 티켓값을 버리게 됩니다.

※ 상대방의 문제점을 확인한다. 이때 but, cannot과 같은 부정적인 의미의 단어와 important 같은 중요한 단어들의 앞뒤 부분들은 주의해서 듣는다.

What do you think I should do? **Could you please call me back?** Thanks!

제가 어떻게 해야 하나요? 전화 주시겠어요? 감사합니다!

※ 마무리 인사를 하고 있으므로 답변을 준비하기 시작한다.

문제점 파악: 갑작스러운 고객과의 약속, 예약 취소 및 연기 불가

▶ **해결책 제시**

Hi Brad, **this is** Yong-hae Park **returning your call**.

안녕하세요, Brad. 저는 박용해입니다. 답변드립니다.

※ 상대방의 이름을 언급하고 본인의 소개를 한다.

So, if I understand things, you have double booked this Saturday. You are supposed to meet a customer and you are supposed to catch a flight and there is no way you can delay or cancel your flight.

제가 이해하기로 이번 토요일에 두 가지 약속이 동시에 있으시군요. 고객을 만나야 하고, 비행기를 타야 하고, 비행기를 연기하거나

취소할 수 있는 방법이 없군요.

※ 상대방의 문제점을 간략하게 요약한다.

Well, **my suggestion is** to try to have your meeting on video conferencing on the Internet. These days many smart phones have video conferencing apps and you can talk to your customer either on the way to the airport or at the airport.

저의 제안은 인터넷에서 화상회의로 회의를 해 보시라는 것입니다. 요즘 많은 스마트폰이 화상회의 앱을 가지고 있고 공항으로 가는 길이나 공항에서 고객과 이야기할 수 있습니다.

※ 상대방의 문제에 대하여 해결책을 제시한다.

I hope that helps. Let me know how it goes. Bye.

도움이 되길 바랍니다. 어떻게 진행되는지 알려 주세요. 안녕히 계세요.

※ 상투적인 표현들로 답변을 마무리한다.

해결책 제시: 스마트폰을 통한 화상 회의 제안

▶ **회의 상황(신유형)**

Woman: Another topic I'd like to discuss is a problem with our event planning schedule this month. Our library has two major events planned on the same weekend, **but** we don't have the space to accommodate both events. I just talked to the organizers of both events and both mentioned that changing the dates is not an option since invites have already been sent out.

제가 토론하고 싶은 또 다른 주제는 이번 달 행사 계획 일정상의 문제입니다. 우리 도서관은 같은 주말에 계획된 두 가지 주요 행사가 있지만, 두 행사를 모두 수용할 수 있는 공간이 없습니다. 방금 두 행사의 주최자에게 말했는데, 두 사람 모두 초대장이 이미 발송되어 날짜 변경이 안 된다고 했습니다.

Man: That will be a problem since almost 100 attendees are expected for each event. The main lobby is big enough for around 200 people, but I think they should be separated since one event is for children and the other for senior citizens. I think it will confuse everyone.

거의 100명의 참석자가 각 행사에 참석할 것으로 예상되니 문제가 될 것입니다. 메인 로비는 200여 명이 이용할 수 있을 만큼 충분히 크지만, 하나는 어린이들을 위한 행사고, 다른 하나는 노인들을 위한 행사이기 때문에 분리되어야 한다고 생각합니다. 그게 모두를 혼란스럽게 할 것이라고 생각합니다.

Woman: You're right. We'll have to find a solution. I need all of you to think about this problem. **Please call me if you have any ideas on how to deal with this situation.**

당신 말이 맞아요. 해결책을 찾아야 합니다. 여러분 모두가 이 문제에 대해 생각해 보시기 바랍니다. 이 상황에 대처할 방법에 대해 의견이 있으면 저에게 전화주세요.

문제점 파악: 같은 날 두 행사를 진행하기에 공간이 협소함, 행사의 성격과 참석자가 매우 다름

▶ **해결책 제시**

Hello, **this is** Nancy from the Event Planning Department.

안녕하세요, 행사기획부의 Nancy입니다.

I'm calling back about the agenda we discussed at the meeting.

회의에서 논의한 안건 관련해서 전화드립니다.

I thought about how we could accommodate both events without changing the dates. Since one event involves children, I thought we could hold their event outside. We have a large outdoor field which we can use. I think it might be better if the children could enjoy running around outside rather than staying indoors. Also, if it happens to rain that day, we have large tents we can put up. Meanwhile the senior event can be held at the main lobby. This way, both events can occur without one interfering with the other.

날짜를 변경하지 않고도 두 행사 모두를 어떻게 수용할 수 있을지 생각했습니다. 어린이들이 참여하는 행사가 하나 있기 때문에 그 행사를 밖에서 진행하면 될 것 같습니다. 우리 도서관에는 사용할 수 있는 커다란 야외 운동장이 있습니다. 저는 아이들이 실내에 머물기보다는 바깥에서 뛰어 다니는 것을 즐길 수 있다면 더 좋을 것이라고 생각합니다. 또한, 그날 비가 올 경우 칠 수 있는 커다란 텐트가 있습니다. 한편 노인들을 위한 행사는 메인 로비에서 열 수 있습니다. 이렇게 하면 두 행사 모두 서로 방해하지 않고 진행할 수 있습니다.

Please call me back and **let me know what you think about this solution**.

이 해결책에 대해 어떻게 생각하는지 전화로 알려 주세요.

해결책 제시: 아이들이 참여하는 행사는 야외에서 진행하고, 노인들이 참여하는 행사는 메인 로비에서 진행

Tips for Speaking 유형별 문제점 및 해결책

문제점	→	해결책
suddenly change the schedule(date) 갑작스럽게 일정을 변경하다		post the notice on SNS SNS에 공지하다
cancel the schedule without notice 공지 없이 일정을 취소하다		offer alternative options 다른 선택사항을 제공하다
delay the scheduled event 예정된 행사를 미루다		give a free voucher or gift 무료상품권이나 선물을 주다
		upgrade your seat 좌석을 업그레이드시켜 주다

---

2 ▶ 고객 유치, 관리, 증대, 불만사항 처리

사업장의 기존고객 관리 또는 신규고객 유치와 증대, 고객 불만사항 등과 관련하여 문제점이 제시 된다. 고객 관리 방법, 홍보 방법, 불만사항 처리 방법, 직원 교육 등을 해결책으로 제시한다.

▶ **전화 메시지**

Hi, this is David Dutton, the Assistant Manager at the Brunswick restaurant.

안녕하세요, 저는 David Dutton이고, Brunswick 레스토랑의 부지배인입니다.

※ 상대방의 이름을 확인한다.

As you know, we are expanding the dining and kitchen area so we can serve the additional customers we expect from the car factory building in the area.

아시는 것처럼, 지역 자동차 공장 건물에서 예상되는 추가 고객들에게 식사를 제공하려고 저희가 식당과 주방을 확장하고 있습니다.

The question I have is that while the reconstruction work on our restaurant is taking place, we anticipate that the East Brunswick restaurant will experience an increase in business.

제가 가진 문제점은 레스토랑의 재건축 작업이 이뤄지는 동안 East Brunswick 레스토랑이 매출이 오를 것입니다.

※ 상대방의 문제점을 확인한다.

Since you already experienced this situation, **I was hoping you could give some suggestions on** how best to deal with the situation. **Could you call me back and give me your insight?** Thanks.

이미 이런 상황을 경험하신 분으로서, 이 상황을 어떻게 가장 잘 해결할 수 있는지에 대해서 제안해 주시기를 바랍니다. 전화 주셔서 견해를 알려 주시겠어요? 감사합니다.

※ 마무리 인사를 하고 있으므로 답변을 준비하기 시작한다.

문제점 파악: 확장 공사로 인해 다른 지점 식당의 영업 증대가 예상됨

▶ **해결책 제시**

Hi, Mr. Dutton. **This is** Joseph Park **calling you back**.

안녕하세요, Dutton씨. 저는 Joseph Park이고 답변드립니다.

※ 상대방의 이름을 언급하고 본인의 소개를 한다.

You were wondering about my experience renovating one restaurant and what to do about increased business in another restaurant.

하나의 레스토랑을 개조하고 다른 레스토랑의 증대된 영업에 대해서 어떻게 할지에 대한 저의 경험이 궁금하시다고요.

※ 상대방의 문제점을 간략하게 요약한다.

Well, **my suggestion is to** add a little extra staff to the East Brunswick restaurant during the renovation as you cannot really handle that much increased business, but not too much. Then, offer discount coupons for the opening of the new restaurant as public relations to keep people interested in the new opening.

저의 제안은 개조하는 동안 East Brunswick 레스토랑에는 너무 많이 증대된 영업을 감당하지 못할 것이기 때문에 약간의 여유 직원들을 추가하시되, 너무 많이는 추가하지 마시라는 것입니다. 그러고 나서, 새로운 개장에 사람들이 계속 관심을 가지도록 하는 홍보 차원에서 새로운 식당의 개장을 위한 할인 쿠폰을 제공하세요.

※ 상대방의 문제에 대하여 해결책을 제시한다.

I hope that helps. If there is anything else I can do, please let me know. Bye.

도움이 되길 바랍니다. 제가 할 수 있는 다른 일이 있으면 알려 주시기 바랍니다. 안녕히 계세요.

※ 상투적인 표현들로 답변을 마무리한다.

해결책 제시: 추가 직원 고용, 할인 쿠폰 제공

PART 1
PART 2
PART 3
PART 4
PART 5
PART 6

문제점	➡	해결책

attract new customers(client)
신규 고객을 유치하다

show appreciation to old customer(patron)
기존 고객에게 감사를 표시하다

customers complain about the service
고객이 서비스에 대해 불만을 표시하다

expand the store
매장을 확장하다

open a new store
신규 매장을 열다

offer discount coupons
할인 쿠폰을 제공하다

write a thank-you note
감사의 편지를 쓰다

give staffs service training programs
직원 교육을 하다

make a brochure(flier, leaflet)
책자(전단지, 광고지)를 제작하다

3 ▶ 건물 보수, 관리, 사용자 불편사항

건물 보수, 관리 등과 관련하여 사용자의 불만사항이나 건의사항 등과 관련하여 문제점이 제시된다. 불만사항 해결 방법, 건의사항 처리 방법 등을 해결책으로 제시한다.

▶ 전화 메시지

Hi, this is <u>Bernadette Bronkowski</u>, the Office Manager at Littleton & Company on the 4th floor.

안녕하세요. 저는 4층 Littleton & Company의 사무실 관리자 Bernadette Bronkowksi입니다.

※ 상대방의 이름을 확인한다.

As the Office Manager of this building, **I want to bring up the following problem**.

이 건물의 사무실 관리자로서, 다음 문제를 제기하고 싶습니다.

As you know you are painting the building today <u>but we suddenly have an emergency situation and we need access to our office in order to do the work.</u> It is very important that you do something about this situation so we can finish this work.

아시다시피, 오늘 건물을 도색하시기로 했는데 저희가 갑자기 긴급한 상황이 있어서 일을 하기 위해 사무실을 이용해야 합니다. 매우 중요하기 때문에 이 상황에 대해 어떻게 해 주셔야 저희가 이 일을 끝낼 수 있습니다.

※ 상대방의 문제점을 확인한다.

Can you please call me back as soon as possible? Thanks.

가능한 한 빨리 연락주시겠어요? 감사합니다.

※ 마무리 인사를 하고 있으므로 답변을 준비하기 시작한다.

문제점 파악: 비상 상황으로 사무실에 들어가야 하는데 건물 도색으로 어려움

▶ **해결책 제시**

Hi, Ms. Bronkowski. **This is** Sun-mee Jo, the Building Manager. **I am calling you back.**

안녕하세요, Bronkowski씨. 저는 건물 관리자 조선미입니다. 답변드립니다.

※ 상대방의 이름을 언급하고 본인의 소개를 한다.

I understand that you have sudden, emergency work where you need access to your office, even though we are painting today.

오늘 도색 중임에도 불구하고 사무실에 들어가야 하는 갑작스럽고 위급한 일이 있다는 것을 이해합니다.

※ 상대방의 문제점을 간략하게 요약한다.

Well, I called the painters and they have agreed to work first on other parts of the building besides the fourth floor. So, you should be able to access your office.

제가 도장공들에게 전화를 해서 4층을 제외한 건물의 다른 부분을 먼저 작업하기로 하였습니다. 그래서 귀하의 사무실에 들어가실 수 있을 것입니다.

※ 상대방의 문제에 대하여 해결책을 제시한다.

I am always happy to be of service, so if there is anything else you need, just let me know. Good luck with the project! Bye.

언제나 도움을 드릴 수 있어서 기쁘고, 필요한 다른 것이 있으면 알려 주세요. 프로젝트를 잘하시기 바랍니다! 안녕히 계세요.

※ 상투적인 표현들로 답변을 마무리한다.

해결책 제시: 다른 부분을 작업하도록 지시하여 사무실에 들어갈 수 있도록 조치

Tips for Speaking 유형별 문제점 및 해결책

문제점	➡	해결책
problems with security(safety) 보안(안전상)의 문제		install CCTVs(surveillance cameras) CCTV(감시카메라)를 설치하다
lights are out, black out, power failure 정전이 되다, 정전		operate the emergency power generator 비상 전원 발전기를 가동하다
leakage in a ceiling 천장의 누수		send the maintenance team right away 보수팀을 바로 보내다
be smoking in the stairs 계단에서 흡연을 하고 있다		post the notice in the hallways 복도에 안내문을 공지하다

4 주문 제품 이상, 주문 오류, 배송 오류, 지연

주문한 제품이 이상이 있거나 주문한 내용과 다르게 배송된 경우, 배송이 되지 않았거나 예정했던 일정보다 지연되는 경우 등과 관련하여 문제점이 제시된다. 주문 상품과 동일 제품으로 재배송, 각종 보상 제공, 불만사항 해결 방법 등을 해결책으로 제시한다.

▶ 전화 메시지

Hi, this is Elmer Robinson from Bernstein's Retirement Home.

안녕하세요, Bernstein 퇴직자 전용시설의 Elmer Robinson입니다.

※ 상대방의 이름을 확인한다.

I <u>pre-ordered ten pizzas from your restaurant</u> about a week ago <u>for an important fund raiser</u> to help our residents. Well, a few minutes ago, your driver was here and <u>he only delivered half the pizzas. There was just five.</u>

제가 일주일 전에 저희 거주자들을 돕기 위한 중요한 모금 행사를 위해 귀하의 레스토랑에서 피자 10판을 선주문하였습니다. 몇 분 전에 배달원이 여기 왔는데, 절반만 배달했습니다. 5판뿐이었습니다.

Well, I have a lot of hungry guests here who were promised a pizza party in exchange for the charity they are providing to our home and they are **not happy about this situation**.

저희 시설에 제공하는 기부에 대한 보답으로 피자 파티를 약속받은 배고픈 손님들이 많은데, 그들은 이 상황이 유쾌하지 않습니다.

※ 상대방의 문제점을 확인한다.

Can you rectify this situation at once?

이 상황을 즉시 바로잡아 주시겠어요?

※ 마무리 인사를 하고 있으므로 답변을 준비하기 시작한다.

문제점 파악: 피자 10판을 주문했는데, 5판만 배달됨

▶ 해결책 제시

Hi Mr. Robinson, **this is** the manager of the pizza restaurant.

안녕하세요, Robinson씨. 저는 피자 레스토랑의 지배인입니다.

※ 상대방의 이름을 언급하고 본인의 소개를 한다.

I am really sorry about the mix up. The driver accidently left with only half the pizzas.

실수로 인해 혼란을 드려서 정말 죄송합니다. 배달원이 실수로 절반의 피자만 가지고 출발했습니다.

※ 상대방의 문제점을 간략하게 요약한다.

When I saw the situation, <u>I asked another driver to deliver the other half of the pizzas to you.</u> That driver should be arriving any minute so the pizzas should still be hot. **I hope this helps** your hungry guests.

제가 상황을 보고, 다른 배달원에게 다른 절반의 피자를 손님에게 배송하도록 요청하였습니다. 배달원이 곧 도착해서 피자가 뜨거울 것입니다. 이것이 배고픈 손님들에게 도움이 되길 바랍니다.

Since this is our fault, <u>I will not be charging you for the five late pizzas.</u> I have also <u>sent a 25% off coupon with the second driver.</u>

이것은 저희 잘못이기 때문에 늦은 5판의 피자에 대해서는 돈을 받지 않을 것입니다. 또한 두 번째 배달원에게 25%의 할인 쿠폰을 보냈습니다.

※ 상대방의 문제에 대하여 해결책을 제시한다.

Good luck with the fund raiser and **if there is ever anything I can do, please do not hesitate to ask**. Bye.

모금 행사가 잘되길 바라며 제가 할 수 있는 다른 일이 있으면 망설이지 말고 요청해 주시기 바랍니다. 안녕히 계세요.

※ 상투적인 표현들로 답변을 마무리한다.

해결책 제시: 다른 배달원이 나머지 5판을 배달하도록 지시, 늦은 5판은 무료이며 25%의 할인 쿠폰 제공

Tips for Speaking 유형별 문제점 및 해결책

문제점		해결책
a broken item 파손된 제품		deliver the new item again 새 제품으로 재발송하다
the item different from the one I ordered 주문한 것과 다른 제품		offer discount coupons available to use in the next purchase 추후 구매시 사용 가능한 할인 쿠폰을 제공하다
deliver the wrong address 잘못된 주소로 배송하다		deliver the item in person(directly) 직접 배송해 주다
the delivery is delayed 배송이 지연되다		not charge delivery fee 배송비를 부과하지 않다

[Test 1] 〈전화 메시지〉는 음성을 듣고 빈칸을 채우고, 〈해결책 제시〉는 주어진 해석에 맞게 문장을 완성하시오.

Test 1	🎧 Part 5_05~06

〈전화 메시지〉

Hi, this is _____ in Accounting. As you know the company

requires a one day orientation _____ every time we hire new

employees. _____, we have hired so many new employees

_____. Every time I make a suggestion

someone _____. I heard you had a similar

problem in Technological Services so I was wondering if you had any

suggestions for me. If you could call me back, it would be much appreciated.

Thanks!

첫인사 Hi Sherry, this is Jae-won Lee in Technological Services.

_____.

안녕하세요. Sherry. 저는 기술서비스팀의 이재원입니다. 답변드립니다.

문제점 요약 _____ you have difficulty _____ so many new hires because some of them _____.

일부가 시간에 대해 불평하기 때문에 너무 많은 신규 채용자의 일정을 잡는 것에 어려움이 있다는 것을 충분히 이해합니다.

해결책 제시 Well, _____. You cannot _____.

You should just _____ and if anyone cannot make it, then they cannot make it. If you have the time you can _____ for the orientation.

이것이 저의 제안입니다. 모든 사람을 기쁘게 할 수는 없습니다. 그냥 하루 일정을 잡아야만 하고 누군가가 참석하지 못한다면, 참석 못하는 것입니다. 시간이 있다면 설명회를 위한 추가 일정을 제공할 수 있습니다.

마무리 인사 I hope that helps. _____ if you think I can be of _____. Bye.

도움이 되길 바랍니다. 제가 다른 도움이 될 수 있다고 생각하시면 자유롭게 다시 연락주세요. 안녕히 계세요.

[Test 2] 〈전화 메시지〉는 음성을 듣고 빈칸을 채우고, 〈해결책 제시〉는 주어진 해석에 맞게 문장을 완성하시오.

Test 2
Part 5_07~08

〈전화 메시지〉

Hi, this is _____. As you are probably aware, we are

_____. We plan to have _____ with the

opening of this store. At this celebration, we would like to _____

from our neighboring store as well as _____. So, we

are soliciting _____ on what we can do. Please call me

back with your suggestions. Thanks. Bye.

〈해결책 제시〉

첫인사

Hi Mr. Malloy, this is Do-hyun Park, _____ .

안녕하세요. Malloy씨. 저는 직원들 중 한 명인 박도현입니다.

**문제점
요약**

_____ , you are soliciting suggestions for

_____ of a new store. And, especially,

you are _____ to both thank old customers as well

as new customers.

제가 정확하게 이해했다면, 신규 매장의 개장 축하 행사에 대한 제안을 요청하시는 것이죠. 특히, 신규
고객뿐만 아니라 기존 고객에게도 감사하는 방법들을 찾고 계시는군요.

**해결책
제시**

Well, I have a suggestion. The first is _____

hold a special raffle? Customers could bring in a receipt

_____ and we could place it in a box. Then, we

could _____ these old receipts and offer prizes.

_____ , we could thank and reward our old

customers.

제안이 있습니다. 첫째는 특별 추첨 행사를 개최하는 것이 어떤가요? 고객들이 기존 매장에서 영수증을
가지고 오면 저희가 상자에 담을 수 있습니다. 그러고 나서 기존 영수증의 특정 숫자를 추첨하고 상품을
제공할 수 있습니다. 이런 방법으로 기존 고객들에게 감사하고 보상할 수 있습니다.

**마무리
인사**

If there is anything I can do, please let me know.

_____ _____ . Bye.

제가 할 수 있는 일이 있다면 알려 주시기 바랍니다. 제안을 요청해 주셔서 감사합니다. 안녕히 계세요.

[Test 3] 〈회의 상황〉은 음성을 듣고 빈칸을 채우고, 〈해결책 제시〉는 주어진 해석에 맞게 문장을 완성하시오.

〈회의 상황〉

Woman: Before I _____, I need _____ from

you about _____ regarding the weddings that were

_____ at our main reception hall. Unfortunately, we

_____ at the same time.

모두 가시기 전에, 우리 메인 리셉션 홀에 이중으로 예약된 결혼식 관련 상황에 대해서 피드백이 필요합니다.
유감스럽게도 두 개의 결혼식을 실수로 동시에 예약했습니다.

Man: That's right, Greta. Both couples wanted _____

for noon _____. However, they both

have _____ so our other rooms won't be

_____ to move either wedding party to.

맞아요, Greta. 두 커플이 같은 날짜 정오에 메인 홀을 원했습니다. 하지만 하객 수가 양쪽 다 비슷해서 다른
방도 어느 결혼식 파티를 옮기기에 충분히 크지 않습니다.

Woman: Yes, we need to _____ without

_____. Please let me know if any of you

_____.

네, 어느 쪽도 기분이 나쁘지 않게 이 문제를 해결할 수 있는 방법을 찾아야 합니다. 좋은 생각이 있으면
알려주세요.

〈해결책 제시〉

Answer: Hello, Greta. This is Justin _____. I'm calling about

the problem regarding the _____. I was thinking

that if we _____ which hasn't been booked yet,

we may be able to _____. I worked at a restaurant

in the past _____ some of our smallest spaces

_____. I think I can _____ so that

all _____ can be _____.

Again, it might be a _____, but if we provide a

_____ or a _____ for one of the

couples, they might be _____. What do you think

about this? Let me know if you think the idea _____.

안녕하세요, Greta. 서비스 부서의 Justin입니다. 이중으로 예약된 리셉션 홀에 관한 문제로 전화했습니다. 아직 예약되지 않은 두 번째로 큰 방을 정리하면, 모든 하객을 감당할 수도 있을 것 같았습니다. 저는 과거에 가장 작은 공간을 가장 많은 사람들에게 맞게 최대한 활용했던 식당에서 근무했습니다. 제가 결혼식 하객들이 편안하게 앉을 수 있도록 공간을 정리할 수 있을 것 같습니다. 다시 한 번 말씀드리지만, 빠듯할 수도 있습니다. 하지만 한쪽 커플에게 무료 연회 서비스나 무료 사진 촬영을 제공한다면 기꺼이 이 제안을 받아들일 수도 있습니다. 어떻게 생각하세요? 장점이 있는 아이디어라고 생각되면 알려주세요.

[Test 4] 〈회의 상황〉은 음성을 듣고 빈칸을 채우고, 〈해결책 제시〉는 주어진 해석에 맞게 문장을 완성하시오.

Test 4

〈회의 상황〉

Man: One more thing before you go, the response to _____

for _____ was _____ this

year. _____, many people didn't even know we

_____.

가시기 전에 한 가지 더 말씀드리면, 올해는 우리 화장품 라인의 휴가 시즌 출시에 대한 반응이 별로 좋지 않았습니다. 설상가상으로, 많은 사람들이 우리 회사가 휴가 시즌 제품이 있는지도 알지 못합니다.

Woman: That's _____ considering how

_____ the holiday line was last year.

휴가 시즌 제품이 작년에 얼마나 성공했는지 고려하면 놀라운 일이에요.

Man: That's right. We need to know _____. We still

have _____ before the holidays so we need to

_____ and _____. Please call

me if you have any ideas _____. We need to

_____ before _____.

맞습니다. 무슨 일이 일어나고 있는지 알아야 합니다. 아직 연휴 전에 몇 주가 남아서 제품을 알리고 마케팅을 더 잘 할 수 있는 방법을 찾아야 합니다. 좋은 생각이 있으면 전화주세요. 연휴가 끝나기 전에 진행해야 합니다.

PART 1

PART 2

PART 3

PART 4

PART 5

PART 6

〈해결책 제시〉

Answer: Hello, this is Ambra _____ the Marketing

Department. I'm calling about the holiday make-up line and I have

a couple of ideas in mind. It seems _____ our

marketing _____ so I thought it might be a good idea

_____ to some popular _____ and

have them review _____ on their channels.

I think we _____ on some social media platforms

so that might be a good way _____. We can

also _____ at busy shopping hot spots and give

_____ and even _____ and

_____. But, I think getting make-up to social media

influencers will be the best way _____, but let me

know what you think.

안녕하세요. 마케팅 부서의 Ambra입니다. 휴가 시즌 화장품 라인 관련해서 전화했는데, 제게 몇 가지 아이디어가 있습니다. 우리의 마케팅이 고객에게 다가가지 못한 것처럼 보이는데, 인기 있는 소셜 미디어의 유명인들에게 홍보 선물 패키지를 보내서 그들이 자기 채널에서 화장품에 대해 평가하도록 하는 것이 좋을 것 같습니다. 소셜 미디어 플랫폼에서 노출이 부족한 것 같아서 우리 제품을 알리기 좋은 방법일 수 있습니다. 또한 붐비는 쇼핑 번화가에 팝업숍을 열어 잠재고객에게 무료 샘플 주고 화장 바꾸기와 화장팁을 제공할 수 있습니다. 하지만 소셜 미디어의 유명인들과의 관계를 복구하는 것이 가장 좋은 방법이라고 생각하는데, 당신은 어떻게 생각하는지 알려주세요.

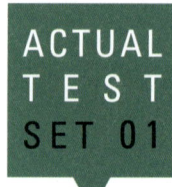

TOEIC Speaking

Question 10: Propose a solution

Directions: In this part of the test, you will be presented with a problem and asked to propose a solution. You will have 45 seconds to prepare. Then you will have 60 seconds to speak.

In your response, be sure to
• show that you recognize the problem, and
• propose a way of dealing with the problem.

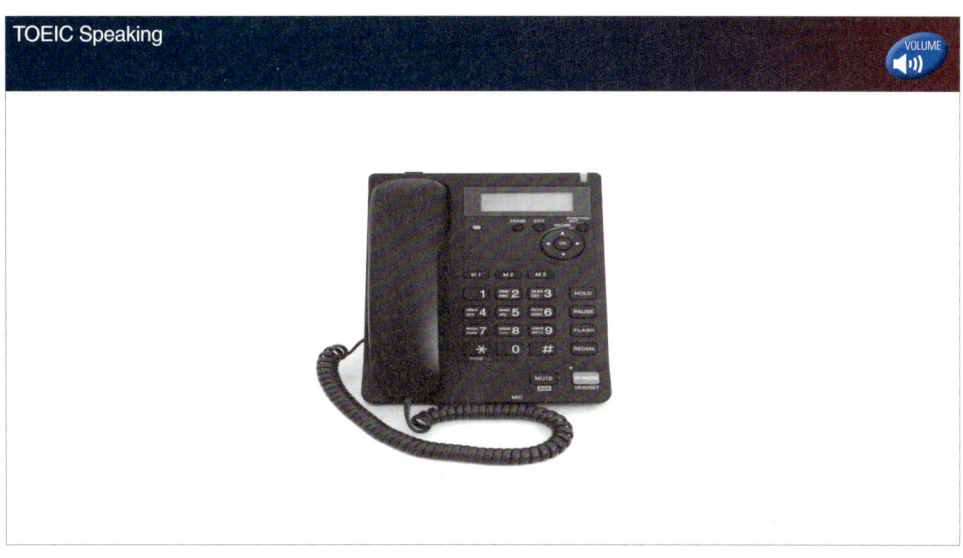

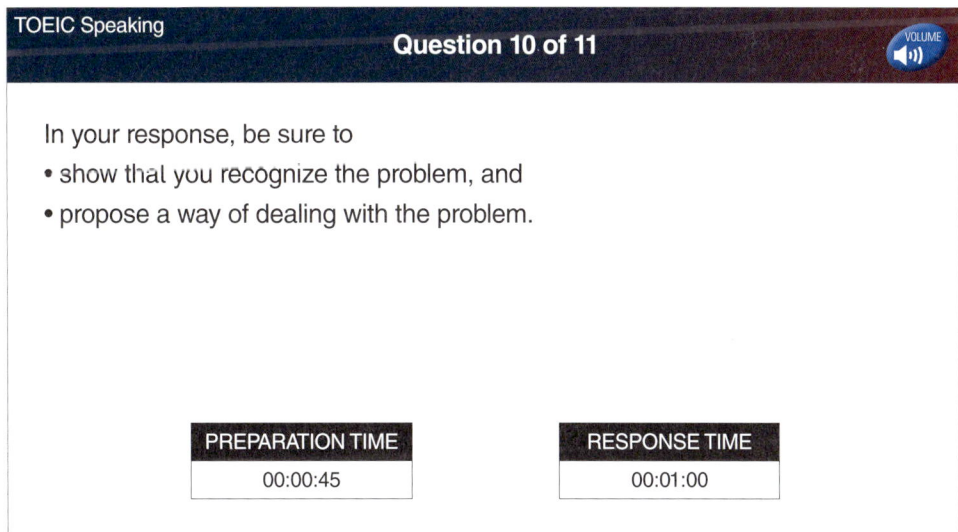

In your response, be sure to
• show that you recognize the problem, and
• propose a way of dealing with the problem.

PREPARATION TIME	RESPONSE TIME
00:00:45	00:01:00

Model Answer Part 5_14

TOEIC Speaking

Question 10: Propose a solution

Directions: In this part of the test, you will be presented with a problem and asked to propose a solution. You will have 45 seconds to prepare. Then you will have 60 seconds to speak.

In your response, be sure to
• show that you recognize the problem, and
• propose a way of dealing with the problem.

Respond as if you were a member of the team for the business fair project.

In your response, be sure to
• show that you recognize the problem, and
• propose a way of dealing with the problem.

PREPARATION TIME	RESPONSE TIME
00:00:45	00:01:00

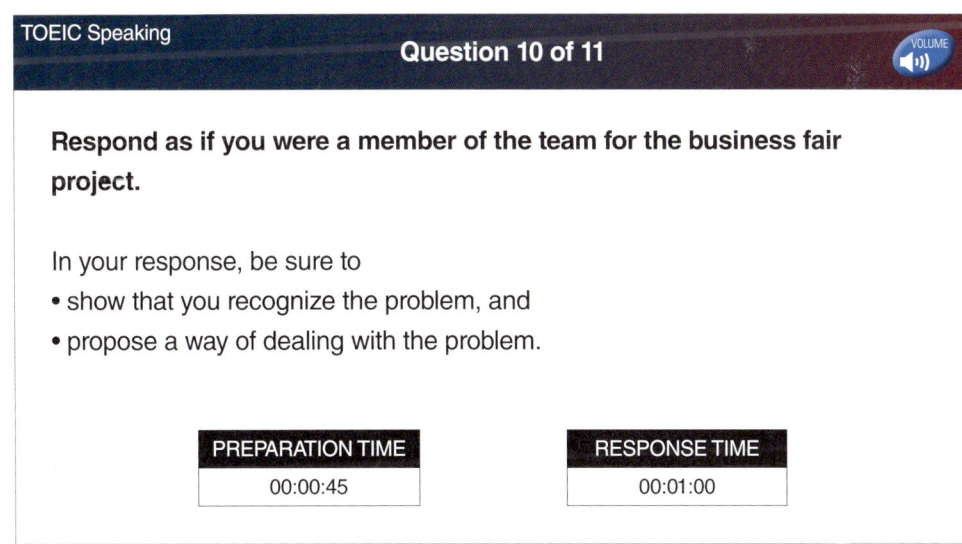

Model Answer Part 5_16

TOEIC Speaking

Question 10: Propose a solution

Directions: In this part of the test, you will be presented with a problem and asked to propose a solution. You will have 45 seconds to prepare. Then you will have 60 seconds to speak.

In your response, be sure to
• show that you recognize the problem, and
• propose a way of dealing with the problem.

Respond as if you work in the Marketing Department in the company.

In your response, be sure to
- show that you recognize the problem, and
- propose a way of dealing with the problem.

PREPARATION TIME
00:00:45

RESPONSE TIME
00:01:00

Model Answer 🎧 Part 5_18

PART 6 ▶ Express an Opinion
의견 제시하기

TOEIC
SPEAKING

PREVIEW ▶ 유·형·미·리·보·기

1 문항 소개

문제	답변 준비 시간	답변 시간
Questions 11: Express an Opinion	30초	60초

평가 기준	문제 유형
발음, 강세, 억양, 문법, 어휘, 일관성, 내용의 관련성, 내용의 완성도	• 특정 주제에 대한 의견을 묻는 방식 • 찬반형, 비교형, 선택형 등의 유형으로 주제 제시

2 진행 순서

❶ 화면에 지시문(Directions) 제시 및 음성 설명

TOEIC Speaking

Question 11: Express an opinion

Directions: In this part of the test, you will give your opinion about a specific topic. Be sure to say as much as you can in the time allowed. You will have 30 seconds to prepare. Then you will have 60 seconds to speak.

---

❷ 문제가 화면과 음성으로 제시

❸ 문제 제시 후 "Begin preparing now." 음성 지시 후 "삐" 소리와 함께 준비 시간 30초 시작

❹ 준비 시간 30초 후 "Begin speaking now." 음성 지시 후 "삐" 소리와 함께 답변 시간 60초 시작

3 실전 공략법

- 여러 가지 주제들에 대해서 생각해 본다.

- 자신의 생각과 가장 일치하는 의견을 선택한다. 자신의 생각과 다른 의견을 선택하면 증거 제시가 어렵다.

- 발음, 강세 및 억양이 여전히 평가 항목임을 잊지 않는다.

- 주어진 주제에 대한 의견을 정하고, 근거와 예시를 들어 뒷받침한다.

- 준비 시간(30초)이 짧으므로 다양한 주제에 대한 배경 지식, 논리 구성을 생각해 둔다.

- 준비 시간이 짧다고 너무 겁먹지 말고 자신의 생각을 길지 않은 문장으로 표현하는 연습을 한다.

- 어려운 표현이나 단어를 사용하는 것보다 본인이 잘 아는 표현이나 단어 등을 정리해 둔다.

 **CAUTION**

- 난이도에 비해 준비 시간이 짧다. 집중해야 한다.

- 1분은 생각보다 긴 시간, 천천히 정확하게 발음한다.

- 너무 길고 추상적인 표현만을 하려고 하지 않는다.

- 짧고 구체적인 표현으로 충분히 자신의 주장을 할 수 있다.

BASIC STUDY ▶ 기·초·학·습

1 주요 기본 표현

I agree(disagree) ~. ~에 대해 동의(반대)합니다.

I prefer ~. ~을 더 선호합니다.

I think(believe) ~. ~라고 생각합니다.

In my opinion, ~. 제 생각에는, ~.

The reason why I think(believe) ~ is … ~라고 생각하는 이유는 …입니다.

2 연결어, 부사 및 전치사 활용하기

▶ **추가**

also 또한

and (then) 그리고

as well as ~외에도

besides 게다가

furthermore 게다가

in addition (to) ~ 외에도

moreover 게다가, 더구나

▶ **대조**

but 그러나

however 그러나

in contrast 대조적으로

on the contrary 반면에, 반대로

on the other hand 반면에

whereas 반면에, ~에 반해서

▶ **양보**

despite + 명사 ~에도 불구하고

in spite of + 명사 ~임에도 불구하고

although + 절 ~임에도 불구하고

even though + 절 ~라 할지라도

even if + 절 ~라 할지라도, ~임에도 불구하고

▶ **비교**

compared to ~와 비교하여

in comparison 비교해 보면

in the same way 비슷하게

similarly 유사하게

▶ 강조

definitely 분명히

in any event 좌우간, 어쨌든, 여하튼

indeed 실로, 사실상

in fact 사실상

in particular 특히

particularly 특히

▶ 열거

first 첫째

second 둘째

third 셋째

then 그런 후에

next 다음으로

finally 마지막으로

▶ 인과관계

as ~함에 따라, ~해서

because (of) ~ 때문에

due to ~ 때문에

since ~이니까, ~이므로

so (that) 그래서 (~하다)

that is because 그건 ~ 때문이다

that is why (이유) 그래서 ~이다

the second reason is that 두 번째 이유는 ~이다

▶ 관점

from the viewpoint of ~의 관점에서

in my opinion 내 견해로는

▶ 조건

if ~라면

it not ~아니라면

in case of ~의 경우에

in the event (that) ~의 경우에

provided (that) 단, ~라면

▶ 예외나 제외

apart from ~은 별도로 하고

aside from ~은 별도로 하고

but ~ 외에는, ~을 제외하고

except for ~ 외에는, ~을 제외하고

▶ 예시

for example 예를 들면

for instance 예를 들면

in this case 이 경우

in this manner 이런 식으로

that is 즉

such as ~와 같은 것

▶ **목적**

for this reason 이런 이유 때문에

in order to ~하기 위해

with this purpose 이런 목적으로

in an effort to ~할 노력으로

to the purpose of ~의 목적으로

▶ **대체**

instead of ~ 대신에

rather 차라리

or 혹은

▶ **도입**

first of all 먼저, 무엇보다도

initially 우선

regarding ~에 관해

in the first place 먼저, 무엇보다도

on the one hand 한편으로

speaking of ~에 대해 말하자면

▶ **방법**

by ~으로

this way 이런 식으로

by means of ~을 통해

through ~을 통해

▶ **결론 및 요약**

in brief 간단히 말해

in short 간단히 말해

to sum up 요약하자면

as a consequence 그 결과

as a result 그 결과

therefore 따라서

for these reasons 이러한 이유들 때문에

in conclusion 결론적으로

to conclude 결론 짓자면

accordingly 따라서

consequently 결과적으로

hence 그래서

thus 따라서

주어진 해석에 맞게 빈칸을 완성하시오. 🎧 Part 6_01

1 _____ students need to follow University's policies.

저는 학생들이 대학의 정책을 따라야 한다는 것에 동의합니다.

2 _____ studying at home _____ going to a library.

저는 도서관에 가는 것보다 집에서 공부하는 것을 더 선호합니다.

3 _____, smoking on the street must be prohibited.

제 의견으로는, 길거리에서 담배를 피우는 것은 금지되어야 합니다.

4 _____, if you want to see a movie, you can download it from the Internet.

예를 들어, 영화를 보고 싶다면 인터넷에서 다운 받을 수 있습니다.

5 _____ the most important role of Government is to protect people from natural disasters.

두 번째 이유는 정부의 가장 중요한 역할이 자연 재해로부터 국민을 보호하는 것이라는 점입니다.

6 A number of animals suffer from disease _____ air pollution.

대기 오염 때문에 많은 동물들이 질병으로 고통받고 있습니다.

7 _____, going to bed early is better for your health.

그러므로, 일찍 자는 것이 건강에 더 좋습니다.

8 _____, I think reading a book is the most useful in learning English.

이러한 이유들 때문에, 저는 책을 읽는 것이 영어를 배우는 데 가장 유용하다고 생각합니다.

PERFECT TACTICS ▶ 만 · 점 · 전 · 략

1 ▶ 질문 파악하기

▶ **찬반 유형**

특정 주장에 대한 여러분의 찬성 또는 반대 의견을 묻는 질문이다. 찬성 또는 반대 의견 중 하나를 선택하고 그렇게 주장하는 이유에 대해서 예시나 근거를 들어 설명한다.

Do you **agree** or **disagree** with the following statement? "Children should not be allowed to watch TV until 5 years old."

다음의 주장에 찬성하나요, 반대하나요? "아이들은 5살이 될 때까지 TV를 보게 해서는 안 된다."

▶ **비교 유형**

제시된 두 가지 상황을 비교하여 A의 상황을 선택한 이유를 묻는 질문이다. B가 아닌 A를 선택한 이유에 대해서 비교와 적절한 예시나 근거를 들어 설명한다.

Which do you think is **more important**? Making more money for children **or** spending more time with children to raise good children.

좋은 아이들로 키우기 위해서, 아이들을 위해 돈을 더 많이 버는 것과 아이들과 더 많은 시간을 보내는 것 중 어느 것이 더 중요하다고 생각하나요?

▶ **선택 유형**

제시된 2~3가지 선택사항들 중 하나에 대하여 질문에 대한 생각을 묻는 질문이다. 선택사항에 대한 생각을 적절한 예시나 근거를 들어 설명한다.

Which of the following is the most useful in teaching English: **TV shows, movies, or songs**?

TV 프로그램, 영화, 노래 중 어느 것이 영어를 가르치는 데 가장 유용한가요?

2 본인 의견 주장하기

▶ **의견 선택하기**

〈Basic Study〉에서 배운 기본 표현들로 주장을 시작할 수 있다.

찬반 〉 Do you agree or disagree with the following statement? "Children should not be allowed to watch TV until 5 years old."

➡ **I agree that** children should not be allowed to watch TV until 5 years old.

저는 아이들은 5살이 될 때까지 TV를 보게 해서는 안 된다라는 주장에 찬성합니다.

➡ **I disagree that** children should not be allowed to watch TV until 5 years old.

저는 아이들은 5살이 될 때까지 TV를 보게 해서는 안 된다라는 주장에 반대합니다.

비교 〉 Which do you think is more important? Making more money for children or spending more time with children to raise good children.

➡ **I think** making more money for children is more important in order to raise good children.

저는 아이들을 위해서 돈을 더 많이 버는 것이 좋은 아이들을 키우기 위해서 더 중요하다고 생각합니다.

➡ **I believe** spending more time with children is more important than making more money.

저는 돈을 더 많이 버는 것보다 아이들과 더 많은 시간을 보내는 것이 더 중요하다고 생각합니다.

선택 〉 Which of the following is the most useful in teaching English: TV shows, movies, or songs?

➡ **In my opinion**, TV shows are the most useful in teaching English.

제 생각에는 TV 프로그램이 영어를 가르치는 데 가장 유용합니다.

➡ **I do believe that** movies are the most useful in teaching English.

저는 영화가 영어를 가르치는 데 가장 유용하다고 생각합니다.

➡ **The reason why I think** songs are the most useful in teaching English **is** that songs are easy to listen to when I walk to school.

노래가 영어를 가르치는 데 가장 유용하다고 생각하는 이유는 걸어서 학교에 갈 때 노래를 듣기 쉽기 때문입니다.

▶ **이유, 근거 및 예시 제시하기**

본인의 주장에 대해서 2가지 정도의 이유 및 근거를 제시한다. 이때 예시를 적절히 활용해도 좋다.

찬반 〉 **I agree that children should not be allowed to watch TV until 5 years old.**

First, watching TV is very addictive. There are so many things to watch that it is hard to turn off the TV.

첫째, TV를 보는 것은 매우 중독성이 있습니다. 볼 것들이 너무 많아서 TV를 끄기가 어렵습니다.

Second, it is not good for eye health **when** children are watching TV for a long time.

둘째, 아이들이 오랜 시간 TV를 보면 눈 건강에 좋지 않습니다.

비교 〉 **I believe spending more time with children is more important than making more money.**

First, children need parents' love and care rather than money. **When** parents make more money, they can buy expensive toys for their children, but playing with parents is the best toy for children.

첫째, 아이들은 돈보다는 부모님의 사랑과 관심이 필요합니다. 부모님들이 더 많은 돈을 번다면 아이들을 위해 비싼 장난감을 사 줄 수 있지만, 부모님과 함께 노는 것이 아이들에게 가장 좋은 장난감입니다.

Second, money cannot buy memories with children. **If** parents came back home late from making more money, they would not have enough time to play with their children and children would have no memories with their parents.

둘째, 돈으로 아이들과의 추억을 살 수는 없습니다. 부모님들이 더 많은 돈을 벌기 위해서 집에 늦게 들어오면 아이들과 놀아 줄 시간이 충분하지 않을 수 있고 아이들은 부모님과의 추억이 없을 수 있습니다.

선택 〉 **In my opinion, TV shows are the most useful in teaching English.**

First, TV shows are very interesting because there are a number of different genres and stories to choose from. **When** you learn something difficult like English, interesting materials can encourage people to try learning it.

첫째, TV 프로그램은 선택할 수 있는 많은 다양한 장르와 이야기들이 있기 때문에 매우 흥미롭습니다. 영어와 같이 어려운 것을 배울 때에는 흥미로운 자료가 사람들로 하여금 그것을 배워 보도록 독려할 수 있습니다.

Second, it is easy to understand English since you can see what the actors are doing when they talk. **For example**, you can predict the meaning of the expressions you don't know by looking at their actions.

둘째, 배우들이 이야기할 때 무엇을 하는지 볼 수 있기 때문에 영어를 이해하기 쉽습니다. 예를 들어, 모르는 표현의 의미를 배우들의 행동을 봄으로써 예측할 수 있습니다.

▶ **마무리 결론**

앞에서 주장한 내용을 간단하게 요약하면서 마무리한다. 제시문의 내용을 활용해도 좋다.

찬반 〉 I agree that children should not be allowed to watch TV until 5 years old. First, watching TV is very addictive. There are so many things to watch that it is hard to turn off the TV. Second, it is not good for eye health when children are watching TV for a long time.

Therefore, I do agree children should not be allowed to watch TV when they are young.

그러므로, 저는 아이들은 어릴 때는 TV를 보게 해서는 안 된다라는 주장에 적극 찬성합니다.

비교 〉 I believe spending more time with children is more important than making more money. First, children need parents' love and care rather than money. When parents make more money, they can buy expensive toys for their children, but playing with parents is the best toy for children. Second, money cannot buy memories with children. If parents came back home late from making more money, they would not have enough time to play with their children and children would have no memories with their parents.

So, in my opinion, spending more time with children is more important than making more money.

그래서 제 생각에는 아이들과 더 많은 시간을 보내는 것이 돈을 더 많이 버는 것보다 더 중요합니다.

선택 〉 In my opinion, TV shows are the most useful in teaching English. First, TV shows are very interesting because there are a number of different genres and stories to choose from. When you learn something difficult like English, interesting materials can encourage people to try learning it. Second, it is easy to understand English since you can see what the actors are doing when they talk. For example, you can predict the meaning of the expressions you don't know by looking at their actions.

Thus, I think TV shows are the most useful in teaching English.

따라서, 저는 TV 드라마가 영어를 가르치는 데 가장 유용하다고 생각합니다.

어휘학습

addictive 중독성의 rather than ~보다 a number of 많은 genre [ʒɑ́:nrə] 장르 material 자료, 재료
encourage 독려하다, 권장하다 predict 예측하다

CASE STUDY ▶ 유·형·별·맛·보·기

---

1 ▶ 비교 유형

▶ **주제 파악하기**

Which style of management do you think is better to work for: one in which **everyone comes together to make decisions** or one in which **one manager makes all the decisions for the other employees**?

의사 결정을 하기 위해서 모두가 모이는 스타일과 한 명의 관리자가 다른 직원들을 위해 모든 결정을 하는 스타일 중 어떤 경영 스타일이 일하기에 더 좋다고 생각하나요?

모두가 함께 결정하는 스타일과 한 명이 모두 결정하는 스타일을 제시하고 어느 것이 더 근무하기 좋은지를 묻고 있다. 하나를 선택하고, 그 이유에 대해서 적절한 이유와 근거를 제시하고 다른 상황과 비교하는 답변을 구성한다.

▶ **모두가 함께 의사 결정하는 것 선호**

이유 및 근거 미리 생각하기	1. 의사 결정 과정에 관여할 때 더 동기화가 된다. 2. 모두가 참여했을 때 좋은 결정을 하기가 쉽다.

의견 선택 〉 Well, **I think** it is better to work where everyone is involved in the decision making process.

저는 모두가 의사 결정 과정에 관여하는 곳에서 일하는 것이 더 좋다고 생각합니다.

이유 및 근거 1 〉 **I think** I am more motivated when I am involved in the decision making process. It is hard to be motivated when you disagree with a decision.

저는 의사 결정 과정에 관여할 때 더 동기가 생긴다고 생각합니다. 결정에 반대할 때에는 동기화되기 어렵습니다.

이유 및 근거 2 〉 **Also, I think** you are more likely to get a good decision if everyone is involved.

또한, 모두가 관여한다면 좋은 결정을 하기가 더 쉽다고 생각합니다.

비교 내용 〉 **The biggest problem** with one person making the decisions is what if that person is not so smart or just makes a wrong decision. There is not enough oversight to prevent poor decisions.

한 사람이 의사 결정을 하는 것의 가장 큰 문제는 만약 그 사람이 그다지 똑똑하지 않거나 단순히 잘못된 결정을 한다면 어떻게 될까라는 것입니다. 잘못된 결정을 막을 만큼 충분한 관리가 되지 않습니다.

마무리 결론 〉 **So, I think** the work environment where everyone is involved in making decisions is much better.

그래서 저는 의사 결정에 모두가 관여하는 근무 환경이 훨씬 좋다고 생각합니다.

involve 관련 시키다, 참여시키다 **motivate** 동기화하다 **decision making** 의사 결정 **process** 과정
oversight 관리, 감독

▶ 혼자서 모두 결정하는 것 선호

> **이유 및 근거 미리 생각하기**   1. 모두가 회사에게 어떤 것이 옳은 것인지 아는 것은 아니다.
> 2. 의사 결정에 시간을 낭비하고 싶지 않다.

의견 선택〉 **If it were me, I think it is better** to have a single manager make all the decisions.

저라면, 한 명의 관리자가 모든 결정을 하도록 하는 것이 더 좋다고 생각합니다.

이유 및 근거 1〉 **First of all**, not all employees know what is right for the company.

먼저, 모든 직원들이 회사를 위해 어떤 것이 옳은지를 아는 것은 아닙니다.

비교 내용〉 They were not trained, don't have the experience and may not understand the company situation well enough to make such decisions. So, you are much more likely to get a good decision when a lone well-trained manager makes it.

직원들은 훈련되지 않았고, 경험도 없고, 그런 결정을 할 만큼 충분히 회사의 상황을 잘 이해하지 못할 수도 있습니다. 그래서 잘 훈련된 관리자가 홀로 결정을 할 때 좋은 결정을 하기 훨씬 더 쉽습니다.

이유 및 근거 2〉 **Second of all**, I don't want to waste my time making decisions. I just want to do my work without having to worry about whether something is right or not.

둘째로, 의사 결정을 하는 데 저의 시간을 낭비하고 싶지 않습니다. 어떤 것이 옳고 그른지에 대해 걱정하지 않고 저의 일을 그냥 하고 싶습니다.

마무리 결론〉 **Therefore, I believe** the office where a lone manager makes decision is a much better work environment.

그러므로 관리자 혼자 의사 결정을 하는 사무실이 훨씬 더 좋은 근무 환경이라고 생각합니다.

be likely to ~하기 쉽다 **enough to** ~하기에 충분한 **lone** 혼자인

2 ▶ 찬반 유형

▶ **주제 파악하기**

Do you agree or disagree with the following statement? "**Children should be allowed to use social networking sites without adult supervision.**" Please use details and examples.

다음의 주장에 찬성하나요, 반대하나요? "아이들이 어른의 감독 없이 SNS를 사용하는 것이 허용되어야 한다." 세부사항과 예시를 사용하세요.

어른들의 감독 없이 SNS를 사용하는 것이 허용되어야 하는지에 대해 찬성과 반대 중 하나를 선택하여 자신의 의견을 제시해야 한다. 자신의 의견에 대한 적절한 이유 및 근거를 제시하여 논리적으로 답안을 구성한다.

▶ **찬성: 어른의 감독 없이 SNS 사용하도록 허용**

이유 및 근거 미리 생각하기	1. 아이들 성장에 좋지 않다. 독립심을 키워야 한다. 2. 제한을 설정하면 SNS는 위험하지 않다.

의견 선택 〉 **Yes, I do think** children should be allowed to use social networking sites without adult supervision.

네, 저는 아이들이 어른의 감독 없이 SNS를 사용하는 것이 허용되어야 한다고 생각합니다.

이유 및 근거 1 〉 **The main reason is that** it is not good for the development of their children. Children need to learn to be independent and not expect their parents to always be there to protect them. As a parent, you cannot always be there to protect your children. The best thing you can do is to teach them how to protect themselves and then trust them to do it.

주요한 이유는 아이들의 성장에 좋지 않다는 것입니다. 아이들은 독립적이 되고 부모님들이 자신들을 보호하기 위해서 항상 있을 것이라는 기대를 하지 않는 법을 배워야 합니다. 부모로서 아이들을 보호하기 위해서 항상 있을 수는 없습니다. 할 수 있는 가장 좋은 것은 스스로를 보호하는 법을 가르치고 아이들이 그럴 것이라고 믿어 주는 것입니다.

이유 및 근거 2 〉 **And**, social network sites are not that dangerous, especially if you limit which sites they can use. It is no different than interacting with their friends offline. So, if you would let your children meet their friends offline, there is no reason you cannot let them meet them on social network sites.

그리고 특히 아이들이 사용할 수 있는 사이트를 제한한다면 SNS는 위험하지 않습니다. 친구들과 오프라인으로 소통하는 것과 다르지 않습니다. 그래서 아이들이 오프라인에서 친구를 만나도록 한다면 SNS에서 만나지 못하게 할 이유가 없습니다.

마무리 결론 〉 **Thus, I think** it is perfectly okay.

따라서, 아이들이 어른의 감독 없이 SNS를 사용하는 것이 완벽하게 괜찮다고 생각합니다.

supervision 감독 development 성장 independent 독립적인 expect 기대하다 protect 보호하다
limit 제한하다

▶ **반대: 어른의 감독 없이 SNS 허용 반대**

이유 및 근거 미리 생각하기	1. 정신 및 신체 발달에 유해하다. (아이들은 공부하거나 운동해야 한다.) 2. 범죄자들이 있다. (아이들을 유혹하여 불법행위를 하도록 한다.)

의견 선택 〉 **No, I do not think** children should be allowed to use social network sites without parental supervision.

아니요, 저는 아이들이 부모의 감독 없이 SNS를 사용하는 것이 허용되어야 한다고 생각하지 않습니다.

이유 및 근거 1 〉 **First of all**, even with adult supervision, I don't think children should use them. Children should either be studying or playing outside keeping fit. Social network sites are bad for their mental and physical development.

먼저, 심지어 어른의 감독이 있어도 저는 아이들이 사용해서는 안 된다고 생각합니다. 아이들은 공부하거나 건강하기 위해서 밖에서 놀아야 합니다. SNS는 정신적, 신체적 발달에 나쁩니다.

이유 및 근거 2 〉 **Another reason is that** there are predators out there. People who pretend to be children or just someone they are not try to lure children into some trap or illegal activity. So, it is very important to supervise your children on social network sites.

또 다른 이유는 거기에는 약탈자들이 있기 때문입니다. 아이인 척하거나 아니면 자기 자신이 아닌 다른 사람인 척하는 사람들이 아이들을 어떤 함정이나 불법적인 행위를 하게끔 유혹하려 합니다. 따라서 SNS에서 아이들을 감독하는 것이 매우 중요합니다.

마무리 결론 〉 **So, I think** adults really need to watch their children well.

따라서, 저는 어른들이 정말 아이들을 잘 지켜봐야 한다고 생각합니다.

mental 정신의 physical 육체의, 신체의 predator 약탈자, 포식자 lure 유혹하다 illegal 불법의

3 ▶ 선택 유형

▶ **주제 파악하기**

Which of the following do you think is the most popular form of entertainment: **TV, movies or books**? Use details and examples in supporting your answer.

TV, 영화, 책 중 가장 인기 있는 오락거리 형태는 어느 것이라고 생각하나요? 세부사항과 예시로써 답변을 뒷받침하세요.

TV, 영화, 책 가운데 가장 인기가 있는 오락 형태는 어떤 것인지를 선택하고 그에 대한 자신의 의견을 이유 및 근거, 그리고 예시를 들어 대답한다.

▶ **TV**

이유 및 근거 미리 생각하기	1. TV는 어디에나 있다. 2. TV 시청은 무료이거나 저렴하다.

의견 선택 〉   **I think** TV is the most popular form of entertainment of the three.

저는 TV가 세 가지 오락 중에서 가장 인기가 있는 형태라고 생각합니다.

이유 및 근거 1 〉 **The main reason is** TV is everywhere. Everyone has a TV. Some people have more than one TV. Hence, I think TV must be very popular with people today.

주요한 이유는 TV가 어디에든 있다는 것입니다. 모두가 TV를 가지고 있습니다. 어떤 사람들은 한 대 이상의 TV를 가지고 있습니다. 따라서 저는 TV가 오늘날 사람들에게 가장 인기가 있다고 생각합니다.

이유 및 근거 2 〉 **Also**, TV is generally free or cheap. So, it is easy for anyone, no matter how much money they have to enjoy TV.

또한, TV는 보통 무료이거나 저렴합니다. 따라서 누구나, 돈이 얼마가 있든 상관없이 TV를 즐기기가 쉽습니다.

마무리 결론 〉 **For these reasons, I think** TV is the most popular.

이러한 이유들로 저는 TV가 가장 인기가 있다고 생각합니다.

▶ **영화**

이유 및 근거 미리 생각하기	1. 전 세계 사람들이 즐긴다. 2. TV는 '바보 상자'라서 싫어하지만 영화는 모두가 좋아한다.

의견 선택 〉   **I think** movies are the most popular.

저는 영화가 가장 인기가 있다고 생각합니다.

이유 및 근거 1 〉 People all over the world enjoy movies. It is a multi-billion dollar industry.

전 세계 사람들이 영화를 즐깁니다. 수십억 달러 산업입니다.

이유 및 근거 2 〉 **And**, some people do not like TV. They think it is lowbrow or for lowly educated people. Some people criticize TV as the "boob tube" because it makes you dumb. But, everyone likes movies. There is a kind of movie for every taste – from action to serious dramas.

어떤 사람들은 TV를 싫어합니다. 그들은 TV가 교양이 없거나 덜 교육받은 사람들을 위한 것이라고 생각합니다. 어떤 사람들은 여러분을 바보로 만들기 때문에 TV를 "바보 상자"라며 비판합니다. 하지만 모든 사람들이 영화를 좋아합니다. 액션에서 심각한 드라마까지 모두의 취향에 맞는 영화가 있습니다.

마무리 결론 〉 **So, I think** movies are the most popular form of entertainment of the three.

따라서, 저는 영화가 세 가지 오락 중에서 가장 인기가 있는 오락 형태라고 생각합니다.

▶ **책**

이유 및 근거 미리 생각하기	1. 어느 누구의 집에나 많은 책을 볼 수 있다. 2. 학교에 가면 책을 봐야 하고 영화는 거의 보지 않는다.

의견 선택 〉 **I believe** books are the most popular.

저는 책이 가장 인기가 있다고 생각합니다.

이유 및 근거 1 〉 Go to anyone's house and you will see a lot of books. Overwhelmingly, people have more books than TVs and there are more books than there are movies. So, books have to be more popular.

어느 집에 가더라도 많은 책을 보게 될 것입니다. 압도적으로 사람들은 TV보다 더 많은 책을 가지고 있고 영화보다도 더 많은 책이 있습니다. 따라서 책이 더 인기가 있습니다.

이유 및 근거 2 〉 **Also,** when you go to school, you have to read books. But, you rarely see a movie. So, people must spend more time reading books than they do watching TV or seeing movies.

또한, 학교에 가면 책을 읽어야 합니다. 하지만 영화는 거의 보지 않습니다. 따라서 사람들은 TV나 영화를 보는 것보다 책을 읽는 데 더 많은 시간을 보내야 합니다.

마무리 결론 〉 **For those reasons, I think** books are the most popular form of entertainment.

이러한 이유들로 저는 책이 가장 인기가 있는 오락거리라고 생각합니다.

어휘학습

lowbrow 교양 없는, 저속한 criticize 비판하다 overwhelmingly 압도적으로

[Test 1] 주어진 해석에 맞게 문장을 완성하시오.

Test 1	🎧 Part 6_02~04

Do you agree or disagree with the following statement? "Having a company website is essential for success in business today." Use details and examples to support your answer.

다음의 주장에 찬성하나요, 반대하나요? "회사 웹사이트를 보유하는 것이 오늘날 회사의 성공을 위해 필수적이다." 세부사항과 예시를 사용하여 답변을 뒷받침하세요.

〈찬성〉

의견 선택   Yes, _____ having a company website is essential

for success in business today.

네, 저는 회사 웹사이트를 보유하는 것이 오늘날 회사의 성공을 위해 필수적이라고 생각합니다.

이유 및 근거 1   I have two reasons. _____ more and more people

are shopping online. _____,

you are going to miss out any online business.

두 가지 이유가 있습니다. 첫 번째 이유는 점점 더 많은 사람들이 온라인으로 쇼핑을 하고 있다는 점입니다. 회사 웹사이트를 보유하고 있지 않다면 온라인 사업을 놓치게 될 것입니다.

이유 및 근거 2   _____ it is good advertising. Many people

like to do research and understand more about a product

_____. Since it is _____ about a

product on a company website, it is free and easy advertising.

두 번째 이유는 회사 웹사이트는 좋은 광고라는 점입니다. 많은 사람들이 제품을 구입하기 전에 제품에 대해 조사하고 더 많이 이해하고 싶어 합니다. 회사 웹사이트에서 제품에 대해 읽기 편리하기 때문에 무료이고 쉬운 광고입니다.

마무리 결론   _____, I think it is essential for success.

이러한 두 가지 이유로, 저는 웹사이트 보유가 성공을 위해 필수적이라고 생각합니다.

〈반대〉

의견 선택

No, I don't think it is essential. _____ but it is not

essential.

아니요, 저는 필수적이라고 생각하지 않습니다. 도움은 될 수 있지만 필수는 아닙니다.

이유 및 근거 1

_____ even if your company

does not have a website. Customers still go to stores and if your

product is good, they will go to a store to purchase it. And, after all,

stores _____ being able to touch and physically

examine a product.

회사가 웹사이트를 보유하지 않더라도 사람들은 여전히 제품을 구입할 수 있습니다. 고객들은 여전히
매장으로 가고, 제품이 좋다면 매장에 가서 구입할 것입니다. 결국, 매장은 만져 보고 물리적으로 제품을
살펴볼 수 있는 장점을 가지고 있습니다.

이유 및 근거 2

_____, _____ plenty of other

mediums for advertising besides a website. Other than TV,

advertising by word of mouth, store events and even billboards and

banners _____.

또한, 웹사이트 이외의 많은 다른 광고 매체들이 있습니다. TV 이외에도 입소문, 매장 행사, 심지어 광고판과
현수막 광고도 꽤 효과적입니다.

마무리 결론

So, I think businesses can succeed _____,

especially if the product is non-technical and _____

older, less Internet savvy customers.

따라서, 특히 제품이 기술적인 것이 아니고 나이 드신, 인터넷에 대해 덜 아는 상식 있는 고객들을 대상으로
광고된다면 웹사이트 없이도 사업은 성공할 수 있다고 생각합니다.

[Test 2] 주어진 해석에 맞게 문장을 완성하시오.

Test 2

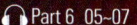 Part 6_05~07

Which do you think is more important: face to face communication or social network site communication for a business? Why? Please provide details and examples.

사업을 위해서 직접 대면 의사소통 또는 SNS 의사소통 중 어느 것이 더 중요하다고 생각하나요? 그 이유는 무엇인가요? 세부사항과 예시를 제시하세요.

〈직접 대면 의사소통〉

의견 선택 _____.

There are many reasons but let me give you the two main reasons.

저는 직접 대면 의사소통이 더 중요하다고 생각합니다. 많은 이유들이 있지만 두 가지 이유만 말하겠습니다.

이유 및 근거 1 The first reason is _____,

especially older and wealthier customers. _____

_____.

첫 번째 이유는 특히 나이 드시고 부유한 고객들처럼, 모든 사람이 소셜 네트워크를 사용하는 것은 아니라는 것입니다. 시장의 중요한 부분을 결국 잃게 될 수도 있습니다.

이유 및 근거 2 The second reason is that _____.

People can say anything on social networking sites.

두 번째 이유는 직접 대면 의사소통이 더 믿을 만하다는 것입니다. SNS에는 사람들이 아무 말이나 할 수 있습니다.

비교 내용 _____

even most things they read on social networking sites. There

is nothing like looking someone in the eye for believing them.

_____ to someone's face than it is

to just write something on a social networking site.

오늘날 고객들은 너무 지식이 많아서 SNS에서 읽은 대부분의 것들을 믿지 않습니다. 사람을 믿는 것에 있어서 사람의 눈을 보는 것만한 것이 없습니다. SNS에 무언가를 쓰는 것보다 사람의 얼굴에 대고 거짓말하는 것이 훨씬 더 어렵습니다.

마무리 결론 So, I definitely think that face to face communication is more

important.

그래서 저는 직접 대면 의사소통이 더 중요하다고 생각합니다.

PART 1
PART 2
PART 3
PART 4
PART 5
PART 6

〈SNS 의사소통〉

의견 선택

I think communicating through social network sites is more important than face to face communication. _____

_____ .

저는 SNS를 통해서 의사소통 하는 것이 직접 대면 의사소통보다 더 중요하다고 생각합니다. 많은 이유들이 있지만 두 가지 주된 이유를 설명하겠습니다.

이유 및 근거 1

The first reason is that you can reach a mass audience with a social network site. _____

thousands, possibly millions of people, _____ face to face communication is just one person.

첫 번째 이유는 SNS로 많은 청중들에게 접근할 수 있습니다. SNS는 수천 명, 아마 수만 명의 사람들에게 연결하도록 해 주지만, 반면에 직접 대면은 딱 한 명입니다.

이유 및 근거 2

The second reason is that _____ .

People tend to trust their friends more than a salesperson. So,

_____ your company, service or product

on a social networking site, their friends will trust it more.

두 번째 이유는 SNS가 더 많은 믿음을 야기한다는 점입니다. 사람들은 영업사원보다 친구들을 더 신뢰하는 경향이 있습니다. 따라서 누군가를 SNS에서 여러분의 회사, 서비스, 또는 제품을 좋아하게 만들 수 있다면 그들의 친구들이 더 믿을 것입니다.

마무리 결론

_____ I think communicating through social network sites is more important.

그러한 이유로 저는 SNS를 통한 의사소통이 더 중요하다고 생각합니다.

[Test 3] 주어진 해석에 맞게 문장을 완성하시오.

Test 3

Part 6_08~11

Which of the following have most improved our lives: computers, cars or movies? Provide details and examples in your answer.

컴퓨터, 자동차, 영화 중 우리 삶을 가장 향상시킨 것은 무엇인가요? 답변에 세부사항과 예시를 제시하세요.

PART 1

PART 2

PART 3

PART 4

PART 5

PART 6

〈컴퓨터〉

의견 선택   Of all the choices, I think _____.

모든 선택사항 가운데, 저는 컴퓨터가 가장 우리 삶을 향상시켰다고 생각합니다.

이유 및 근거 1   The first reason is _____.

_____.

For example, _____

_____.

첫 번째 이유는 컴퓨터가 우리 삶을 더 효율적으로 만들었습니다. 컴퓨터 때문에 훨씬 많은 일을 할 수 있습니다. 예를 들어, 컴퓨터를 사용해서 워드 프로세스로 문서 작업, 파워 포인트 사용, 정보 저장, 심지어 원거리 회의를 할 수 있습니다.

이유 및 근거 2   The second reason is that _____.

Let's say, _____

_____.

두 번째 이유는 컴퓨터가 많은 오락거리를 제공한다는 것입니다. 말하자면, 컴퓨터에서 게임을 하고, 비디오를 보고, 심지어 TV와 영화를 볼 수 있습니다.

마무리 결론   I cannot imagine what I would do _____.

컴퓨터 없이 무엇을 할 수 있을지를 상상할 수 없습니다.

〈자동차〉

의견 선택

Of all the choices, I think _____.

모든 선택사항 가운데, 저는 자동차가 가장 우리 삶을 향상시켰다고 생각합니다.

**이유 및
근거 1**

Obviously, _____.

Because of cars, _____.

Farms and factories don't have to be right next to my home. Because

of cars, _____.

확실하게, 자동차는 교통수단을 급격하게 향상시켰습니다. 자동차 때문에 음식과 다른 제품들을 훨씬 더 쉽게
받을 수 있습니다. 농장과 공장들이 집 바로 옆에 있지 않아도 됩니다. 자동차 때문에 저는 컴퓨터를 포함하여
사실상 집의 모든 제품을 받을 수 있었습니다.

**이유 및
근거 2**

Also, _____.

It makes going to the movies a lot easier.

And, _____.

또한, 자동차는 제가 가고 싶어 하는 즐거운 곳으로 데려다 줌으로써 저를 즐겁게 해 주는 데 도움을 줍니다.
영화 보러 가는 것을 훨씬 더 쉽게 만듭니다. 그리고 그냥 주변을 드라이브 하는 것은 굉장히 재미있습니다.

**마무리
결론**

So, I cannot imagine what I would do _____.

따라서, 자동차 없이 무엇을 할 수 있을지를 상상할 수 없습니다.

PART 1

PART 2

PART 3

PART 4

PART 5

PART 6

〈영화〉

의견 선택
Of all the choices, I think _____.

모든 선택사항 가운데, 저는 영화가 가장 우리 삶을 향상시켰다고 생각합니다.

이유 및
근거 1
The first reason is that _____.

The world would seem so much smaller without movies because

we cannot go to as many places as possible through movies.

_____

_____.

첫 번째 이유는 영화가 세상을 이해하는 데 도움을 준다는 점입니다. 우리는 영화를 통해서 가능한 것만큼
많은 곳을 갈 수 없기 때문에 영화 없이는 세상이 매우 좁은 것 같습니다. 영화는 세상의 끝과 심지어 미래,
인간 창의력의 한계에까지 우리를 데려갈 수 있습니다.

이유 및
근거 2
The second reason is that _____

_____. If you ever see someone watch a movie, they

become transfixed. _____.

And, then once you've seen that movie, you can talk about it with

someone else. _____.

It can even help people fall in love and marry through dating.

두 번째 이유는 영화는 오락거리로 좋은 공급원이고 심지어 사람들을 결합시킨다는 점입니다. 누군가 영화를
보고 있는 것을 보면 사람들은 얼어붙어 있습니다. 다른 것 말고 화면만 바라봅니다. 그리고 그 영화를 보고
나면 다른 누군가와 영화에 대해서 이야기할 수 있습니다. 공유된 경험을 통해서 사람들을 결합시킵니다.
심지어 사람들이 사랑에 빠지고 데이트를 통해 결혼을 하는 데 도움을 줄 수 있습니다.

마무리
결론
The power of movies is surprisingly immense.

영화의 힘은 놀라울 정도로 거대합니다.

ACTUAL
T E S T
SET 01

정답 및 해설 p 45

 Part 6_12

TOEIC Speaking

Question 11: Express an opinion

Directions: In this part of the test, you will give your opinion about a specific topic. Be sure to say as much as you can in the time allowed. You will have 30 seconds to prepare. Then you will have 60 seconds to speak.

Do you agree or disagree with the following statement? "Having lots of leisure time makes people happier." Provide details and examples to support your answer.

PREPARATION TIME	RESPONSE TIME
00:00:30	00:01:00

Model Answers ⌒ Part 6_13~14

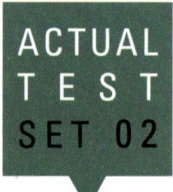

TOEIC Speaking

Question 11: Express an opinion

Directions: In this part of the test, you will give your opinion about a specific topic. Be sure to say as much as you can in the time allowed. You will have 30 seconds to prepare. Then you will have 60 seconds to speak.

Do you agree or disagree with the following statement? "People who adapt easily become the best employees." Provide details and examples to support your answer.

PREPARATION TIME	RESPONSE TIME
00:00:30	00:01:00

Model Answers Part 6_16~17

PART 1

PART 2

PART 3

PART 4

PART 5

PART 6

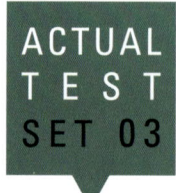

TOEIC Speaking

Question 11: Express an opinion

Directions: In this part of the test, you will give your opinion about a specific topic. Be sure to say as much as you can in the time allowed. You will have 30 seconds to prepare. Then you will have 60 seconds to speak.

Which of the following has been most influenced by the Internet: Games, TV or e-books? Provide details and examples to support your answer.

PREPARATION TIME	RESPONSE TIME
00:00:30	00:01:00

PART 1

PART 2

PART 3

PART 4

PART 5

PART 6

Model Answers Part 6_19~21

TOEIC

SPEAKING

FINAL TEST 1

TOEIC SPEAKING

TOEIC Speaking

TOEIC Speaking Test Directions

This is the TOEIC Speaking Test. This test includes eleven questions that measure different aspects of your speaking ability. The test lasts approximately 20 minutes.

Question	Task	Evaluation Criteria
1~2	Read a text aloud	• pronunciation • intonation and stress
3	Describe a picture	all of the above, plus • grammar • vocabulary • cohesion
4~6	Respond to questions	all of the above, plus • relevance of content • completeness of content
7~9	Respond to questions using information provided	all of the above
10	Propose a solution	all of the above
11	Express an opinion	all of the above

For each type of question, you will be given specific directions, including the time allowed for preparation and speaking.

It is to your advantage to say as much as you can in the time allowed. It is also important that you speak clearly and that you answer each question according to the directions.

Click on **Continue** to go on.

Questions 1–2: Read a text aloud

Directions: In this part of the test, you will read aloud the text on the screen. You will have 45 seconds to prepare. Then you will have 45 seconds to read the text aloud.

Has your boring routine got you down? Well, cheer up friend, it just means it is time to take a break. Come to Dream Tours to plan and book your fantasy getaway. No matter what it is – swimming with dolphins, running of the bulls or just sleeping the day away on your very own hammock on the beach we have the vacation for you!

PREPARATION TIME	RESPONSE TIME
00:00:45	00:00:45

It is a real honor to introduce our keynote speaker. This is a man many of us know. He has grown up in our community. He is truly one of us and a strong voice for our interests and our neighborhoods. Last year when the hurricane hit our city, he was out front helping the injured and fighting for financial assistance. May I introduce to you the next representative from this district?

PREPARATION TIME	RESPONSE TIME
00:00:45	00:00:45

Question 3: Describe a picture

Directions: In this part of the test, you will describe the picture on your screen in as much detail as you can. You will have 45 seconds to prepare your response. Then you will have 45 seconds to speak about the picture.

PREPARATION TIME	RESPONSE TIME
00:00:45	00:00:45

Questions 4–6: Respond to questions

Directions: In this part of the test, you will answer three questions. You will have 3 seconds to prepare. You will have 15 seconds to respond to Questions 4 and 5 and 30 seconds to respond to Question 6.

Question 4 of 11

Imagine that a new colleague has joined your team. You are having a telephone conversation about work.

Do we have weekly meetings or are they scheduled only when needed?

PREPARATION TIME	RESPONSE TIME
00:00:03	00:00:15

Imagine that a new colleague has joined your team. You are having a telephone conversation about work.

Where are our offices located? I wasn't able to see them during orientation.

PREPARATION TIME	RESPONSE TIME
00:00:03	00:00:15

Imagine that a new colleague has joined your team. You are having a telephone conversation about work.

Is there anything particular I need to prepare for tomorrow?

PREPARATION TIME	RESPONSE TIME
00:00:03	00:00:30

Questions 7–9: Respond to questions using information provided

Directions: In this part of the test, you will answer three questions based on the information provided. You will have 45 seconds to read the information before the questions begin. You will have 3 seconds to prepare. You will have 15 seconds to respond to questions 7 and 8 and 30 seconds to respond to question 9.

The Letterman Group Board Meeting
November 8th, 3:00 ~ 5:00 pm
3rd floor Board Room, Main Building

3:00	Meeting Opens	Brad Diller, CEO
3:20	Year in Review	Debra Taller
3:40	Financial Report	Samantha Smith
4:10	New Hire Policy	Teresa Bellini
4:30	New Business	Brad Diller, CEO
5:00	Meeting Adjourns	

There will be a cocktail and dinner reception immediately following the board meeting.

PREPARATION TIME
00:00:45

The Letterman Group Board Meeting
November 8th, 3:00 ~ 5:00 pm
3rd floor Board Room, Main Building

3:00	Meeting Opens	Brad Diller, CEO
3:20	Year in Review	Debra Taller
3:40	Financial Report	Samantha Smith
4:10	New Hire Policy	Teresa Bellini
4:30	New Business	Brad Diller, CEO
5:00	Meeting Adjourns	

There will be a cocktail and dinner reception immediately following the board meeting.

PREPARATION TIME	RESPONSE TIME
00:00:03	00:00:15

The Letterman Group Board Meeting
November 8th, 3:00 ~ 5:00 pm
3rd floor Board Room, Main Building

3:00	Meeting Opens	Brad Diller, CEO
3:20	Year in Review	Debra Taller
3:40	Financial Report	Samantha Smith
4:10	New Hire Policy	Teresa Bellini
4:30	New Business	Brad Diller, CEO
5:00	Meeting Adjourns	

There will be a cocktail and dinner reception immediately following the board meeting.

PREPARATION TIME	RESPONSE TIME
00:00:03	00:00:15

The Letterman Group Board Meeting
November 8th, 3:00 ~ 5:00 pm
3rd floor Board Room, Main Building

3:00	Meeting Opens	Brad Diller, CEO
3:20	Year in Review	Debra Taller
3:40	Financial Report	Samantha Smith
4:10	New Hire Policy	Teresa Bellini
4:30	New Business	Brad Diller, CEO
5:00	Meeting Adjourns	

There will be a cocktail and dinner reception immediately following the board meeting.

PREPARATION TIME	RESPONSE TIME
00:00:03	00:00:30

Question 10: Propose a solution

Directions: In this part of the test, you will be presented with a problem and asked to propose a solution. You will have 45 seconds to prepare. Then you will have 60 seconds to speak.

In your response, be sure to
• show that you recognize the problem, and
• propose a way of dealing with the problem.

Respond as if you work with Janet in the Product Quality Control Department in the company.

In your response, be sure to
- show that you recognize the problem, and
- propose a way of dealing with the problem.

PREPARATION TIME
00:00:45

RESPONSE TIME
00:01:00

Question 11: Express an opinion

Directions: In this part of the test, you will give your opinion about a specific topic. Be sure to say as much as you can in the time allowed. You will have 30 seconds to prepare. Then you will have 60 seconds to speak.

Do you agree or disagree with the following statement? "University students who had part-time jobs during university become better employees." Provide details and examples to support your answer.

PREPARATION TIME	RESPONSE TIME
00:00:30	00:01:00

〉〉〉 정답 및 샘플답변 p 50

TOEIC
SPEAKING

TOEIC Speaking

TOEIC Speaking Test Directions

This is the TOEIC Speaking Test. This test includes eleven questions that measure different aspects of your speaking ability. The test lasts approximately 20 minutes.

Question	Task	Evaluation Criteria
1~2	Read a text aloud	• pronunciation • intonation and stress
3	Describe a picture	all of the above, plus • grammar • vocabulary • cohesion
4~6	Respond to questions	all of the above, plus • relevance of content • completeness of content
7~9	Respond to questions using information provided	all of the above
10	Propose a solution	all of the above
11	Express an opinion	all of the above

For each type of question, you will be given specific directions, including the time allowed for preparation and speaking.

It is to your advantage to say as much as you can in the time allowed. It is also important that you speak clearly and that you answer each question according to the directions.

Click on **Continue** to go on.

Questions 1–2: Read a text aloud

Directions: In this part of the test, you will read aloud the text on the screen. You will have 45 seconds to prepare. Then you will have 45 seconds to read the text aloud.

Are you looking for a used car? But, you do not know who to trust. This is why I started Honest Used Cars. Our professional mechanics have posted detailed descriptions about the merits and demerits of each car. And, then we certify its correctness. If anything proves not to be correct, you can return the car for your money back within 60 days of purchase. Guaranteed!

PREPARATION TIME	RESPONSE TIME
00:00:45	00:00:45

This is a boarding announcement for Flight 354 to San Francisco. You will be boarding shortly. If you have any special needs or would like to upgrade your seat, please see a customer service representative at this time. Also, we would like to remind you that you are allowed only one carry-on item and one personal item. Thank you.

PREPARATION TIME	RESPONSE TIME
00:00:45	00:00:45

Question 3: Describe a picture

Directions: In this part of the test, you will describe the picture on your screen in as much detail as you can. You will have 45 seconds to prepare your response. Then you will have 45 seconds to speak about the picture.

PREPARATION TIME	RESPONSE TIME
00:00:45	00:00:45

Questions 4–6: Respond to questions

Directions: In this part of the test, you will answer three questions. You will have 3 seconds to prepare. You will have 15 seconds to respond to Questions 4 and 5 and 30 seconds to respond to Question 6.

Imagine that you are talking on the telephone with a colleague. You are both talking about an upcoming business conference.

Where is the conference taking place this year?

PREPARATION TIME	RESPONSE TIME
00:00:03	00:00:15

Imagine that you are talking on the telephone with a colleague. You are both talking about an upcoming business conference.

Do we need to book our flights and hotel or will the company be doing it?

PREPARATION TIME	RESPONSE TIME
00:00:03	00:00:15

Imagine that you are talking on the telephone with a colleague. You are both talking about an upcoming business conference.

Are you planning on doing any sight-seeing or will you just stick to business?

PREPARATION TIME	RESPONSE TIME
00:00:03	00:00:30

Questions 7–9: Respond to questions using information provided

Directions: In this part of the test, you will answer three questions based on the information provided. You will have 45 seconds to read the information before the questions begin. You will have 3 seconds to prepare. You will have 15 seconds to respond to questions 7 and 8 and 30 seconds to respond to question 9.

Personal Planner for Maria Miguel
Friday, April 12th

8:00 am	Breakfast meeting with Tom, Nancy and Jeanette
~~10:00 am~~	~~Training Orientation for New Employees, Room 4~~ canceled
11:00 am	New Marketing Meeting with Laura, Nancy and Parker
1:30 pm	Client Meeting, Briggs&Son, in my office
2:30 pm	Client Meeting, Jeff Worley, in my office
3:30 pm	Aerobics, Company Fitness Center
4:30 pm	Review and sign paperwork with Charlene
6:00 pm	Dinner Meeting with Bailey's Interior at Toney's Bar&Grill

PREPARATION TIME

00:00:45

Personal Planner for Maria Miguel
Friday, April 12th

8:00 am   Breakfast meeting with Tom, Nancy and Jeanette
~~10:00 am   Training Orientation for New Employees, Room 4~~ canceled
11:00 am   New Marketing Meeting with Laura, Nancy and Parker
1:30 pm   Client Meeting, Briggs&Son, in my office
2:30 pm   Client Meeting, Jeff Worley, in my office
3:30 pm   Aerobics, Company Fitness Center!
4:30 pm   Review and sign paperwork with Charlene
6:00 pm   Dinner Meeting with Bailey's Interior at Toney's Bar&Grill

PREPARATION TIME	RESPONSE TIME
00:00:03	00:00:15

Personal Planner for Maria Miguel
Friday, April 12th

8:00 am   Breakfast meeting with Tom, Nancy and Jeanette
~~10:00 am   Training Orientation for New Employees, Room 4~~ canceled
11:00 am   New Marketing Meeting with Laura, Nancy and Parker
1:30 pm   Client Meeting, Briggs&Son, in my office
2:30 pm   Client Meeting, Jeff Worley, in my office
3:30 pm   Aerobics, Company Fitness Center!
4:30 pm   Review and sign paperwork with Charlene
6:00 pm   Dinner Meeting with Bailey's Interior at Toney's Bar&Grill

PREPARATION TIME	RESPONSE TIME
00:00:03	00:00:15

Personal Planner for Maria Miguel
Friday, April 12th

8:00 am   Breakfast meeting with Tom, Nancy and Jeanette

~~10:00 am   Training Orientation for New Employees, Room 4~~ canceled

11:00 am   New Marketing Meeting with Laura, Nancy and Parker

1:30 pm   Client Meeting, Briggs&Son, in my office

2:30 pm   Client Meeting, Jeff Worley, in my office

3:30 pm   Aerobics, Company Fitness Center!

4:30 pm   Review and sign paperwork with Charlene

6:00 pm   Dinner Meeting with Bailey's Interior at Toney's Bar&Grill

PREPARATION TIME	RESPONSE TIME
00:00:03	00:00:30

Question 10: Propose a solution

Directions: In this part of the test, you will be presented with a problem and asked to propose a solution. You will have 45 seconds to prepare. Then you will have 60 seconds to speak.

In your response, be sure to
• show that you recognize the problem, and
• propose a way of dealing with the problem.

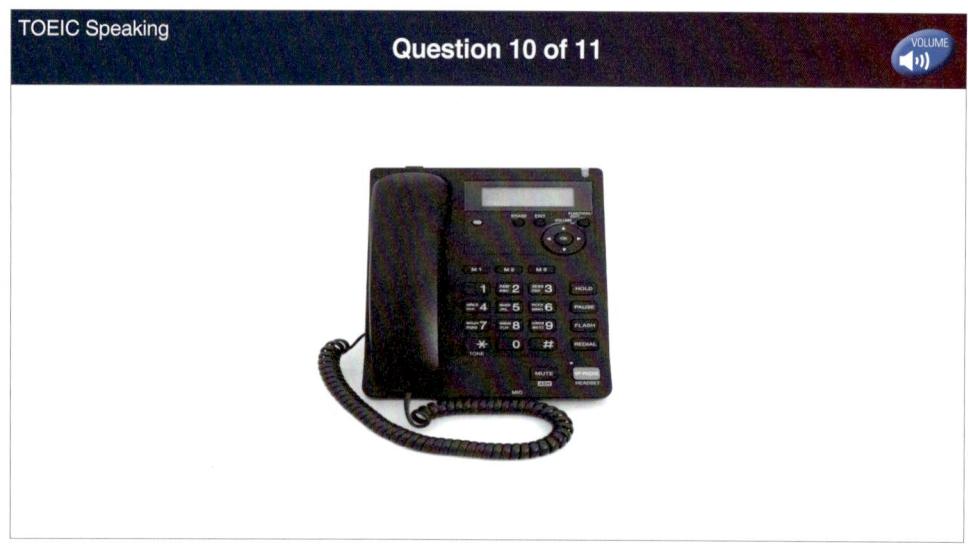

In your response, be sure to
• show that you recognize the problem, and
• propose a way of dealing with the problem.

PREPARATION TIME	RESPONSE TIME
00:00:45	00:01:00

Question 11: Express an opinion

Directions: In this part of the test, you will give your opinion about a specific topic. Be sure to say as much as you can in the time allowed. You will have 30 seconds to prepare. Then you will have 60 seconds to speak.

Do you agree or disagree with the following statement? "People today are retiring from work earlier than before." Use details and examples to support your answer.

PREPARATION TIME	RESPONSE TIME
00:00:30	00:01:00

〉〉〉 정답 및 샘플답변 p 57

FINAL
TEST 3

TOEIC
SPEAKING

TOEIC Speaking

TOEIC Speaking Test Directions

This is the TOEIC Speaking Test. This test includes eleven questions that measure different aspects of your speaking ability. The test lasts approximately 20 minutes.

Question	Task	Evaluation Criteria
1~2	Read a text aloud	• pronunciation • intonation and stress
3	Describe a picture	all of the above, plus • grammar • vocabulary • cohesion
4~6	Respond to questions	all of the above, plus • relevance of content • completeness of content
7~9	Respond to questions using information provided	all of the above
10	Propose a solution	all of the above
11	Express an opinion	all of the above

For each type of question, you will be given specific directions, including the time allowed for preparation and speaking.

It is to your advantage to say as much as you can in the time allowed. It is also important that you speak clearly and that you answer each question according to the directions.

Click on **Continue** to go on.

Questions 1–2: Read a text aloud

Directions: In this part of the test, you will read aloud the text on the screen. You will have 45 seconds to prepare. Then you will have 45 seconds to read the text aloud.

Are you looking for a quick bite to eat on your race to work or are you looking for a place to hang out and relax at? Well, look no further! Joe's Donuts is the place for you! We've got a takeout window for rush orders and plenty of tables to enjoy some coffee. We have a variety of donuts to choose from. Please think of us as your home away from home!

PREPARATION TIME	RESPONSE TIME
00:00:45	00:00:45

I would like to announce special weekend hours here at Woodward's. Starting this weekend, our doors will open one hour early, at 9 a.m., and close one hour later, at 6 p.m., for your convenience. And, as a special incentive, we will give 15% discount cards to all customers entering the store from 9 a.m. to 10 a.m. Wishing you a wonderful weekend of discounted shopping!

PREPARATION TIME	RESPONSE TIME
00:00:45	00:00:45

Question 3: Describe a picture

Directions: In this part of the test, you will describe the picture on your screen in as much detail as you can. You will have 45 seconds to prepare your response. Then you will have 45 seconds to speak about the picture.

Question 3 of 11

PREPARATION TIME	RESPONSE TIME
00:00:45	00:00:45

Questions 4–6: Respond to questions

Directions: In this part of the test, you will answer three questions. You will have 3 seconds to prepare. You will have 15 seconds to respond to Questions 4 and 5 and 30 seconds to respond to Question 6.

Imagine that a marketing firm is doing research in your country. You have agreed to participate in a telephone interview about board games.

What is your favorite board game and how often do you play it?

PREPARATION TIME	RESPONSE TIME
00:00:03	00:00:15

Imagine that a marketing firm is doing research in your country. You have agreed to participate in a telephone interview about board games.

Would you like to play board games more than you do now?
Why or why not?

PREPARATION TIME	RESPONSE TIME
00:00:03	00:00:15

Imagine that a marketing firm is doing research in your country. You have agreed to participate in a telephone interview about board games.

When you play board games, why do you like playing them?

PREPARATION TIME	RESPONSE TIME
00:00:03	00:00:30

Questions 7–9: Respond to questions using information provided

Directions: In this part of the test, you will answer three questions based on the information provided. You will have 45 seconds to read the information before the questions begin. You will have 3 seconds to prepare. You will have 15 seconds to respond to questions 7 and 8 and 30 seconds to respond to question 9.

Jessica Muller	
34 Main Street, Carson City, Nevada	
Work Experience	
2008 ~ present	Project Director, Cutting Edge Technologies
2004 ~ 2008	Engineer, Playtime Games
2003 ~ 2004	Computer Programmer, Quick Solutions
Awards	Best Graphics Award, Las Vegas Chamber of Commerce, 2004
Education	Master's of Science, Computer Engineering, Carson City College, 2004 Bachelor's of Science, Computer Programming, University of Nevada, 2002

PREPARATION TIME

00:00:45

Jessica Muller	
34 Main Street, Carson City, Nevada	
Work Experience	
2008 ~ present	Project Director, Cutting Edge Technologies
2004 ~ 2008	Engineer, Playtime Games
2003 ~ 2004	Computer Programmer, Quick Solutions
Awards	Best Graphics Award, Las Vegas Chamber of Commerce, 2004
Education	Master's of Science, Computer Engineering, Carson City College, 2004 Bachelor's of Science, Computer Programming, University of Nevada, 2002

PREPARATION TIME	RESPONSE TIME
00:00:03	00:00:15

Jessica Muller	
34 Main Street, Carson City, Nevada	
Work Experience	
2008 ~ present	Project Director, Cutting Edge Technologies
2004 ~ 2008	Engineer, Playtime Games
2003 ~ 2004	Computer Programmer, Quick Solutions
Awards	Best Graphics Award, Las Vegas Chamber of Commerce, 2004
Education	Master's of Science, Computer Engineering, Carson City College, 2004 Bachelor's of Science, Computer Programming, University of Nevada, 2002

PREPARATION TIME	RESPONSE TIME
00:00:03	00:00:15

Jessica Muller	
34 Main Street, Carson City, Nevada	
Work Experience	
2008 ~ present	Project Director, Cutting Edge Technologies
2004 ~ 2008	Engineer, Playtime Games
2003 ~ 2004	Computer Programmer, Quick Solutions
Awards	Best Graphics Award, Las Vegas Chamber of Commerce, 2004
Education	Master's of Science, Computer Engineering, Carson City College, 2004 Bachelor's of Science, Computer Programming, University of Nevada, 2002

PREPARATION TIME	RESPONSE TIME
00:00:03	00:00:30

Question 10: Propose a solution

Directions: In this part of the test, you will be presented with a problem and asked to propose a solution. You will have 45 seconds to prepare. Then you will have 60 seconds to speak.

In your response, be sure to
• show that you recognize the problem, and
• propose a way of dealing with the problem.

Respond as if you were in charge of the Marketing Department in the confectionery company.

In your response, be sure to
• show that you recognize the problem, and
• propose a way of dealing with the problem.

PREPARATION TIME	RESPONSE TIME
00:00:45	00:01:00

Question 11: Express an opinion

Directions: In this part of the test, you will give your opinion about a specific topic. Be sure to say as much as you can in the time allowed. You will have 30 seconds to prepare. Then you will have 60 seconds to speak.

Question 11 of 11

Which of the following is the most useful in communicating: social networking sites, texting or e-mail? Please provide details and examples.

PREPARATION TIME	RESPONSE TIME
00:00:30	00:01:00

>>> 정답 및 샘플답변 p 63

TOEIC
SPEAKING

TOEIC Speaking

TOEIC Speaking Test Directions

This is the TOEIC Speaking Test. This test includes eleven questions that measure different aspects of your speaking ability. The test lasts approximately 20 minutes.

Question	Task	Evaluation Criteria
1~2	Read a text aloud	• pronunciation • intonation and stress
3	Describe a picture	all of the above, plus • grammar • vocabulary • cohesion
4~6	Respond to questions	all of the above, plus • relevance of content • completeness of content
7~9	Respond to questions using information provided	all of the above
10	Propose a solution	all of the above
11	Express an opinion	all of the above

For each type of question, you will be given specific directions, including the time allowed for preparation and speaking.

It is to your advantage to say as much as you can in the time allowed. It is also important that you speak clearly and that you answer each question according to the directions.

Click on **Continue** to go on.

Questions 1–2: Read a text aloud

Directions: In this part of the test, you will read aloud the text on the screen. You will have 45 seconds to prepare. Then you will have 45 seconds to read the text aloud.

We will be closing in 15 minutes. Once you decide on your final purchases, please take them to the registers at the front of the store. Also, please be aware that as we are starting to clean up, so you will only be able to exit out the front doors. We hope you have enjoyed your shopping here today and we look forward to seeing you again.

PREPARATION TIME	RESPONSE TIME
00:00:45	00:00:45

Attention everyone. There has been a change in the training schedule for this Saturday. Instead of the meeting being held at the 4th floor meeting room, it will be held at Susan's Seafood Restaurant. It is a reward from the president for your hard work. And, the meeting will start at 6 so you have plenty of time to get there after work. See you there!

PREPARATION TIME	RESPONSE TIME
00:00:45	00:00:45

Question 3: Describe a picture

Directions: In this part of the test, you will describe the picture on your screen in as much detail as you can. You will have 45 seconds to prepare your response. Then you will have 45 seconds to speak about the picture.

PREPARATION TIME	RESPONSE TIME
00:00:45	00:00:45

Questions 4–6: Respond to questions

Directions: In this part of the test, you will answer three questions. You will have 3 seconds to prepare. You will have 15 seconds to respond to Questions 4 and 5 and 30 seconds to respond to Question 6.

Imagine that a marketing firm is doing research in your country. You have agreed to participate in a telephone interview about camping.

When was the last time you went camping
and how long did it take you to get to the campsite?

PREPARATION TIME	RESPONSE TIME
00:00:03	00:00:15

Imagine that a marketing firm is doing research in your country. You have agreed to participate in a telephone interview about camping.

Are you planning to go camping in the next year? Why or why not?

PREPARATION TIME	RESPONSE TIME
00:00:03	00:00:15

Imagine that a marketing firm is doing research in your country. You have agreed to participate in a telephone interview about camping.

If you were to go to a campsite, which of the following would most influence your decision and why: cost, recommendation from friends or location?

PREPARATION TIME	RESPONSE TIME
00:00:03	00:00:30

Questions 7–9: Respond to questions using information provided

Directions: In this part of the test, you will answer three questions based on the information provided. You will have 45 seconds to read the information before the questions begin. You will have 3 seconds to prepare. You will have 15 seconds to respond to questions 7 and 8 and 30 seconds to respond to question 9.

Robotics Conference
Houston Convention Center, August 1st and 2nd

August 1

9:00 am	Registration, Houston Convention Center Lobby
10:00 am	Opening Day Speech, Sam Kim
11:00 am	Q&A Sessions
12:00 pm	Lunch
1:00 pm	Poster Sessions
3:00 pm	Lecture: Dr. Laura Weller
6:00 pm	Meet and Greet Dinner at the Hotel

August 2

9:30 am	Keynote Speech, Dr. Walter Pansy
11:00 am	Lecture: Dr. Madison Matthews
12:30 pm	Lunch
1:30 pm	Round Table Discussion: How Robots Are Changing the Economy?
3:30 pm	Movie: <Robots in Work and Play Today>
5:00 pm	Closing Speech: Larry Winter

PREPARATION TIME

00:00:45

Robotics Conference
Houston Convention Center, August 1st and 2nd

August 1

9:00 am	Registration, Houston Convention Center Lobby
10:00 am	Opening Day Speech, Sam Kim
11:00 am	Q&A Sessions
12:00 pm	Lunch
1:00 pm	Poster Sessions
3:00 pm	Lecture: Dr. Laura Weller
6:00 pm	Meet and Greet Dinner at the Hotel

August 2

9:30 am	Keynote Speech, Dr. Walter Pansy
11:00 am	Lecture: Dr. Madison Matthews
12:30 pm	Lunch
1:30 pm	Round Table Discussion: How Robots Are Changing the Economy?
3:30 pm	Movie: <Robots in Work and Play Today>
5:00 pm	Closing Speech: Larry Winter

PREPARATION TIME	RESPONSE TIME
00:00:03	00:00:15

Robotics Conference
Houston Convention Center, August 1st and 2nd

August 1

9:00 am	Registration, Houston Convention Center Lobby
10:00 am	Opening Day Speech, Sam Kim
11:00 am	Q&A Sessions
12:00 pm	Lunch
1:00 pm	Poster Sessions
3:00 pm	Lecture: Dr. Laura Weller
6:00 pm	Meet and Greet Dinner at the Hotel

August 2

9:30 am	Keynote Speech, Dr. Walter Pansy
11:00 am	Lecture: Dr. Madison Matthews
12:30 pm	Lunch
1:30 pm	Round Table Discussion: How Robots Are Changing the Economy?
3:30 pm	Movie: <Robots in Work and Play Today>
5:00 pm	Closing Speech: Larry Winter

PREPARATION TIME	RESPONSE TIME
00:00:03	00:00:15

Robotics Conference
Houston Convention Center, August 1st and 2nd

August 1

9:00 am	Registration, Houston Convention Center Lobby
10:00 am	Opening Day Speech, Sam Kim
11:00 am	Q&A Sessions
12:00 pm	Lunch
1:00 pm	Poster Sessions
3:00 pm	Lecture: Dr. Laura Weller
6:00 pm	Meet and Greet Dinner at the Hotel

August 2

9:30 am	Keynote Speech, Dr. Walter Pansy
11:00 am	Lecture: Dr. Madison Matthews
12:30 pm	Lunch
1:30 pm	Round Table Discussion: How Robots Are Changing the Economy?
3:30 pm	Movie: <Robots in Work and Play Today>
5:00 pm	Closing Speech: Larry Winter

PREPARATION TIME	RESPONSE TIME
00:00:03	00:00:30

Question 10: Propose a solution

Directions: In this part of the test, you will be presented with a problem and asked to propose a solution. You will have 45 seconds to prepare. Then you will have 60 seconds to speak.

In your response, be sure to
• show that you recognize the problem, and
• propose a way of dealing with the problem.

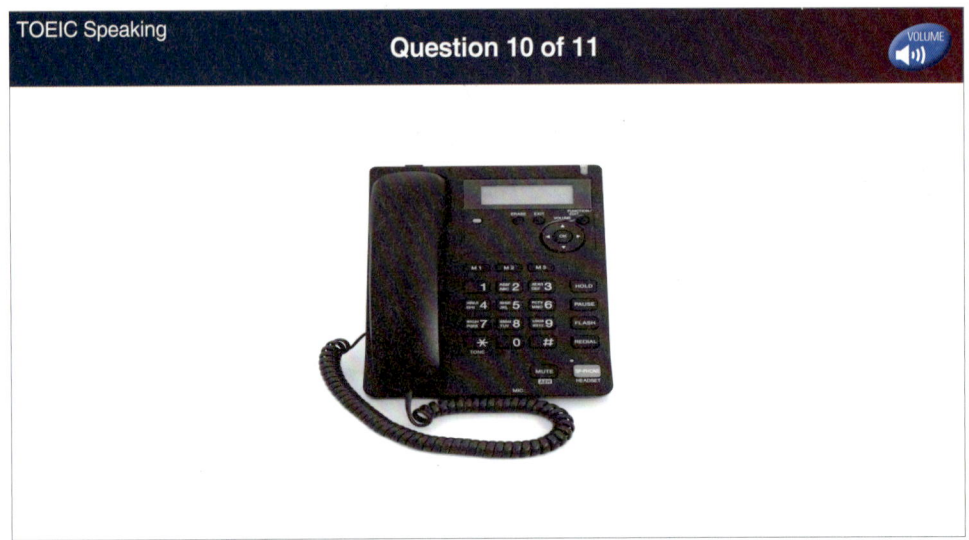

In your response, be sure to
- show that you recognize the problem, and
- propose a way of dealing with the problem.

PREPARATION TIME	RESPONSE TIME
00:00:45	00:01:00

Question 11: Express an opinion

Directions: In this part of the test, you will give your opinion about a specific topic. Be sure to say as much as you can in the time allowed. You will have 30 seconds to prepare. Then you will have 60 seconds to speak.

Do you agree or disagree with the following statement? "Living in the country is better than living in the city." Provide details and examples to support your answer.

PREPARATION TIME	RESPONSE TIME
00:00:30	00:01:00

>>> 정답 및 샘플답변 p 70

FINAL
TEST 5

TOEIC
SPEAKING

TOEIC Speaking

TOEIC Speaking Test Directions

This is the TOEIC Speaking Test. This test includes eleven questions that measure different aspects of your speaking ability. The test lasts approximately 20 minutes.

Question	Task	Evaluation Criteria
1~2	Read a text aloud	• pronunciation • intonation and stress
3	Describe a picture	all of the above, plus • grammar • vocabulary • cohesion
4~6	Respond to questions	all of the above, plus • relevance of content • completeness of content
7~9	Respond to questions using information provided	all of the above
10	Propose a solution	all of the above
11	Express an opinion	all of the above

For each type of question, you will be given specific directions, including the time allowed for preparation and speaking.

It is to your advantage to say as much as you can in the time allowed. It is also important that you speak clearly and that you answer each question according to the directions.

Click on **Continue** to go on.

Questions 1–2: Read a text aloud

Directions: In this part of the test, you will read aloud the text on the screen. You will have 45 seconds to prepare. Then you will have 45 seconds to read the text aloud.

At this moment, we will begin boarding group 4. You may enter through the line on the right. Those of you in boarding group 5 please wait. And, just a reminder that all our first class and business class ticket holders are free to board at any time through the line on the left. Please have your ticket out and your passport open to the information page. Thanks.

PREPARATION TIME	RESPONSE TIME
00:00:45	00:00:45

Attention museum patrons, our special lecture on the rocks of the Moon will start in 10 minutes in the Astronomy Room. Tickets are just $5, $4 for museum members. If you have not already purchased your tickets, you may do so at the ticketing office at the front entrance. Don't miss out on this informative and interactive presentation. Thank you for your attention.

PREPARATION TIME	RESPONSE TIME
00:00:45	00:00:45

Question 3: Describe a picture

Directions: In this part of the test, you will describe the picture on your screen in as much detail as you can. You will have 45 seconds to prepare your response. Then you will have 45 seconds to speak about the picture.

PREPARATION TIME	RESPONSE TIME
00:00:45	00:00:45

Questions 4–6: Respond to questions

Directions: In this part of the test, you will answer three questions. You will have 3 seconds to prepare. You will have 15 seconds to respond to Questions 4 and 5 and 30 seconds to respond to Question 6.

Imagine that you and your friend are having a telephone conversation. You are talking about smartphones.

Which smartphone do you think is the best in the market?

PREPARATION TIME	RESPONSE TIME
00:00:03	00:00:15

Question 5 of 11

Imagine that you and your friend are having a telephone conversation. You are talking about smartphones.

Which smartphone do you have?

PREPARATION TIME	RESPONSE TIME
00:00:03	00:00:15

Question 6 of 11

Imagine that you and your friend are having a telephone conversation. You are talking about smartphones.

Are you planning to upgrade to the latest model anytime soon?

PREPARATION TIME	RESPONSE TIME
00:00:03	00:00:30

Questions 7–9: Respond to questions using information provided

Directions: In this part of the test, you will answer three questions based on the information provided. You will have 45 seconds to read the information before the questions begin. You will have 3 seconds to prepare. You will have 15 seconds to respond to questions 7 and 8 and 30 seconds to respond to question 9.

Community Recreation Center Annual Meeting & Fundraiser
May 9 at the Recreation Center Building, Main Conference Room

10:00 - 10:30 am	Welcoming Speech, Edward Kline, President
10:30 - 11:00 am	Introduction of the Board of Trustees
11:00 - 11:50 am	Introduction of Summer Schedule and New Classes
12:00 - 1:00 pm	Lunch (BBQ Hamburgers and Hotdogs),
	All proceeds benefit the Community Recreation Center
1:00 - 3:00 pm	Business Meeting
3:00 - 3:30 pm	Election of New Trustees
3:30 - 4:00 pm	Keynote Speech, Stephanie Tillman,
	President, the Board of Education
4:00 - 4:30 pm	Tour of Facilities

PREPARATION TIME
00:00:45

Community Recreation Center Annual Meeting & Fundraiser
May 9 at the Recreation Center Building, Main Conference Room

10:00 - 10:30 am	Welcoming Speech, Edward Kline, President
10:30 - 11:00 am	Introduction of the Board of Trustees
11:00 - 11:50 am	Introduction of Summer Schedule and New Classes
12:00 - 1:00 pm	Lunch (BBQ Hamburgers and Hotdogs), All proceeds benefit the Community Recreation Center
1:00 - 3:00 pm	Business Meeting
3:00 - 3:30 pm	Election of New Trustees
3:30 - 4:00 pm	Keynote Speech, Stephanie Tillman, President, the Board of Education
4:00 - 4:30 pm	Tour of Facilities

PREPARATION TIME	RESPONSE TIME
00:00:03	00:00:15

Community Recreation Center Annual Meeting & Fundraiser
May 9 at the Recreation Center Building, Main Conference Room

10:00 - 10:30 am	Welcoming Speech, Edward Kline, President
10:30 - 11:00 am	Introduction of the Board of Trustees
11:00 - 11:50 am	Introduction of Summer Schedule and New Classes
12:00 - 1:00 pm	Lunch (BBQ Hamburgers and Hotdogs), All proceeds benefit the Community Recreation Center
1:00 - 3:00 pm	Business Meeting
3:00 - 3:30 pm	Election of New Trustees
3:30 - 4:00 pm	Keynote Speech, Stephanie Tillman, President, the Board of Education
4:00 - 4:30 pm	Tour of Facilities

PREPARATION TIME	RESPONSE TIME
00:00:03	00:00:15

Community Recreation Center Annual Meeting & Fundraiser
May 9 at the Recreation Center Building, Main Conference Room

10:00 - 10:30 am	Welcoming Speech, Edward Kline, President
10:30 - 11:00 am	Introduction of the Board of Trustees
11:00 - 11:50 am	Introduction of Summer Schedule and New Classes
12:00 - 1:00 pm	Lunch (BBQ Hamburgers and Hotdogs), All proceeds benefit the Community Recreation Center
1:00 - 3:00 pm	Business Meeting
3:00 - 3:30 pm	Election of New Trustees
3:30 - 4:00 pm	Keynote Speech, Stephanie Tillman, President, the Board of Education
4:00 - 4:30 pm	Tour of Facilities

PREPARATION TIME	RESPONSE TIME
00:00:03	00:00:30

TOEIC Speaking

Question 10: Propose a solution

Directions: In this part of the test, you will be presented with a problem and asked to propose a solution. You will have 45 seconds to prepare. Then you will have 60 seconds to speak.

In your response, be sure to
- show that you recognize the problem, and
- propose a way of dealing with the problem.

Respond as if you work in the Administration and Planning Department in the company.

In your response, be sure to
• show that you recognize the problem, and
• propose a way of dealing with the problem.

PREPARATION TIME	RESPONSE TIME
00:00:45	00:01:00

Question 11: Express an opinion

Directions: In this part of the test, you will give your opinion about a specific topic. Be sure to say as much as you can in the time allowed. You will have 30 seconds to prepare. Then you will have 60 seconds to speak.

Question 11 of 11

Which of the following was influenced by the Internet the most: the entertainment industry, the travel industry or the educational industry? Please provide details and examples in your support of your answer.

PREPARATION TIME	RESPONSE TIME
00:00:30	00:01:00

〉〉〉 정답 및 샘플답변 p 77

MP3 Download
www.global21.co.kr

新

완전절친

TOEIC

SPEAKING

정답 및 샘플답변

The One 더원

新 완전절친 TOEIC SPEAKING

정답 및 샘플답변

이기택 · 박주연 공저

The One 더원

 만·점·전·략

PATTERN DRILLS p 23

A

1	345	three hundred and forty five
2	4,375	four thousand and three hundred seventy five
3	1992(년)	nineteen ninety two
4	2015(년)	two thousand and fifteen
5	Flight 107	Flight one o seven
6	Room 279	Room two seven nine / Room two seventy nine
7	October 13th	October thirteenth
8	Route 754	Route seven five four / Route seven fifty four
9	27°C	twenty seven degrees Celsius
10	Rome	[róum]

B

1 **What** is your favorite book(↘)?

2 I don't eat **meat**(↗), **eggs**(↗), and **fish**(↘).

3 Do you want to go to the **movies**(↗)?

4 You **shouldn't** be talking here(↘).

5 Please turn off your **cell phone**(↘).

C

1 It is my great pleasure / to introduce this next person. //

2 If you look at the statue on your right, / it was first built in 1925, / showing the king of that year in this country. //

3 Whether you like to play inside or outside, / these sporting goods are the things / that you are looking for. //

TEST 1

- 세일 안내 방송이다. 할인 품목과 할인율을 강조해서 발음한다. 특히 세일 항목을 열거할 때 억양에 유의한다.
- flash, off, for, offer의 [f]와 there, other의 [ð] 발음에 유의한다.
- 할인을 나타내는 off는 강조해서 발음한다.

[해석] 주목해 주세요, 고객 여러분. 운동 용품 매장에 주목해 주시기 바랍니다. 매장에서 반짝 세일을 합니다. 앞으로 10분 동안, 모든 운동 용품이 10% 할인됩니다. 그리고 모든 테니스 라켓, 테니스 의류, 기타 테니스 관련 액세서리가 25% 추가 할인됩니다. 이 할인은 제한된 시간에만 제공되며 어떠한 이유로도 연장되지 않습니다.

goods 제품, 용품 flash sale 반짝 세일 additional 추가적인 limited 제한된, 한정된 extend 연장시키다

TEST 2

- 사내 채용 공지다. 공지하는 주요 내용(기간, 채용 내용) 등을 강조하고 정확하게 전달한다는 생각으로 발음한다.
- opened up, interested in, enrolled in은 마치 한 단어인 것처럼 붙여서 발음한다.
- 시간을 나타내는 표현을 유의해서 발음한다.
- who ~, which ~와 같은 관계사절 앞에서 끊어 읽는다.

[해석] 대리 자리가 났음을 공지합니다. 관리자 자리에 참여하는 데 관심 있는 직원은 누구나 인사부로 지원할 수 있습니다. 또한, 지원하는 모든 직원들은 자동적으로 8주간 매주 토요일 오전 9시부터 오후 5시까지 모이는 관리 교육 프로그램에 등록됩니다. 들어 주셔서 감사합니다.

announce 알리다, 공지하다 assistant manager 대리, 부팀장 Human Resources Department 인사부
enroll in ~에 등록하다

TEST 3

- 안전수칙을 알려 주는 기내 방송이다.
- 승객들에게 지시하는 동사구들이 많이 나오므로 이를 정확하게 전달한다는 생각으로 발음한다.
- behalf의 [b]와 [f], above의 [b]와 [v]의 발음에 유의한다.

[해석] 신사 숙녀 여러분, 승무원을 대표하여 비상상황 절차를 살펴보기 위해서 위의 모니터에 집중해 주시기를 부탁드립니다. 이 항공기에는 6개의 비상구가 있습니다. 여러분에게 가장 가까운 출구 위치를 확인해 주시기 바랍니다. 선실이 갑작스러운 압력 손실을 겪게 되면 차분히 있어 주시고, 승무원들의 지시에 귀 기울여 주시기 바랍니다. 산소 마스크가 여러분의 사리 위에서 아래로 떨어질 것입니다.

on behalf of ~를 대표(대신)하여 review 검토하다, 살펴보다 emergency 비상 procedure 절차 cabin 선실
experience 경험하다 oxygen mask 산소 마스크

SET 1

[Question 1]

🎙 Have **plumbing** bills got you **down** ? ↗ // If the **answer** to this question is **yes**, / **then** I have xgot the place for **you**! // It is **Patricia's Plumbing Supplies** and **Hardware**. // We have **everything** you need / for your **next** do-it-yourself project. // We've got **wrenches** ↗, **hammers** ↗ and **screwdrivers** ↘ / to make it right. // If we **don't** have it, / we'll **order** it. // See you at **Patricia's**. //

배관공사 비용으로 낙담하신 적이 있나요? 이 질문에 대답이 '네'라면, 여러분에게 맞는 곳을 알고 있습니다. Patricia의 배관 물품 기구입니다. DIY 프로젝트를 위해 필요한 모든 것이 있습니다. 제대로 하기 위해서 렌치, 망치, 드라이버가 있습니다. 물건이 없으면 주문해 드립니다. Particia에서 뵙겠습니다.

만점 포인트

- 광고이므로, 상호명과 취급 품목 등을 강조해서 발음한다.
- 의문문 억양과 목록 나열 억양에 유의한다.
- have의 [v], if, for의 [f], then의 [ð], 그리고 everything의 [θ] 발음에 유의한다.
- make it, have it, order it 은 마치 한 단어인 것처럼 붙여서 발음한다.

plumbing 배관(작업) wrenches 렌치 hammer 망치 screwdriver 나사돌리개, 드라이버 order 주문하다

[Question 2]

🎙 Well, / it looks like / **winter** is well on its **way**. // We should **see** another **three** to **four inches** of **snow** this **afternoon** / and another **two** to **three inches** this **evening**, / running our season **total** to **forty-two inches**. // **Also**, / expect gusts of **wind** / up to **twenty miles** per hour, / leading to drifting **snow** and low **visibility**. // **So**, / you may need to leave work **early** / as traffic may be **slowed** or **stalled**. //

네, 겨울이 다가오고 있는 것 같습니다. 오늘 오후에는 또 3~4인치의 눈이 내리고, 오늘 저녁에는 또 2~3인치가 내리겠습니다. 이번 겨울에만 42인치의 눈이 내린 것이 되겠습니다. 또한 시간당 20마일까지의 돌풍이 예상되며, 이로 인한 눈날림이 있겠고 시정이 낮겠습니다. 따라서 교통 흐름이 늦거나 멈출 수 있기 때문에 일찍 퇴근하셔야 될 것 같습니다.

만점 포인트

- 날씨 안내이다. 강설량, 풍속 등을 강조해서 발음한다.
- another의 [ð], afternoon, drifting, traffic의 [f], evening, visibility, leave의 [v] 발음에 유의한다.
- on its의 경우 마치 한 단어인 것처럼 발음한다.

running total 누계 gust 돌풍 drifting snow 날림눈 visibility 시정, 시계 traffic 교통 stall 멈추게 하다

[Question 1]

🎙 If **furniture** is what you **want**, / **then** we have what you **need**! // **Come** to Max's Furniture Shop this **weekend** / for our **biggest** blow out sale **ever**! // Everything in the store is **50% off**. // If you can **see** it, / it's on **sale**! // We've got **beds** / for as low as **$69**. // **Dining room sets** / for as low as **$129**. // **Solid oak desks** / starting at just **$99**. // **But**, / these prices **won't** last for **long**. // This weekend **only**! //

가구를 원하신다면 필요하신 것이 저희에게 있습니다! 이번 주말에 전에 없던 최대 파격 할인을 위해 Max의 가구 매장으로 오세요! 매장 내 모든 상품이 50% 할인됩니다. 보이는 제품이 할인입니다! 최저 69달러인 침대가 있습니다. 식당 세트는 최저 129달러입니다. 견고한 오크 책상은 단 99달러부터 시작됩니다. 이 가격들은 오래 가지 않을 것입니다. 이번 주말뿐입니다!

만점 포인트

· 가구 매장 세일 광고다. 할인 품목과 할인율을 강조해서 발음한다. 특히, 느낌표(!)가 있는 부분을 강조해서 발음한다.
· 129 (one hundred twenty nine), 69 (sixty nine), 99 (ninety nine)과 같이 금액을 나타내는 숫자를 정확하게 읽는다.
· furniture, for, off의 [f], then의 [ð], everything의 [v]와 [θ] 발음을 유의한다.

blow out sale 파격 할인 solid 단단한, 견고한 last 지속되다

[Question 2]

🎙 The **City Library** is **proud** / to **announce** our **new** extended summer **hours**. // During the **summer**, / we will be open from **Monday** to **Friday** / from **9:30** in the morning to **7:30** in the evening, / on **Saturday** / from **10 a.m.** to **6 p.m.**, / and on **Sunday** / from **10 a.m.** to **3 p.m.** // We will **also** hold / a number of **special** programs for **children**. // **Please** see our **website** / or ask a librarian for **details**. // Thank you for your **attention**. //

시립 도서관이 새롭게 연장된 여름 운영 시간을 알려 드립니다. 여름 동안 저희는 월요일부터 금요일까지는 오전 9시 30분에서 저녁 7시 30분까지, 토요일은 오전 10시부터 오후 6시까지, 그리고 일요일에는 오전 10시부터 오후 3시까지 개관할 것입니다. 또한 어린이들을 위한 많은 특별 프로그램을 개최할 것입니다. 자세한 사항은 저희 웹사이트를 보시거나 사서에게 문의해 주시기 바랍니다. 들어 주셔서 감사합니다.

만점 포인트

· 시립 도서관의 운영 시간 연장 안내문이다. 해당 요일과 시간을 강조해서 발음한다.
· 9:30 (nine thirty), 10 a.m. (ten ei em), 3 p.m. (three pi em) 같이 시간 표현을 정확하게 읽는다.
· special의 [sp]는 우리말의 된소리 [ㅅ뻬셜]처럼 발음한다.

announce 알리다 extended 길어진, 연장된 a number of 많은 detail 세부 사항

[Question 1]

🎧 We <u>have</u> **now** reached the <u>end</u> of our **tour**. // I hope you <u>have</u> **enjoyed** / and **learned** much about Impressionist **painting**. // I would just **like** to point out / that over **there** to your **right** / is the **museum's gift shop**. // And, / over **there**, / to your **left**, / is the **museum's exit**. // Before **leaving**, / if you would be **so** kind, / **could** you please <u>fill</u> **out** a short customer **satisfaction card**? / // If you have any **questions**, / please do **not** hesitate to **ask**. // **Thanks**. //

이제 투어의 마지막에 다 왔습니다. 인상파 그림에 대해서 많이 즐기시고 배우셨기 바랍니다. 여러분이 보시기에 오른쪽이 박물관 기념품 가게임을 알려 드립니다. 그리고 왼쪽은 박물관 출구입니다. 나가시기 전에 괜찮으시다면 짧은 고객 만족 카드를 작성해 주시겠습니까? 질문이 있으면 망설이지 말고 물어 보세요. 감사합니다.

만점 포인트

· 박물관 관광 가이드의 안내이다. 왼쪽, 오른쪽 방향을 나타내는 표현과 안내하는 대상을 강조해서 발음한다.
· have, leave의 [v], gift, left, fill, satisfaction의 [f], there의 [ð] 발음에 유의한다.
· Could ∼? 의문문의 끝을 살짝 올려서 발음한다.
· exit에서처럼 강세를 받는 'ex'는 [eks]로 발음된다. (비교: exhibit[igzíbit]의 경우 강세가 뒤에 있어서 'ex'가 [igz]로 발음된다.)

Impressionist 인상주의 exit 출구 fill out 작성하다 satisfaction 만족 hesitate 망설이다, 주저하다

[Question 2]

🎧 **Attention** employees: / Pay **attention** please, / I have something **important** to tell you. // We have a **rush** order from the **government** / that is of the **outmost** importance to national **security**. // And, / in order to **complete** it, / I need **every member** of the **first** shift / to **stay** and **work** the **entire** second <u>shift</u>. // **First** of all, / **second** and **third** shift will also be **asked** / to work **double** shifts. // **Please** understand / that you will **all** <u>receive</u> overtime **payments**. //

직원 여러분, 주목해 주시기 바랍니다. 여러분에게 중요하게 말씀 드릴 것이 있습니다. 국가 안보에 있어서 가장 중요한 정부에서 긴급 주문이 들어왔습니다. 그리고 주문을 완료하기 위해서 제1교대 근무자 모두가 남아서 제2교대 근무 전체를 해 주셔야 합니다. 우선 제2, 제3 교대 근무자에게도 2배의 업무를 하도록 요청할 것입니다. 그리고 여러분 모두 초과 근무 수당을 받게 될 것입니다.

만점 포인트

· 사내 근무 관련 공지이다. 중요한 전달 사항들을 강조해서 발음한다.
· government, receive의 [v], first, shift의 [f], third의 [θ]의 발음에 유의한다.

rush order 긴급 주문 outmost 가장 national security 국가 안보 complete 완료하다, 끝마치다 shift 교대 근무
entire 전체의 overtime payment 초과 근무 수당

기 · 초 · 학 · 습

PATTERN DRILLS ▶ p 44

1 This picture is taken at a conference room.
   The man in the center is making a presentation.

2 Two women are facing each other.
   The man on the right is leaning against the wall.

3 This picture is taken at a park.
   They are wearing sunglasses.

4 This is a picture of a living room.
   A woman and a boy are seated next to each other.

PERFECT TACTICS ► 만 · 점 · 전 · 략

■ 사진 소개

PATTERN DRILLS ▶ p 45

1 This is a picture of **a man and a woman** checking out some books.

2 This picture is taken **at a library.**

3 This picture shows **a library.**

4 In this picture, I see **a man and a woman** holding some books.

■ 중심 대상 묘사

PATTERN DRILLS ▶ p 47

1 There is **a man** wearing a light-blue vest.

2 In the middle of **the picture,** I see **a man checking out some books.**

3 In the center of **the picture, a man** wearing a vest **is holding some books.**
   = 도치구문: In the center of the picture is **a man holding some books.**

4 On the right side of **the picture, a woman** with a pony tail **is holding some books.**

3 주변 묘사

PATTERN DRILLS ▶ p 48

1 In the background, there are book shelves partially filled with some books.

2 Next to a man, a monitor is placed on the table.

3 In front of a woman, I see a barcode scanner on the table.

4 On the left side of a man is a computer monitor.

4 느낌이나 소감 전달

PATTERN DRILLS ▶ p 49

1 I think they are checking out some books because of some project assignment.

2 It looks like she is typing something on a keyboard.

3 It seems that they are checking out some books.

4 They seem to be checking out some books.

PREP.
TEST

TEST 1 p 58

사진 소개

This scene is from a barbecue party.

중심 대상 묘사

The man on the left side of this picture is giving kebabs similar to roasted meat on a stick with tongs. He is holding a glass of wine with his left hand. The woman next to him is holding a fork. There are meats and vegetables on the grill.

＊사진에서의 위치를 나타내는 표현들을 정확하게 사용한다. (left side, right side, next to)
＊there is/are ～의 경우 뒤에 나오는 명사의 수에 유의한다.

주변 대상 묘사

I also see some chairs and trees in the background of this picture. There are some pool chairs in the right corner of this picture.

느낌이나 소감 전달

It seems like their back yard. I think they are having a barbecue party and a good time because they are smiling.

사진 소개

This picture shows a man and a woman sitting down at an airport.

＊장소를 나타내는 전치사의 사용에 유의한다.

중심 대상 묘사

The man is typing on a laptop computer which he has on his lap. And, the woman is looking at what looks like a tablet. She has crossed her legs. I see a piece of luggage in front of each the man and the woman.

＊cross one's legs 다리를 꼬다 / cross one's arms 팔짱을 끼다

주변 대상 묘사

In the background, I see a few people walking around. I also see some chairs and some signs hanging from the ceiling. It looks like there is a monitor as well.

＊명사를 수식하는 분사구의 경우 능동의 의미일 때는 –ing 형태를, 수동의 의미일 때는 p.p. 형태를 사용하는 것에 유의한다. 단, hanging의 경우 –ing 형태를 사용하여 상태를 나타낼 수 있다. sign이 직접 거는 행위(hanging)를 할 수 없다고 해서 p.p.(hung)을 사용하지 않도록 유의한다.

느낌이나 소감 전달

I think they are waiting for an airplane.

사진 소개

This is a picture of what looks like a man and a woman eating at a café.

중심 대상 묘사

They are sitting opposite of each other at a table. I see some flowers and a menu on the table. The woman is holding a cup of what is probably coffee. It seems like there is some kind of dessert in a cup in front of the man. The man is also holding a glass of water in his hand.

＊커피를 담고 있는 것은 cup, 물을 담고 있는 것은 glass이다.
＊there is(are) ~의 경우 뒤에 나오는 명사의 수에 유의한다.

주변 대상 묘사

In the background, I see another table full of people. I guess a waiter is taking an order.

느낌이나 소감 전달

It looks like a nice place to have a coffee and chat to me.

＊to부정사를 사용하여 '～하는 명사'라는 의미로 표현할 수 있다.

TEST 4 p 64

사진 소개

In this picture, I see a man and a woman working in an office.

중심 대상 묘사

They are both sitting down in chairs in front of what looks like a large desk or possibly a table. The woman is typing on a laptop computer. The man is pointing to something on the laptop screen with a pen. His other hand is on some papers. They look like graphs. I also see a calculator and what looks like markers on the table.

주변 대상 묘사

In the background, what I see is a cityscape outside the office window.

＊what I see is ～의 경우 뒤에 나오는 명사가 단수/복수 관계없이 be동사는 is를 사용한다. There is(are) ～와 구분해서 기억해 둔다.

느낌이나 소감 전달

They look very busy working on some project. Maybe they are analyzing some graphs on the laptop computer.

＊be busy -ing: ～하느라 바쁘다

SET 1 p 66

🎙 This is a picture of two women playing golf. It looks like one woman is teeing off. She is holding what looks like a driver. In front of her, there is a golf ball on a tee. Behind her is the other woman looking into her golf bag. There are a number of golf clubs in the bag. I can't see this woman's face. In the background, I see a golf cart. And, behind the golf course, I see some grassless hills. It looks a little bit like a desert. It looks like a pleasant day for golf. The sun is shining and the sky is blue.

이것은 골프를 치고 있는 2명의 여자들 사진입니다. 한 여자가 티샷을 하고 있는 것처럼 보입니다. 여자는 드라이버로 보이는 것을 잡고 있습니다. 여자 앞에는 티(tee) 위에 골프공이 있습니다. 여자의 뒤에는 골프 가방을 들여다보고 있는 다른 여자가 있습니다. 가방에는 많은 골프 클럽이 있습니다. 이 여자의 얼굴을 볼 수는 없습니다. 배경에 골프 카트가 보입니다. 그리고 골프 코스 뒤에는 풀이 없는 언덕들이 보입니다. 약간 사막 같아 보입니다. 골프를 하기에 좋은 날씨 같아 보입니다. 해는 빛나고 하늘은 푸릅니다.

- 사진 전체를 소개하는 문장으로 시작한다.
- 사진 속 중심이 되는 여자에 대한 묘사와 주변의 다른 여자, 카트 등 사물까지 빠지지 않고 상세하게 묘사한다.
- 여러 가지 표현을 다양하게 사용하여 표현의 단조로움을 피한다.
- [f], [v] 등에 특히 유의하여 발음하도록 한다.

tee off 티샷을 치다(티샷: 골프 경기에서 각 홀에서 처음으로 치는 샷) **driver** 드라이버(골프채 중에서 1번 채로 가장 멀리 보내기 위해서 사용) **tee** 티(골프를 할 때 공을 올려 놓는 도구) **a number of** 많은 (cf. the number of ~의 수) **desert** [dézərt] 사막(발음 유의)

SET 2 p 68

🛈 This is a picture of two men standing in front of an airplane. Both men are carrying briefcases. The man on the left has his suit coat slung over his shoulder. The door of the plane is open. It does not look like a large plane or a large airport. Maybe, it is a charter flight or the two men will actually fly the airplane. The plane appears to be on a runway. In the background, there are also some trees and a mountain. I think these men are waiting for their flight to be ready to board.

이것은 비행기 앞에 서 있는 남자 2명의 사진입니다. 두 남자 모두 서류 가방을 들고 있습니다. 왼쪽의 남자는 정장 재킷을 어깨에 걸쳤습니다. 비행기의 문은 열려 있습니다. 큰 비행기나 큰 공항 같아 보이지는 않습니다. 아마도 전세기이거나 두 남자가 실제로 비행기를 운항할 것입니다. 비행기는 활주로에 있는 것 같습니다. 배경에는 나무와 산이 있습니다. 이 남자들은 비행기가 탑승 준비가 되기를 기다리는 것 같습니다.

- 사진을 소개하고 중심 인물과 주변 배경을 빠지지 않고 묘사한다.
- 사진을 통해서 추론할 수 있는 내용을 포함하여 사진 묘사를 지루하지 않게 해야 한다.
- 공항과 관련한 어휘(charter flight, runway, board)들을 명확하게 사용한다.
- 다양한 주제와 관련한 어휘들을 암기하는 것이 중요하다.

briefcase 서류가방 **sling** 걸다, 던지다 (sling-slung-slung) **charter flight** 전세기 **board** 탑승하다

🎙 This is a picture of what must be a man and a woman working on a laptop computer. They are sitting in front of the laptop which is on a large table. The man is sitting directly in front of the laptop. He is holding a pen. The woman is pointing to something on the screen with a pen. There is a piece of paper next to the laptop computer. In the background, there are another man and woman. They are looking at something that looks like a clipboard. There are some other papers on the table. It looks like these people are working on some project in an office.

이것은 노트북으로 일하고 있는 것이 확실한 남자와 여자의 사진입니다. 이들은 넓은 테이블 위에 있는 노트북 앞에 앉아 있습니다. 남자는 노트북 바로 앞에 앉아 있습니다. 그는 펜을 잡고 있습니다. 여자는 펜으로 화면의 무언가를 가리키고 있습니다. 노트북 컴퓨터 옆에는 종이 한 장이 있습니다. 배경에는 다른 남자와 여자가 있습니다. 그들은 클립보드 같이 보이는 무언가를 보고 있습니다. 테이블에는 다른 종이들이 있습니다. 이 사람들은 사무실에서 어떤 프로젝트를 하고 있는 것처럼 보입니다.

만점 포인트

· 사진 소개를 시작으로 사람들의 동작 묘사를 세세하게 표현해야 한다.
· 중심 인물들뿐만 아니라 주변에 있는 인물들에 대해서도 빠짐없이 묘사한다.
· 주변 사물들에 대한 묘사도 빠뜨리지 않고 자세히 설명하는 것이 좋다.

laptop (computer) 노트북 directly 바로 next to ~ 옆에

 기·초·학·습

1 식당

<u>Where</u> is your favorite restaurant?

<u>How often</u> do you go to that restaurant?

<u>What</u> is your favorite cuisine?

2 도서관

<u>When was the last time</u> you went to a library?

<u>Why</u> do you use a library rather than a bookstore?

<u>How many</u> books do you usually borrow?

 만·점·전·략

1 가장 좋아하는 음악은 무엇입니까?

기본 답변 <u>My favorite music is</u> classical music.

추가 설명 <u>When I listen to</u> classical music, I feel relaxed.

2 얼마나 자주 체육관에 갑니까?

기본 답변 I go to the gym <u>twice a week</u>,

이유 추가 <u>because</u> I have tennis lessons there.

3 온라인 쇼핑의 장점이 무엇입니까?

기본 주장 <u>I think there are</u> several advantages of shopping online.

근거 제시 First, the price is usually <u>cheaper than that of offline shops</u> because they do not need to pay for a clerk and renting a store.

Second, it is much easier <u>because of</u> advanced technology. You don't need to go to the store <u>in person</u>. Instead, <u>only by clicking your mouse</u> you can buy whatever you want.

마무리 <u>Thus</u>, I believe it is advantageous to shop online.

PREP.
TEST

TEST 1 p 88

🎧 Imagine that a marketing firm is doing research in your country. You have agreed to participate in a telephone interview about **media**.

마케팅 회사에서 여러분의 나라에서 설문조사를 한다고 가정해 봅시다. 여러분은 대중매체에 대한 전화 인터뷰에 참여하기로 동의하였습니다.

🔵 대중매체에 대한 인터뷰이다. 뉴스, 신문, TV, 라디오 등 다양한 매체들에 대한 질문들을 생각해 본다. 접촉 빈도와 방법, 매체 선호도, 매체별 장단점 등에 대한 질문들이 자주 나온다.

[Question 4]

🔵 How often ~?과 같이 빈도를 묻는 질문이 자주 등장한다. once(twice, three times) a day(month, year)와 같은 표현들을 반드시 익혀 둔다.

A. I usually check the news <u>once or twice a day</u>, maybe more if <u>there is</u> an important story. I think it is important to <u>keep up with</u> current events.

[Question 5]

🔵 다양한 방법들을 열거할 수 있다. 하지만 답변 제한시간이 15초이기 때문에 너무 복잡하고 어려운 말로 답하려다가 오히려 감점될 수 있으니 주의한다.

A. I assume much <u>in the same way I do</u>: on the Internet, TV and in newspapers. <u>But</u>, I assume most people get their news from Internet sites.

[Question 6]

🔵 다양한 근거가 생각나지 않을 경우, 하나의 근거를 바탕으로 예시를 들어 상세하게 답하는 것도 방법이다.

A. Well, obviously, every source has a different <u>point of view</u> and sense of politics. If you only get your news <u>from one source</u>, you may have a <u>narrower point of view</u> of what is going on. Some current events are <u>hard to understand</u> unless you can see it from different <u>political perspectives</u>. I would assume that is the main advantage.

---

keep up with (뉴스)를 알다, 알게 되다 **current event** 시사 문제 **assume** 생각하다, 가정하다
obviously 확실히, 명확히 **source** 출처 **point of view** 관점 **politics** 정치 **narrow** 좁은 **perspective** 관점

🔵 Imagine that a marketing firm is doing research in your country. You have agreed to participate in a telephone interview about **leadership**.

마케팅 회사에서 여러분의 나라에서 설문조사를 한다고 가정해 봅시다. 여러분은 리더십에 대한 전화 인터뷰에 참여하기로 동의하였습니다.

◎ 리더십에 대한 전화 인터뷰로서, 리더십에 대한 경험과 생각, 대표자의 자질, 선호도, 어려움, 장단점 등에 대한 질문들이 자주 나온다.

[Question 4]

◎ 주어진 질문은 경험과 해당 자리의 이름, 두 가지를 묻고 있다. 질문이 요구하는 답을 반드시 포함하는 답변을 구성해야 한다.

A. No, I have never held a position of leadership. I am not that kind of person. I don't like to have a lot of responsibility.

[Question 5]

◎ One ···. The other ···.(하나 ···. 다른 하나 ···.)는 두 가지를 하나씩 언급할 때 사용할 수 있는 표현이다.

A. I think good leaders need to have two qualities at least. One is an ability to identify and solve problems. The other is to have a good heart and care about people.

[Question 6]

◎ 두 가지 근거를 제시한다. 30초 답변 제한시간이 있으므로 너무 많은 이유를 제시하려다가 감점될 수 있다.

A. There are a number of challenges to being a leader. The first is that it is very stressful. If you are a good leader, other people benefit but if you are a bad leader or even just a mediocre leader, people do not benefit as much. I also think there are many temptations as a leader to cheat or to just benefit a few people. It takes a person of strong moral character to not be tempted as a leader.

---

hold a position 직책을 맡다 responsibility 책임 quality 품질, 자질 ability 능력 identify 알아보다, 확인하다
solve 해결하다 challenge 도전, 어려움 a number of 많은 (cf. the number of ~의 수) benefit 이득을 보다
mediocre [miːdioʊkər] 보통의, 썩 좋지 않은 temptation 유혹 (v. tempt 유혹하다) cheat 속이다, 사기치다
moral 도덕적인 (cf. morale 사기) character 성격, 기질

🎧 Imagine that you are talking to a friend on the telephone. You are talking about **furniture**.

여러분이 친구와 전화 통화를 하는 것으로 가정해 봅시다. 여러분은 가구에 대해서 이야기를 나누고 있습니다.

[Question 4]

⊙ 질문에 대해서 자신의 의견이나 경험, 선호도를 말하는 것이 좋다. 고득점을 위해서는 그 이유를 밝히는 것이 좋다.

A. The leather ones are beautiful in my opinion. They are expensive but you'll have them for years.

[Question 5]

⊙ 고득점을 위해 특히 도움이 되는 이유를 보충해 주는 것을 추천한다.

A. I think coffee tables are more functional, especially if you have guests over.

[Question 6]

⊙ 6번은 30초 답변이기 때문에 이 시간을 최대한 효율적으로 활용한다. 자신의 경험과 선호도, 구체적인 예를 들어준다.

A. Online shops usually have better prices, but I know a couple of furniture warehouses out in the industrial part of the city. We can take a look at the furniture there together if you want.

couch 소파 functional 실용적인 warehouse 창고, 할인매장 take a look at ~을 보다

TEST 4   p 97

🎧 Imagine that you are having a telephone conversation with a relative. You are talking about **a wedding**.

여러분이 친척 중 한 분과 통화하는 것으로 가정해 봅시다. 결혼식에 대해서 이야기를 나누고 있습니다.

[Question 4]

⊙ 기본 질문인 결혼식이 열리는 장소에 대해 답변하고, 고득점을 위해서 피로연 장소도 언급하면 유창성을 보여 줄 수 있다.

A. It'll be held at a chapel in St. Vincent's Park. The reception, however, will be held at the main hall on the other side of the park.

[Question 5]

A. I bought a gift from the wedding registry. It's a set of crystal wine glasses.

[Question 6]

⊙ 6번은 30초 답변이기 때문에 이 30초를 최대한 효율적으로 활용하는 것이 좋다. 자신의 경험과 선호도 외에 구체적이고 창의적인 예를 들면 고득점에 큰 도움이 된다.

A. Yes, the bride will call later this week. She wants to talk to us about setting up some of the decorations for the reception hall. She's having family and friends help out because it'll cost her a few hundred extra dollars for professionals to do it.

take place 열리다 reception 피로연 bride 신부 help out 도와주다 professional 전문직원 decoration 장식품

ACTUAL
TEST

SET 1 p 100

🎧 Imagine that a marketing firm is doing research in your country. You have agreed to participate in a telephone interview about **universities**.

한 마케팅 회사가 여러분의 나라에서 설문조사를 한다고 가정해 봅시다. 여러분은 대학에 대한 전화 인터뷰에 참여하기로 동의하였습니다.

[Question 4]

Q. **How far away** is the nearest university to you?

가장 가까운 대학은 얼마나 먼가요?

🎙 I am not exactly sure. I think there is a university about 30 minutes by bus from my house. I have only been there once.

확실하지는 않습니다. 저희 집에서 버스로 30분쯤 거리에 대학이 있는 것 같습니다. 딱 한 번 가봤습니다.

만점 포인트

정확한 거리를 몰라도 당황하지 말고 이동하는 데에 걸리는 대략적인 시간을 답한다.

[Question 5]

Q. When taking a class, **which do you prefer**: a large class or a small class? **Why**?

수업을 들을 때 대형 강의와 소형 강의 중 어느 것을 더 선호하나요? 이유가 무엇인가요?

🎙 I prefer large classes because I don't have to participate as much. Large classes tend to be lecture classes and I prefer to just sit and listen to my teacher.

저는 많이 참여하지 않아도 되기 때문에 대형 강의를 선호합니다. 대형 강의는 강의형 수업인 경향이 있고, 저는 그냥 앉아서 선생님의 말을 듣는 것을 선호합니다.

만점 포인트

선택사항 중에 하나를 골라서 선호하는 것과 그 이유를 간단명료하게 제시한다.

[Question 6]

Q. If you were to take a class at a university, **what** would you take?

대학에서 수업을 듣는다면 어떤 것을 수강할 건가요?

🔵 I would take a class on business management. I think it would be very useful for my career. If I took a class on business management, I may be able to get a promotion and take on more responsibility and the large paycheck that comes with it. I am sure I could make good use of that larger paycheck on such things as buying groceries, buying a house and taking a vacation.

저는 사업 경영에 대한 수업을 수강할 것입니다. 그것은 저의 경력에 매우 유용할 것으로 생각됩니다. 사업 경영에 대한 수업을 들으면 진급할 수도 있고, 더 많은 책임과 그에 따른 높은 임금을 받을 수도 있습니다. 식료품을 구입하고, 집을 사고, 휴가 가는 일 등에 높은 임금을 잘 활용할 수 있을 것으로 확신합니다.

만점 포인트

기본 주장과 그 이유를 자신의 경력과 관련하여 적절하게 제시한다. 해당 내용과 관련한 적절한 어휘를 사용하여 내용 전달이 명확하고 표현이 다양해야 한다.

exactly [ɪzǽktli] 정확하게 **participate** 참여하다 **lecture class** 강의식 수업 **career** 경력 **promotion** 승진
take on (책임)을 지다 **responsibility** 책임 **paycheck** 임금 **make use** [juːs] **of** ~을 활용하다 **grocery** 식료품

SET 2 ⠀⠀⠀⠀⠀⠀⠀⠀⠀⠀⠀⠀⠀⠀⠀⠀⠀⠀⠀⠀⠀⠀⠀⠀⠀⠀⠀⠀ p 102

🔵 Imagine that a marketing firm is doing research in your country. You have agreed to participate in a telephone interview about **leisure activities**.

한 마케팅 회사가 여러분의 나라에서 설문조사를 한다고 가정해 봅시다. 여러분은 여가 활동에 대한 전화 인터뷰에 참여하기로 동의하였습니다.

[Question 4]

Q. **How often** do you meet new people?

얼마나 자주 새로운 사람들을 만나나요?

🔵 Sadly, it is not that often. I don't get many chances to meet new people. Sometimes, there is someone new at work, and of course, I have to get to know him or her.

애석하게도 그리 자주는 아닙니다. 새로운 사람들을 만날 기회를 많이 갖지 못합니다. 때때로 직장에 새로운 사람이 있고, 물론 그 사람을 알아야 하지만요.

만점 포인트

빈도를 묻는 질문에 often, sometimes 등을 적절히 사용하여 답하고, 더불어 추가 설명을 더한다. 직장에서의 일을 예시로 들어 답변의 단조로움을 피하는 것도 좋은 방법이다.

[Question 5]

Q. **What do you like** about meeting new people?

새로운 사람들을 만나는 것에 대해서 어떤 것이 좋나요?

🔵 It is always nice to meet someone new when the person is nice. Meeting the same people all the time can be boring. Meeting new people is interesting and it keeps you fresh.

사람이 친절하면 새로운 사람을 만나는 것은 언제나 좋습니다. 항상 같은 사람들을 만나는 것은 지루할 수 있습니다. 새로운 사람들을 만나는 것이 흥미롭고 생기 있게 해 줍니다.

만점 포인트

질문을 제대로 이해하고 적절한 답변을 한다. 간략한 이유를 제시하여 답변의 단조로움을 피하고 적절한 어휘와 표현을 사용한다.

[Question 6]

Q. **When** you meet someone **for the first time**, **what** do you like to **talk about**?

누군가를 처음 만났을 때, 어떤 이야기를 하는 것을 좋아하나요?

🔵 Well, you have to get to know the person. You may want to know what they do, where they live, what are their hobbies and interests. Maybe, you want to know something about their family. Then, if there is something interesting about the person, you can talk about that. For example, they may have an interesting job or they may have traveled someplace interesting.

그 사람을 알아가야 합니다. 무엇을 하는지, 어디에 사는지, 취미와 관심사는 무엇인지 알고 싶을 수 있습니다. 아마 가족에 대한 것도 알고 싶을 것입니다. 그러고 나서 그 사람에 대해서 흥미로운 무언가가 있다면 그것에 대해서 이야기할 수 있습니다. 예를 들어, 흥미로운 직업을 가지고 있거나, 흥미로운 어딘가를 여행했을 수 있습니다.

만점 포인트

질문에서 요구하는 답변을 적절히 제시하고, 다양한 내용을 열거함으로써 답변을 풍부하게 한다. 또한 적절한 예시를 제시하여 답변을 뒷받침하는 것이 중요하다.

sadly 애석하게도 get to know 알게 되다, 알다 fresh 생기 있는, 신선한 hobby 취미

SET 3   p 104

🎧 Imagine that you are talking to a friend on the telephone. You are talking about **social media sites**.

여러분이 친구와 전화 통화를 한다고 가정해 봅시다. SNS에 대해서 이야기를 나누고 있습니다.

[Question 4]

Q. Do you use any of the **social media platforms**?

소셜 미디어 플랫폼을 사용하고 있습니까?

🔵 I do have a Facespace profile but I hardly ever use it. I just use it to keep in contact with friends and relatives abroad.

페이스스페이스 프로필은 있지만 거의 사용한 적이 없습니다. 해외에 있는 친구들과 친척들과 연락하기 위해서만 사용합니다.

질문에 대한 기본 답변이 가장 중요하다. 그리고 영어의 유창성을 보여주기 위해 창의적인 개인 의견을 이유와 함께 제시하면 고득점에 도움이 된다.

[Question 5]

Q. I see. **Why don't you** use social media sites?

알겠습니다. 소셜 미디어 사이트를 이용하는 건 어떻습니까?

🎙️ I find that they have useless information and they generally tend to be a waste of my time.

거기에는 쓸모 없는 정보가 있어, 대체로 시간 낭비인 경향이 있다고 알고 있습니다.

SNS에 대해서 부정적인 의견 즉, 필요없는 정보가 많기 때문에 시간 낭비라고 생각한다고 비판적인 답변을 하는 것도 좋다.

[Question 6]

Q. Do you think social media has **done more good or bad** to our society?

소셜 미디어가 사회에 도움이 됐다고 생각하나요? 아니면 해를 끼쳤다고 생각하나요?

🎙️ I think both. People have become more self-centered because of social media. They post too many selfies and a lot of private information about themselves. But, at the same time, I think it is a great platform for people to voice various opinions. You can get perspectives from people all around the world.

저는 둘 다라고 생각합니다. 사람들은 소셜 미디어 때문에 더 자기중심적이 됐습니다. 너무 많은 자기 사진과 자신에 대한 사적인 정보를 올립니다. 하지만 이와 동시에, 사람들이 다양한 의견을 낼 수 있는 좋은 플랫폼인 것 같습니다. 전 세계에 있는 사람들의 관점을 이해할 수 있습니다.

6번의 30초 답변 시간을 최대한 효율적으로 활용한다. 특히 6번 질문은 전반적인 의견을 묻는 경향이 있기 때문에 좀 더 체계적으로 근거와 결론을 제시하는 것이 좋다.

---

keep in contact with ~와 연락을 유지하다 hardly ever 거의 ~ 않다 useless 쓸모 없는 tend to ~하는 경향이 있다 do good 도움이 되다 self-centered 자기중심의 perspective 관점

BASIC STUDY 기 · 초 · 학 · 습

PATTERN DRILLS p 112

1 Q. What events are planned after lunch?

점심 이후에 어떤 행사들이 예정되어 있나요?

A. There are two activities. A presentation about company policies will be at 1 p.m. and then you will attend a seminar about network security at 2:30 p.m.

두 가지 활동이 있습니다. 회사 정책에 관한 발표가 오후 1시에 있을 것이고, 그리고 나서 오후 2시 30분에 네트워크 보안에 대한 세미나에 참석할 것입니다.

2 Q. When and where can I register for the seminar?

언제, 어디에서 세미나 등록할 수 있나요?

A. The registration will start at 9 a.m. and you can register in front of Emerald Hall.

등록은 오전 9시에 시작할 것이며 에메랄드 홀 앞에서 등록할 수 있습니다.

3 Q. How much is the registration fee for this seminar?

이번 세미나 등록비는 얼마인가요?

A. The registration fee is $50 and it includes a free gift, lunch, and seminar materials.

등록비는 50달러이며 무료 선물, 점심, 세미나 자료가 포함되어 있습니다.

4 Q. I heard that I will stay at the City Square Hotel on Monday. Is that correct?

월요일에는 City Square 호텔에서 묵을 것이라고 들었습니다. 맞나요?

A. Yes, you are correct. But you have to stay at a different hotel the next day.

네, 맞습니다. 하지만 다음 날에는 다른 호텔에서 묵으셔야 합니다.

5 Q. Can you tell me the times and the names of applicants for the sales department?

영업부 지원자들 시간과 이름을 알려 주시겠어요?

A. Certainly, you have two applicants. One is John Frank at 11 a.m. and the other is Mary Flowers at 11:30 a.m.

물론입니다. 두 명의 지원자가 있습니다. 한 명은 오전 11시에 John Frank이고, 다른 한 명은 오전 11시 30분에 Marry Flowers입니다.

---

attend ~에 참석하다 (cf. attend to (X)) **network security** 네트워크 보안 **fee** 요금 **material** 자료, 재료 **applicant** 지원자

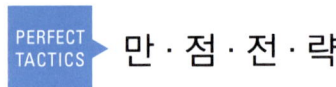
PATTERN DRILLS p 116

1 Q. When is the second presentation?

두 번째 발표는 언제인가요?

A. The second presentation will be 10:30 a.m. Charlie Johnson will talk about school policies.

두 번째 발표는 오전 10시 30분입니다. Charlie Johnson이 학교 정책에 대해서 이야기할 것입니다.

2 Q. Do you have any tickets available for the concert in New York?

뉴욕 콘서트 표가 구입 가능한 것이 있나요?

A. I am sorry. The concert in New York is canceled. But you can still buy a ticket for the concert in Washington.

죄송합니다. 뉴욕 콘서트는 취소됐습니다. 하지만 워싱턴 콘서트의 표는 여전히 구입하실 수 있습니다.

3 Q. When and how can I register for the seminar?

언제 그리고 어떻게 세미나 등록을 할 수 있나요?

A. You can register online from May 5th. If you register online you will get 20% off.

5월 5일부터 온라인으로 등록할 수 있습니다. 온라인으로 등록하시면 20% 할인을 받으실 것입니다.

4 Q. Could you tell me the details of Monday's tour?

월요일 관광의 세부 일정을 알려 주시겠어요?

A. Of course, we will go to the National Museum at 2 p.m. and then we will see the Memorial Statue at 3 p.m. Lastly, dinner will be served at 5 p.m. You can enjoy the rest of your day in the resort.

물론이죠, 저희는 오후 2시에 국립 박물관에 갈 것이고, 그리고 나서 오후 3시에는 기념비를 볼 것입니다. 마지막으로 저녁은 오후 5시에 제공될 것입니다. 나머지 시간은 리조트에서 즐기시면 됩니다.

5 Q. What is planned in the afternoon?

오후에는 어떤 것이 예정되어 있나요?

A. There are three events in the afternoon. At 1:30 p.m. Tom Wilson will make a presentation about Recycling Policies followed by a seminar about Environment Issues at 3 p.m. Then a banquet will be held in the dining hall at 6 p.m.

오후에는 3가지 행사가 있습니다. 오후 1시 30분에는 Tom Wilson이 재활용 정책에 대해서 발표를 하고 이어서 환경 문제에 대한 세미나가 오후 3시에 있습니다. 그리고 나서 오후 6시에 대식당에서 연회가 열릴 것입니다.

---

policy 정책 **available** 이용가능한, 구입가능한 **memorial statue** 기념비 **serve** 제공하다, 차려 주다

rest of ~의 나머지 **recycling** 재활용 **environment** 환경 **banquet** [bǽŋkwɪt] 연회 **be held** 개최되다, 열리다

TEST 1   p 122

<table>
<tr><td colspan="3" align="center">Star Gate 인사부
Martin Waller 면접 일정
12월 18일, 306호</td></tr>
<tr><td>시간</td><td>이름</td><td>자리</td></tr>
<tr><td>9:00</td><td>Alicia Sanchez</td><td>마케팅</td></tr>
<tr><td>10:00</td><td>Carla Cantor</td><td>마케팅</td></tr>
<tr><td>~~11:00~~</td><td>~~Ali Basheer~~</td><td>~~홍보~~ 취소</td></tr>
<tr><td>1:00</td><td>Dirk Frank</td><td>대리</td></tr>
<tr><td>2:00</td><td>Tanya Flowers</td><td>마케팅</td></tr>
<tr><td>3:00</td><td>Samuel Fryman</td><td>대리</td></tr>
<tr><td>4:00</td><td>Roger Thistle</td><td>마케팅</td></tr>
</table>

네레이션: 안녕하세요. 저는 Martin Waller입니다. 12월 18일 면접 일정 업데이트 사항을 알려 주시겠어요?

[Question 7]

Q. When is my first interview and where will the day's interview take place?

첫 번째 면접은 언제이고 그날 면접은 어디에서 있나요?

A. According to the schedule, your first interview is at 9 am and you will be in Room 306.

[Question 8]

Q. If I remember correctly, I won't be interviewing anyone for the Public Relations position today. Is that right?

제가 정확하게 기억한다면, 오늘 홍보부 자리는 면접을 보지 않습니다. 맞나요?

A. Yes, that is right. According to the schedule, Ali Basheer, who was to be interviewed, canceled.

[Question 9]

Q. Can you tell me the times and the names of the people applying for the Marketing position?

마케팅 부서로 지원한 사람들의 시간과 이름을 알려 주시겠어요?

A. Certainly. The following people will be interviewing for the Marketing Position: Alicia Sanchez at nine o'clock, Carla Cantor at ten o'clock, Tanya Flowers at two o'clock and Roger Thistle at four o'clock.

---

human resources 인사부 **assistant manager** 대리 (직책) **take place** 일어나다, 발생하다 **according to** ~에

의하면 public relations 홍보부 cancel 취소하다 apply for ~에 지원하다 position 자리, 직책

Lantern Tours
도시 관광, 1월 7일과 1월 8일

1월 7일 (토요일)

7:00	Tom's Diner 앞에 있는 City Square에서 모임
9:00	시립 자연사 박물관 관광
12:00	점심 식사 (Pretty Polly's Kitchen)
1:00	수정 폭포 시립 공원 식물 가든
3:30	시내 관광
5:00	5시에 Tom's Diner 앞의 City Square에서 마침

1월 8일 (일요일)

7:00	Lloyd 광장, 지하철 1번 출구에서 모임
9:00	역사 마을과 놀이 공원
12:00	점심 식사 (역사 마을과 놀이 공원)
2:00	과학과 기술 도시 박물관
4:00	도시 철도 박물관
5:00	Lloyd 광장, 지하철 1번 출구에서 마침

네레이션: 1월 7일과 8일 도시 관광에 대해 물어 봐도 될까요?

[Question 7]

Q. At what time does the tour start and finish?

관광은 몇 시에 시작하고 끝나나요?

A. According to the schedule, you are supposed to meet at 7 a.m. and the tour finishes at 5 p.m.

[Question 8]

Q. I heard that the tour meets at the City Square on Sunday. Is that correct?

저는 일요일에 City Square에서 만난다고 들었습니다. 맞나요?

A. No, I am sorry. That is not correct. According to the schedule, the tour meets at Lloyd Square, Subway Terminal, Gate 1.

[Question 9]

Q. Can you tell me the exact details of Saturday's tour?

토요일 관광의 정확한 세부 내용을 알려 주시겠어요?

A. Sure. People will meet at the City Square in front of Tom's Diner at 7 am. Then, at nine o'clock there will be a tour of the City Natural History Museum. This is followed by lunch at Pretty Polly's Kitchen. After that, at one, you will go to Crystal Falls City Park Botanical Gardens. This is followed by a tour of downtown at three-thirty and finishing back at the City Square in front of Tom's Diner at five.

be supposed to ～하기로 되어 있다 exact [ɪgzǽkt] 정확한 botanical [bətǽnɪkl] 식물의

Giuseppe 식품점 배달 서식		
고객: Lana Little	Rose가 48, 아파트 5A	
품목	**수량**	**가격**
우유	1팩	2.29
달걀	2다스	2.58
밀가루	16온스	1.99
쇠고기	2파운드	13.88
뼈 없는 닭가슴살	3파운드	12.55
상추	1통	0.89
안두콩과 당근	3캔	2.97
합계		$37.15
비고: 고객이 이미 지불함. 배달은 오후 4시 이전에 되어야 함. 앞문이 아니라 옆문에서 초인종을 눌러 주세요.		

네레이션: Lana Little에게 가는 배달에 대해 질문이 있습니다. 도와주시겠어요?

[Question 7]

Q. Where do I make the delivery?

어디로 배달해야 하나요?

A. Well, according to this, the address is 48 Rose Avenue, Apartment 5A. Also, it says that you should ring the bell at the side door, not the front door.

네, 양식에 의하면, 주소가 48 Rose Avenue, Apartment 5A입니다. 그리고 앞문이 아니라 옆문에서 초인종을 눌러야 된다고 되어 있습니다.

[Question 8]

Q. Do I need to collect payment from the customer?

고객에게 대금을 받아야 하나요?

A. No, you do not. According to the Delivery Form, she has already paid.

아니요, 받지 않아도 됩니다. 배송 양식에 의하면 이미 지불했습니다.

[Question 9]

Q. What exactly is in the order?

주문에는 정확하게 어떤 것이 있나요?

A. According to the delivery form, the order contains one carton of milk, two dozen eggs, sixteen ounces of flour, two pounds of beef, three pounds of boneless chicken breasts, one head of lettuce and three cans of peas and carrots.

배송 양식에 의하면, 주문에는 우유 1팩, 계란 2묶음(24개), 밀가루 16온스, 쇠고기 2파운드, 뼈 없는 닭가슴살 3파운드, 상추 1통 그리고 완두콩과 당근 3캔이 포함되어 있습니다.

delivery 배달 ring the bell 벨을 누르다 order 주문 one carton of milk 우유 한 팩 dozen 12개짜리 한 묶음, 다스
flour 밀가루 boneless 뼈 없는 chicken breast 닭가슴살 lettuce 상추 pea 완두콩 carrot 당근

TEST 4　　　　　　　　　　　　　　　　　　　　　　　　　　　　　p 131

> **가구 제작 세미나**
>
> 6월 23일, Little John의 통나무 가구 시장, 1층과 2층
>
> 9:00　　등록, 1층 로비
> 10:00　개회 연설, Coyote Joe Briggs
> 10:30　세미나 1: "원재료" Burly Bob Brill
> ~~11:30　Frank 가구가 제공하는 무료 샘플~~ 취소됨
> 12:00　점심 식사
> 1:00　　세미나 2: "도구" Long John Dallas
> 2:00　　기조 연설, Missy Stacey Walker
> 3:00　　세미나 3: "디자인" Turkey Foot Winston Fry
> 4:00　　폐회 연설, Little John Harper

네레이션: 안녕하세요. 가구 제작 세미나 안내책자를 잃어버렸습니다. 몇 가지 질문에 답해 주시겠어요?

[Question 7]

Q. Where will the seminar take place?

세미나는 어디에서 열릴 건가요?

🔾 표의 상단부분에서 정보를 찾아 명확하게 알려 준다.

A. Well, according to the schedule, it will take place on the first and second floors of Little John's Log Cabin Furniture Market.

일정에 의하면, Little John의 통나무 가구 시장 1층과 2층에서 열릴 것입니다.

[Question 8]

Q. I heard that you get some free furniture at the seminar. Is that right?

세미나에서 무료 가구가 있다고 들었습니다. 맞나요?

○ 아는 정보를 다시 확인하고 있다. 특이사항(canceled)과 관련한 문제이다. 기존 일정을 알려 주고, 취소된 사실을 전달한다.

A. Well, according to this, it was scheduled at eleven-thirty but unfortunately, it has been canceled.

일정에 의하면 11시 30분에 예정되어 있었는데, 아쉽게도 취소됐습니다.

[Question 9]

Q. I don't think I can make it until the afternoon. What will I miss in the morning?

제가 오후에나 갈 수 있을 것 같습니다. 오전에 어떤 것을 놓치게 될까요?

○ 점심 식사 이전의 행사들을 시간과 함께 명확하게 순차적으로 알려 준다.

A. According to the schedule, you will miss registration at nine, the opening address by Coyote Joe Briggs at ten and Seminar 1, titled "Raw Materials" and given by Burly Bob Brill.

일정에 의하면, 9시 등록과 10시 Coyote Joe Briggs의 개회사, Burly Bob Brill이 하는 "원재료"라는 세미나 1을 놓치실 겁니다.

---

log cabin 통나무집 **furniture** 가구 **address** 연설, 연설하다; 주소 **raw material** 원재료 **provide** 제공하다
keynote address 기조 연설, 수안점 **brochure** [broʊʃʊr] 안내 책자 **make it** 제시간에 도착하다

SET 1

p 134

Mike O'Dowd	
(H) 212-334-4591　　X(C) 212-773-4591　　이메일: odowd24@email.com	
학력	이학 석사, 공학 전공, 뉴욕 대학, 2012년 인문학 학사, 영어 전공, Rutgers 대학, 2002년
다른 기술	20년간 피아노를 공부했습니다.
근무 경력	
2011년 ~ 현재	Jack's 프랑스 식당에서 웨이터 주임
2010년 ~ 현재	Lizzie's 피아노 라운지에서 피아노 연주
2008년 ~ 2010년	The Royal Scam Disco에서 바텐더
다른 경력	2000년부터 간간이 피아노 개인 교습

🎧 I don't have Mike O'Dowd's résumé in front of me. Do you think you could answer a few questions about his résumé?

Mike O'Dowd의 이력서가 제 앞에 없습니다. 그의 이력서에 대해서 몇 가지 질문에 답해 줄 수 있나요?

[Question 7]

🎧 What is his educational background?

그의 학력은 어떻게 되나요?

🎙 According to his résumé, he has a Bachelor's of Arts in English from Rutgers University and a Master's of Science in Engineering from New York University.

이력서에 의하면, Rutgers 대학에서 영어 전공으로 인문학 학사를, 뉴욕 대학에서 공학 전공으로 이학 석사를 받았습니다.

만점 포인트

이력서의 학력(Education) 부분에 나와 있는 정보를 빠짐 없이 말하고, 대학 이름과 같은 고유 명사의 발음을 정확하게 구사한다.

[Question 8]

🎧 Where is he currently working?

현재 어디에서 일하고 있나요?

🎙 Currently, he is holding two jobs. He is working as a Maitre D' at Jack's French Restaurant and working as a piano player at Lizzie's Piano Lounge.

현재 그는 2개의 직업을 가지고 있습니다. Jack's 프랑스 식당에서 웨이터 주임으로 일하고, Lizzie's 피아노 라운지에서 피아노 연주자로 일하고 있습니다.

이력서의 근무 경력(Work Experience)에 나와 있는 정보 가운데 문제에서 요구하는 현재의 직업만을 말한다. 발음하기 어려운 [f], [r], [z] 등의 발음에 유의한다.

[Question 9]

🎧 We need someone who is well-skilled at the piano. Do you think he is qualified?

저희는 피아노 기술이 좋은 사람이 필요합니다. 그가 자격이 있다고 생각하나요?

🎙 Well, according to his résumé, he has been studying piano for twenty years and he has worked as a piano player at Lizzie's Piano Lounge since 2010. Furthermore, he wrote on his résumé that he has tutored piano off and on since 2000.

네, 이력서에 의하면 그는 20년간 피아노를 배웠고, 2010년부터 Lizzie's 피아노 라운지에서 피아노 연주자로 일하고 있습니다. 더불어, 2000년부터 간헐적으로 피아노 강습을 했다고 이력서에 적혀 있습니다.

질문에서 요구한 피아노 관련 자격에 대해 설명하기 위해서 이력서에서 관련 내용을 찾아 답변한다. 연도를 읽을 때 정해진 방식에 맞게 또렷하게 발음해야 한다.

Master's of Science 이학 석사 Bachelor's of Arts 인문학 학사 Maitre D' [meɪtrədi] 웨이터 주임
private tutor 과외 교사 on and off 간헐적으로, 때때로 currently 현재 be qualified 자격이 있다

SET 2 p 137

기업용 소프트웨어 세미나		
Mather 호텔, 스위트룸 201호, 오전 9시 ~ 오후 5시		
9:00 ~ 10:00	환영사	소프트웨어 솔루션 사장 Bill Hayward
10:00 ~ 11:00	슬라이드 쇼	Rebecca Wild
11:00 ~ 12:00	그룹 토의	모든 참가자
12:00 ~ 1:00	점심 식사	
1:00 ~ 2:00	신기술 해결책	Pamela Marmalade
2:00 ~ 3:00	신제품 전시	다양한 발표자들
3:00 ~ 5:00	만나서 인사하는 시간(친목 파티)	

🎧 I can't seem to find my Business Software Seminar brochure. Could you answer some questions about it?

제가 기업용 소프트웨어 세미나 책자를 찾을 수 없는 것 같아요. 몇 가지 질문에 답해 주시겠어요?

🎧 When is the slide show and who will present it?

슬라이드 쇼는 언제이고, 누가 발표할 것인가요?

🎤 Well, according to this, the slide show will take place from 10 am until 11 am and Rebecca Wild will present it.

책자에 의하면, 슬라이드 쇼는 오전 10시부터 11시까지 있을 것이고, Rebecca Wild가 발표할 것입니다.

만점 포인트

질문에서 요구하는 시간과 발표자에 대해서 주어진 정보대로 답한다. 시간과 발표자의 이름을 강조하여 또렷하게 발음해야 한다.

[Question 8]

🎧 I heard the seminar will take place at the convention center. Is that right?

세미나가 컨벤션 센터에서 열릴 것이라고 들었습니다. 맞나요?

🎤 No, I am sorry, that is not right. According to this, it will take place at the Mather Hotel in Suite 201.

아니요. 죄송하지만, 잘못 아셨습니다. 책자에 의하면 Mather 호텔 스위트룸 201호에서 열릴 것입니다.

만점 포인트

사실 확인을 묻는 질문에 대해 표에서 주어진 정보를 보고 잘못된 정보를 바로잡아 준다. 방 번호를 정해진 방식에 알맞게 말한다.

[Question 9]

🎧 What is scheduled in the afternoon?

오후 일정으로는 뭐가 있나요?

🎤 Well, according to the brochure, it says that there will be a presentation by Pamela Marmalade on New Technical Solutions, followed by a Parade of New Products by various presenters and lastly there will be a Meet and Greet, which I guess is a networking party.

책자에 의하면, 신기술 해결책에 대한 Pamela Marmalade의 발표가 있을 것이고, 이어서 다양한 발표자들의 신제품 전시가 있고, 마지막으로 친목 파티로 생각되는 모임이 있을 것입니다.

만점 포인트

점심 시간 이후의 오후 일정을 시간 순서로 명확하게 답한다. 문법적으로 표현이 정확하고 알아듣기 쉽게 발음한다.

various 다양한 **present** 발표하다 **lastly** 마지막으로

음악 예술가 잡지

2015년 공표된 앨범 발매일

날짜	음악가	가제
1월 31일	Susie Gayle	Sunshine and Lollipops
~~2월 5일~~	~~the Playthings~~	~~the Playthings II~~ 연기됨
2월 28일	the Gargoyles	Our New Style
3월 2일	Danny and Chris	Fun Times
3월 9일	Jee-hee Kim	Memories Sad and Glad
3월 18일	the Names	Other Side of the Coin
3월 25일	Off a Cliff	Sounds
4월 1일	Janice Jones & the Roll	Hip Hop Roll

🎧 I have misplaced my copy of Musical Artist Magazine. Could you answer a few questions?

제가 음악 예술가 잡지를 잃어버렸습니다. 몇 가지 질문에 답해 주시겠어요?

[Question 7]

🎧 When will Danny and Chris's new album come out?

Danny and Chris의 신규 앨범은 언제 나올 것인가요?

🎤 According to this, it says that Danny and Chris's new album with a working title of "Fun Times" will be released on March 2nd.

잡지에 의하면 Danny and Chris의 신규 앨범은 Fun Times라는 가제로 3월 2일에 발매될 것입니다.

만점 포인트

주어진 정보에서 해당 내용을 찾아 답하고, 추가 정보(가제)도 제공한다. 날짜를 읽을 때 정해진 방식에 맞게 또렷하게 발음한다.

[Question 8]

🎧 Will the Playthings album be released?

Playthings의 앨범이 발매되나요?

🎤 Well, according to this, no, it won't. It was supposed to be released February 5th but it has been delayed.

잡지에 의하면, 발매되지 않을 것입니다. 2월 5일에 발매되기로 되어 있었는데 연기되었습니다.

만점 포인트

변경된 정보에 대해서 명확하게 답한다. 기존 정보를 설명하고 변경된 이유를 주어진 정보에 맞게 설명한다. 날짜를 읽을 때 정해진 방식에 맞게 또렷하게 발음한다.

🎧 Will there be any album releases in March?

3월에 발매되는 앨범이 있나요?

🎤 Yes, according to this, there will be four album releases in March. They are Danny and Chris's "Fun Times" on March 2nd, Jee-hee Kim's "Memories Sad and Glad" on March 9th, The Names' "Other Side of the Coin" on March 18th and Off a Cliff's "Sounds" on March 25th.

네, 잡지에 의하면, 3월에 4개의 앨범이 발매될 것입니다. 3월 2일에 Danny and Chris의 Fun Times, 3월 9일에 Jee-hee Kim의 Memories Sad and Glad, 3월 18일에 the Names의 Other Side of the Coin, 그리고 3월 25일에 Off a Cliff의 Sounds입니다.

만점 포인트

주어진 정보 가운데 문제에서 요구하는 3월에 해당하는 정보만을 찾아 답변한다. 발매일 순서대로 음악가와 가제까지 해당하는 정보를 빠짐없이 전하고 날짜를 정해진 방식에 맞게 또렷하게 발음한다.

release 발표하다, 출시하다, 풀어주다 working title 가제

Propose a Solution ◄ PART 5

 BASIC STUDY ▶ 기 · 초 · 학 · 습

PATTERN DRILLS ▶ p 150

A

1 Hello, this is Rodney Moore calling from the Sales department.
2 I'm worried that we need to train new employees on the weekend.
3 I'd like to talk about how to encourage the new employees to participate in this training.
4 I hope you could give me advice to this problem.

B

1 Hi, this is John Taylor from the Human Resources.
2 In your call, you told me that you want to know how to encourage the new employees to participate in the weekend training.
3 Let me make a suggestion. You need to consider giving them compensation for the weekend such as free luncheon vouchers or free gifts.
4 I hope that helps. Feel free to call me back if I can be of any other help.

participate in ~에 참여하다 compensation 보상 luncheon 점심 voucher 상품권, 쿠폰

PERFECT TACTICS 만 · 점 · 전 · 략

PATTERN DRILLS ▶ p 155

A

Hi, this is Stanley Laurie from the IT department. I am calling you as a receptionist at the company to talk about our phone menu. We know how important having a customer-friendly phone menu which is simple to understand, convenient and quick for customer satisfaction. So, we thought, as a receptionist, you might have some insight on what improvements we could make to improve our phone menu. If you have some suggestions, could you please call us back? Thanks!

안녕하세요, 저는 IT 부서의 Stanley Laurie입니다. 회사의 접수상담원이시기에 자사의 전화 메뉴에 대해서 이야기하기 위해서 연락드립니다. 고객의 만족을 위해서 이해하기 쉽고 편리하면서도 빠른 고객친화적인 전화 메뉴를 보유하는 것이 얼마나 중요한지 알고 있습니다. 그래서 접수상담원으로서 자사의 전화 메뉴를 향상시키기 위해서 어떤 개선을 할 수 있을지에 대한 당신의 견해가 있을 것 같습니다. 제안이 있으시면 연락 주시겠어요? 감사합니다.

1 Stanley Laurie

2 회사의 전화 메뉴를 고객이 이해하기 쉽고, 편리하고, 빠르게 하기 위한 제안 요청

B

Hi, Stanley. This is Gunwoo Kim, a receptionist at the company. I am returning your call. You asked me if I had any suggestions for improving our phone menu so that it is simpler to understand, more convenient and quicker for our customers. Well, I have some suggestions. First, you should have less menu choices. Second, you need to hire more receptionists so customers don't have to wait as long. I hope that helps. If I can ever be of service again, please let me know. Bye.

안녕하세요, Stanley. 저는 회사 접수상담원인 김건우입니다. 답변드립니다. 우리 고객들을 위해서 이해하기 더 쉽고, 편리하고, 빠르게 하기 위해서 전화 메뉴를 향상시키는 것에 대한 제안이 있는지 문의하신 것이죠. 제안이 있습니다. 첫째, 더 적은 메뉴 선택사항이 있어야 합니다. 둘째, 더 많은 접수상담원을 고용해서 고객들이 오래 기다릴 필요가 없도록 해야 합니다. 도움이 되길 바랍니다. 다시 도움이 될 수 있다면 알려 주시기 바랍니다. 안녕히 계세요.

1 A receptionist(회사의 접수상담원)

2 메뉴 선택사항을 적게 하고, 더 많은 상담원을 고용하는 해결책

---

convenient 편리한 customer-friendly 고객친화적인 satisfaction 만족 improve 향상시키다, 개선하다

PREP. TEST

TEST 1   p 164

전화 메시지

Hi, this is Sherry Gomez in Accounting. As you know the company requires a one day orientation outside of working hours every time we hire new employees. But, we have hired so many new employees it is hard to organize the meeting. Every time I make a suggestion someone complains about the time. I heard you had a similar problem in Technological Services so I was wondering if you had any suggestions for me. If you could call me back, it would be much appreciated. Thanks!

안녕하세요, 회계부의 Sherry Gomez입니다. 아시다시피 회사는 신입 직원들을 채용할 때마다 업무시간 이외에 1일 설명회를 필요로 합니다. 하지만 우리가 너무 많은 신입 직원들을 채용하여 모임을 준비하는 것이 어렵습니다. 제안을 할 때마다 누군가가

시간에 대해 불평을 합니다. 기술서비스팀에서 유사한 문제가 있었다고 들어서 저에게 제안해 주실 수 있는 것이 있는지 궁금합니다. 연락 주시면 고맙겠습니다. 감사합니다.

해결책 제시

〈첫인사〉

Hi Sherry, this is Jae-won Lee in Technological Services. I am returning your call.

〈문제점 요약〉

I do understand you have difficulty scheduling so many new hires because some of them complain about the time.

〈해결책 제시〉

Well, here is my suggestion. You cannot make everyone happy. You should just schedule a day and if anyone cannot make it, then they cannot make it. If you have the time you can offer a make-up day for the orientation.

〈마무리 인사〉

I hope that helps. Feel free to call me back if you think I can be of any other help. Bye.

accounting 회계부서 hire 고용하다 organize 준비하다 complain 불평하다 appreciate 고마워하다 schedule 일정을 잡다 make it 참석하다, 늦지 않다, 해내다 offer 제공하다 make-up 추가, 보충(못한 부분을 메우는 것)

TEST 2 p 166

전화 메시지

Hi, this is Leonard Malloy. As you are probably aware, we are opening a new store. We plan to have a big celebration with the opening of this store. At this celebration, we would like to thank our old customers from our neighboring store as well as welcome new customers. So, we are soliciting suggestions from all our employees on what we can do. Please call me back with your suggestions. Thanks. Bye.

안녕하세요, 저는 Leonard Malloy입니다. 아시겠지만, 우리 회사에서 신규 매장을 열게 되었습니다. 이 매장의 개장을 성대하게 축하하려고 계획하고 있습니다. 이번 축하에서 신규 고객을 환영하는 것뿐만 아니라 주변 매장의 기존 고객들에게 감사를 드리고 싶습니다. 그래서 우리가 무엇을 할 수 있는지 모든 직원의 제안을 요청드리는 바입니다. 제안을 가지고 연락해 주시기 바랍니다. 감사합니다. 안녕히 계세요.

해결책 제시

〈젓인사〉

Hi Mr. Malloy, this is Do-hyun Park, one of your employees.

〈문제점 요약〉

If I got this right, you are soliciting suggestions for the celebration of our grand opening of a new store. And, especially, you are looking for ways to both thank old customers as well as new customers.

〈해결책 제시〉

Well, I have a suggestion. The first is why don't you hold a special raffle? Customers could bring in a receipt from the old store and we could place it in a box. Then, we could draw a certain number of these old receipts and offer prizes. In this way, we could thank and reward our old customers.

〈마무리 인사〉

If there is anything I can do, please let me know. Thanks for asking for my suggestion. Bye.

B as well as A A뿐만 아니라 B도 **solicit** 요청하다, 간청하다 **hold** 개최하다, 행사를 열다 **raffle** 추첨 **receipt** 영수증 **draw** 뽑다 **reward** 보상하다, 보답하다

TEST 3 p 168

회의 상황

Woman: Before I let everyone go, I need some feedback from you about our situation regarding the weddings that were double-booked at our main reception hall. Unfortunately, we accidentally booked both weddings at the same time.

Man: That's right, Greta. Both couples wanted the main hall for noon on the same date. However, they both have similar numbers of guests so our other rooms won't be large enough to move either wedding party to.

Woman: Yes, we need to find a way to solve this issue without upsetting either group. Please let me know if any of you have some ideas.

해결책 제시

Hello, Greta. This is Justin from the Service Department. I'm calling about the problem regarding the double-booked reception hall. I was thinking that if we re-organize our second largest room which hasn't been booked yet, we may be able to fit all the guests. I worked at a restaurant in the past where we maximized some of our smallest spaces to fit the most people. I think I can organize the space so that all the wedding guests can be comfortably seated. Again, it might be a tight fit, but if we provide a complimentary catering service or a free photo session for one of the couples, they might be willing to take the offer. What do you think about this? Let me know if you think the idea has some merit.

안녕하세요, Greta. 서비스 부서의 Justin입니다. 이중으로 예약된 리셉션 홀에 관한 문제로 전화했습니다. 아직 예약되지 않은 두 번째로 큰 방을 정리하면, 모든 하객을 감당할 수도 있을 것 같았습니다. 저는 과거에 가장 작은 공간을 가장 많은 사람들에게 맞게 최대한 활용했던 식당에서 근무했습니다. 제가 결혼식 하객들이 편안하게 앉을 수 있도록 공간을 정리할 수 있을 것 같습니다. 다시 한 번 말씀드리지만, 빠듯할 수도 있습니다. 하지만 한쪽 커플에게 무료 연회 서비스나 무료 사진 촬영을 제공한다면 기꺼이 이 제안을 받아들일 수도 있습니다. 어떻게 생각하세요? 장점이 있는 아이디어라고 생각되면 알려주세요.

accidentally 우연히, 실수로 maximize 최대한 활용하다 tight fit (옷이나 장소가) 꼭 맞음, 꽉 낌 complimentary 무료의 merit 장점, 가치

TEST 4   p 170

회의 상황

Man: One more thing before you go, the response to our holiday launch for our make-up line was poorly received this year. Even worse, many people didn't even know we had a holiday line of products.

Woman: That's surprising considering how successful the holiday line was last year.

Man: That's right. We need to know what is going on. We still have a few weeks before the holidays so we need to find ways to get the word out and market our products better. Please call me if you have any ideas in mind. We need to get this going before the holidays are over.

해결책 제시

Hello, this is Ambra calling from the Marketing Department. I'm calling about the holiday make-up line and I have a couple of ideas in mind. It seems as though our marketing has failed to reach our customers so I thought it might be a good idea to send some PR gift packages to some popular social media influencers and have them review the make-up on their channels. I think we lack exposure on some social media platforms so that might be a good way to get the word out. We can also set up pop-up shops at busy shopping hot spots and give potential customers free samples and even makeovers and make-up tips. But, I think getting make-up to social media influencers will be the best way to advertise, but let me know what you think.

even worse 설상가상으로 get the word out 알리다 as though 마치 ~인 것처럼 reach 도달하다 influencer 영향력을 행사하는 사람 lack ~이 부족하다 exposure 노출

SET 1 p 172

🎧 전화 메시지

Hi, this is Belinda Carmichael in customer service. As the Director of Product Development, I thought you should know about this. I just talked to a customer who bought our brand new microwave, the Gourmet. He said that the high setting on the microwave is too hot and that it burns or dehydrates the food at the settings the manual recommends. This is the tenth customer to call today! If this is a design flaw or an error in the manual, customers across the country are going to be unsatisfied with our Gourmet microwave. I hope you could give me a solution to this problem. Thank you.

안녕하세요. 저는 고객 서비스팀의 Belinda Carmichael입니다. 제품개발 이사로서 이것에 대해 아셔야 될 것 같습니다. 저는 우리 회사의 최신 전자레인지 Gourmet을 구입한 고객과 이야기를 나누었습니다. 고객은 전자레인지의 고온 설정이 너무 뜨겁고 설명서가 제안하는 설정으로는 음식을 태우거나 건조시킨다고 하십니다. 오늘 연락하신 고객만 10번째입니다. 디자인의 결함이나 설명서의 오류라면 전국의 고객이 우리 Gourmet 전자레인지에 대해 불만족할 것입니다. 이 문제에 대한 해결책을 주시기 바랍니다. 감사합니다.

🎧 Ms. Carmichael, this is the Director of Product Development returning your call. First of all, I would like to thank you for bringing this to my attention. Your call may have saved the company money and I believe you will get a raise. In your call, you said that you have received a number of complaints about the high setting on the Gourmet microwave. Well, we have looked into it and it does seem to be a misprint in the manual. I have already told technical services to correct the problem on the product website and I've also notified printing for any new manuals. Furthermore, I have contacted the Director of Customer Services, and you will be notified about how to assist our customers. Once again, thanks for alerting me to this problem.

Carmichael씨, 저는 제품개발 이사이고 답변드립니다. 우선, 알려 주셔서 감사합니다. 귀하의 연락이 회사의 자금을 살렸을 것이고, 귀하는 급여 인상을 받게 될 것입니다. 전화상으로 Gourmet 전자레인지의 고온 설정에 대한 불만을 많이 받으셨다고 했죠. 저희가 살펴봤는데 설명서의 오타인 것 같습니다. 제가 이미 기술서비스팀에 제품 웹사이트에서 문제를 수정하라고 말했고 새로운 설명서 출력을 통지했습니다. 또한, 고객서비스팀의 이사님에게 연락을 드렸고, 고객들에게 어떻게 도움을 드려야 하는지에 대해서 통지를 받게 될 것입니다. 다시 한 번 이 문제를 알려 주셔서 감사합니다.

만점 포인트

전화 메시지에 나타난 문제점을 빠진 것 없이 요약하고, 문제점을 알려 준 것에 대한 감사의 말도 표현한다. 제시된 문제점에 대한 명확한 해결책을 제시하고 마지막 인사말까지 흐름이 자연스럽게 이어지는 답변을 한다. 또한 정확한 문법과 어휘를 사용한다.

dehydrate 건조시키다 **manual** 설명서 **flaw** 결함, 결점 **solution** 해결책 **get a raise** 월급 인상을 받다
correct 수정하다 **notify** 통지하다 **alert** 알리다, 경보를 발하다

🎧 회의 상황

Man: This year, there seem to be fewer venders and businesses signed up for our business fair. The fair is still two months away but compared to last year at this time, we have only half the number of participants this time. I'm not sure why this is the case.

올해는 저희 사업 박람회에 등록한 벤더업체와 기업체가 더 적을 것으로 보여요. 사업 박람회는 아직 두 달 뒤이지만 이맘때쯤의 작년과 비교하면 이번 참가자 수는 절반밖에 되지 않습니다. 그 이유를 잘 모르겠어요.

Woman: That's strange because our fair has been growing so much each year. Half is quite a large decline.

매년 우리 박람회가 꽤 크게 성장했는데 이상해요. 절반은 꽤 큰 감소예요.

Man: You're right. We need to find out what the problem is. We should also find a way to get the message out so that we get more participants. I want this fair to be larger than last year's. So please let me know if you have any ideas.

맞아요. 뭐가 문제인지 알아내야 합니다. 더 많은 참가자를 확보하기 위해서 알릴 방법을 찾아야 합니다. 저는 이 설명회가 작년보다 더 성황을 이루길 바랍니다. 그러니 좋은 생각이 있으면 꼭 알려주세요.

🎙 Hi, I'm Margaret. I understand that we have very few participants signed up for the business fair so far. I'm not sure why that's the case but I thought it might be a good idea to add our advertisements to some social media sites. We can reach out to a variety of businesses online this way. I think we'll get many new businesses to attend. Let me know if you like this idea. If you approve I'll start reaching out to various businesses online.

안녕하세요, Margaret입니다. 지금까지 사업 박람회에 등록한 참가자가 거의 없는 것으로 알고 있습니다. 그 이유는 잘 모르겠지만, 몇몇 소셜 미디어 사이트에 박람회 광고를 추가하는 것이 좋을 것 같습니다. 이런 방법으로 우리는 온라인으로 다양한 기업체에 닿을 수 있습니다. 그래서 참가하는 기업체를 많이 확보할 것 같습니다. 이 의견이 좋다면 알려주세요. 괜찮다고 생각한다면 온라인상의 다양한 기업체에 연락해 보겠습니다.

만점 포인트

회의 상황에서 다루고 있는 문제점에 대한 본인의 해결책을 제시한다. 답변할 때는 담화식 회의의 특성상 공식적인 내용을 고려하여 논리적이고 체계적으로 답변해야 한다. 임시방편적인 해결책보다는 문제를 현실적으로 해결할 수 있는 명확한 의견을 제시해야 한다. 마지막 인사말까지 흐름이 자연스럽게 이어지는 답변을 한다.

sign up 등록하다 get the message out 이해시키다 reach out 접근하다

🎧 **회의 상황**

Woman: We've had quite a few customers complain about how the quality of our products has been going down in the last couple of years. People have also been bringing in products that are less than a year old for repairs. We need to do something about this.

우리 제품의 품질이 지난 2년 동안 얼마나 떨어졌는지에 대해 꽤 많은 고객불만이 있었습니다. 사람들은 수리를 위해 1년도 채 되지 않은 제품을 가져오고 있어요. 이것에 대해 무엇인가를 해야 할 필요가 있습니다.

Man: I agree. I also read about our products on some blogs and people are becoming dissatisfied.

동의해요. 저도 몇몇 블로그에서 우리 제품에 대해서 읽었는데 사람들이 불만스러워하고 있어요.

Woman: This is a huge problem. We can't have our customer base leaving us. This is an urgent matter that needs to be addressed so please let me know if you have any suggestions.

큰 문제예요. 고객이 떠나게 둘 수 없습니다. 해결해야 할 긴급한 문제이니 어떤 의견 있으면 꼭 알려 주세요.

🎙 Hello, this is Alesha. I was at the meeting where you talked about quality control issues with our products. I have a couple of suggestions I'd like to voice. First of all, we are a luxury company and quality should be our number one priority. I think the popularity of our products has forced our manufacturers to pump out products at a rate that is causing these issues. As you said, we risk losing customers. I think we need to slow down and produce less products and inspect each one before they are released to the public. Yes, there may be problems with supply and demand but I don't think demand will go down as long as our quality remains the best. The second is that with less products being made, I think we can also raise the prices slightly to make up for the difference in sales. I think this strategy can make our products even more exclusive and therefore more desirable.

안녕하세요, Alesha입니다. 저는 제품의 품질 관리 문제에 대해서 얘기한 회의에 있었습니다. 하고 싶은 제안이 두 개 있습니다. 첫째, 우리는 명품 회사이고 품질이 최우선 사항이어야 합니다. 제품의 인기 때문에 제조업체가 빨리 제품을 생산할 수 밖에 없어서 이러한 문제가 야기된 것 같습니다. 말씀하신 대로, 고객을 잃을 위험이 있습니다. 제품이 출시되기 전에 생산속도와 생산량을 줄이고 각각의 제품을 점검할 필요가 있습니다. 그렇습니다. 수요와 공급의 문제가 있을 수도 있겠지만 우리 제품이 최고로 유지되는 한 수요가 줄지 않을 것 같습니다. 둘째는 제품 생산량을 줄임으로써, 매출 차이를 메우기 위해 가격을 약간 올릴 수도 있다고 생각합니다. 이 전략은 우리 제품을 훨씬 더 독보적이고 가치 있게 만들 수 있을 것 같습니다.

만점 포인트

답변할 때는 담화식 회의의 공식적인 특성을 고려하여 논리적이고 체계적으로 답변한다. 또한 회의 중 특이 사항이나 예외 사항을 잘 파악하는 것도 중요하다. 해결책은 일시적인 것보다는 문제를 현실적으로 해결할 수 있는 의견을 제시해야 한다.

- -

bring in 가져오다 **popularity** 인기 **pump out** 쏟아내다 **make up** 채우다

BASIC STUDY · 기 · 초 · 학 · 습

PATTERN DRILLS ▶ p 185

1 <u>I agree that</u> students need to follow University's policies.

2 <u>I prefer</u> studying at home <u>to</u> going to a library.

3 <u>In my opinion</u>, smoking on the street must be prohibited.

4 <u>For example</u>, if you want to see a movie, you can download it from the Internet.

5 <u>The second reason is that</u> the most important role of Government is to protect people from natural disasters.

6 A number of animals suffer from disease <u>due to</u> air pollution.

7 <u>Therefore</u>, going to bed early is better for your health.

8 <u>For these reasons</u>, I think reading a book is the most useful in learning English.

---

follow 따르다 **policy** 정책 **prohibit** 금지하다 **natural disaster** 자연 재해 **suffer** 고통받다 **disease** 질병
air pollution 대기 오염

PREP. TEST

TEST 1 p 196

찬성

〈의견 선택〉

Yes, <u>I think</u> having a company website is essential for success in business today.

〈이유 및 근거 1〉

I have two reasons. <u>The first reason is that</u> more and more people are shopping online. <u>If you do not have a company website</u>, you are going to miss out any online business.

〈이유 및 근거 2〉

<u>The second reason is that</u> it is good advertising. Many people like to do research and understand more about a product <u>before they purchase it</u>. Since it is <u>convenient to read</u> about a product on a company website, it is free and easy advertising.

〈마무리 결론〉

For these two reasons, I think it is essential for success.

---

essential 필수적인 miss out 놓치다 purchase 구입하다

반대

〈의견 선택〉

No, I don't think it is essential. It may help but it is not essential.

〈이유 및 근거 1〉

People can still purchase your product even if your company does not have a website. Customers still go to stores and if your product is good, they will go to a store to purchase it. And, after all, stores have the advantage of being able to touch and physically examine a product.

〈이유 및 근거 2〉

Also, there are plenty of other mediums for advertising besides a website. Other than TV, advertising by word of mouth, store events and even billboards and banners are quite effective.

〈마무리 결론〉

So, I think businesses can succeed without a website, especially if the product is non-technical and it is marketed toward older, less Internet savvy customers.

---

have the advantage of ~의 장점이 있다 physically 육체적으로, 물리적으로 examine 조사하다, 살펴보다
medium 매체 billboard 광고판 banner 현수막 savvy 상식 있는, 요령 있는

TEST 2
p 199

직접 대면 의사소통

〈의견 선택〉

I think face to face communication is more important. There are many reasons but let me give you the two main reasons.

〈이유 및 근거 1〉

The first reason is not everybody uses social networking, especially older and wealthier customers. You may end up losing an important segment of the market.

〈이유 및 근거 2〉

The second reason is that face to face communication is more trustworthy. People can say anything on social networking sites.

〈비교 내용〉

Today's consumers are too savvy to believe even most things they read on social networking sites. There is nothing like looking someone in the eye for believing them. It is much harder to lie to someone's face than it is to just write something on a social networking site.

〈마무리 결론〉

So, I definitely think that face to face communication is more important.

---

end up -ing 결국 ~하다 trustworthy 신뢰할 수 있는

SNS 의사소통

〈의견 선택〉

I think communicating through social networking sites is more important than face to face communication. There are many reasons but I will explain the two main reasons.

〈이유 및 근거 1〉

The first reason is that you can reach a mass audience with a social networking site. Social networking sites allow you to connect with thousands, possibly millions of people, whereas face to face communication is just one person.

〈이유 및 근거 2〉

The second reason is that social networking sites lead to more trust. People tend to trust their friends more than a salesperson. So, if you can get someone to like your company, service or product on a social networking site, their friends will trust it more.

〈마무리 결론〉

That is why I think communicating through social networking sites is more important.

---

mass 많은 audience 청자, 청중 lead to 야기하다, 초래하다 tend to ~하는 경향이 있다

TEST 3　　　　　　　　　　　　　　　　　　　　　　　　　　　　p 202

컴퓨터

〈의견 선택〉

Of all the choices, I think computers have improved our lives the most.

〈이유 및 근거 1〉

The first reason is computers have made our lives more efficient. We can do so much more work because of computers. For example, we can use a word processor and use power point, store information and even tele-conference using computers.

〈이유 및 근거 2〉

The second reason is that computers provide so much entertainment. Let's say, we can play games, watch videos and even watch television and movies on computers.

〈마무리 결론〉

I cannot imagine what I would do without my computer.

improve 향상시키다 efficient 효율적인 tele-conference 원거리 회의하다

자동차

〈의견 선택〉

Of all the choices, I think cars have improved our lives the most.

〈이유 및 근거 1〉

Obviously, cars have improved transportation dramatically. Because of cars, we can get food and other products much more easily. Farms and factories don't have to be right next to my home. Because of cars, I could get virtually every product in my house including my computer.

〈이유 및 근거 2〉

Also, cars help entertain me by getting me to fun places I want to go. It makes going to the movies a lot easier. And, it is a lot of fun to just drive around.

〈마무리 결론〉

So, I cannot imagine what I would do without cars.

transportation 교통 수단 dramatically 급격하게 virtually 사실상 including ~을 포함하여

영화

〈의견 선택〉

Of all the choices, I think movies have most improved our lives.

〈이유 및 근거 1〉

The first reason is that movies help us to understand the world. The world would seem so much smaller without movies because we cannot go to as many places as possible through movies. Movies can even take us to the ends of the world and even into the future and the limits of human creativity.

〈이유 및 근거 2〉

The second reason is that movies are great sources of entertainment and even bring people together. If you ever see someone watch a movie, they become transfixed. They do not look at anything but the screen. And, then once you've seen that movie, you can talk about it with someone else. It brings people together through shared experience. It can even help people fall in love and marry through dating.

〈마무리 결론〉

The power of movies is surprisingly immense.

limit 한계 creativity 창의력 source 출처, 공급원 transfixed 얼어 붙은 shared 공유된 experience 경험; 경험하다

SET 1 p 206

Do you agree or disagree with the following statement? "Having lots of leisure time makes people happier." Provide details and examples to support your answer.

다음 주장에 찬성하나요, 반대하나요? "여가시간을 많이 갖는 것이 사람들을 더 행복하게 한다." 세부 사항과 예시로써 답변을 뒷받침하세요.

찬성

Yes, I think having lots of leisure time makes people happier. I read a book about what elderly people think about life. In it, overwhelmingly, people said it was family that made them happy. So, if you have lots of leisure time, you can spend more time with family. Also, if you have a lot of leisure time, you can do more things you want to do with life. At work, you usually do what other people want but in your free time, you do what you want. You can play computer games if that is what you want to do or you can volunteer to help others if that is what you want to do. But, whatever it is, it is your time to do as you please. And, I think that is what makes people happy.

네, 저는 많은 여가시간을 가지는 것이 사람들을 더 행복하게 한다고 생각합니다. 삶에 대해서 노인들이 어떻게 생각하는지에 대한 책을 읽었습니다. 그 책에서, 놀랍게도, 사람들은 가족이 자신들을 행복하게 한다고 말했습니다. 여가시간이 많다면 더 많은 시간을 가족들과 보낼 수 있습니다. 또한, 여가시간이 많다면 삶에서 하고 싶었던 더 많은 것들을 할 수 있습니다. 직장에서는 보통 다른 사람들이 원하는 것을 하지만 자유시간에는 당신이 원하는 것을 합니다. 원한다면 컴퓨터 게임을 할 수 있고, 원한다면 다른 사람을 돕는 자원봉사를 할 수도 있습니다. 어찌됐건 좋아하는 대로 할 수 있는 시간입니다. 그리고 이것이 사람들을 행복하게 하는 것이라고 생각합니다.

만점 포인트

제시된 질문에 대해서 자신의 생각을 명확하게 밝힌다. 특히 책에서 읽은 내용을 예시로 말하고 세부 사항들을 제시함으로써 자신의 주장을 적절하고 논리적으로 뒷받침하고 있다는 데에 높은 점수를 받을 수 있다. 다양한 어휘와 표현을 사용하여 답변을 단조롭지 않고 흥미롭게 하도록 한다.

elderly 나이 든 overwhelmingly 놀랍게도 please 좋아하다

반대

No, I don't think having lots of leisure time makes people happy. First of all, people get bored easily. If most people have a lot more time to fill and they either don't have the money to do things, they just "kill time" watching TV. I think the expression "killing time" is very telling. Most people just wait for time to past so they can do something else. Another reason is most people spend their life preparing for work, working towards their goals and enjoying the praise and status that comes with success at work. As they say, "Idle hands are the devil's playthings." This means people usually end up in trouble if they are not working. And, many people prefer to work than retire. What could be more leisurely than retirement? But, it just bores and kills people. So, no, I don't agree.

아니요, 저는 여가시간이 많은 것이 사람들을 행복하게 한다고 생각하지 않습니다. 우선, 사람들은 쉽게 지루해 합니다. 대부분의 사람들은 채워야 할 시간이 많고 무언가를 할 돈이 없으면, TV를 보면서 단지 "시간을 죽입니다." 저는 "시간을 죽인다"라는 표현이 잘 말해 주고 있다고 생각합니다. 대부분의 사람들은 다른 것을 할 수 있도록 단지 시간이 지나가기를 기다립니다. 다른 이유는 대부분의 사람들은 일을 준비하고, 목표를 위해 일하고, 직장에서의 성공에 따른 칭찬과 지위를 즐기는 데에 평생을 보냅니다. 사람들의 말처럼, "게으른 손은 악마의 장난감"입니다. 이 말은 사람들이 일을 하지 않으면 보통 곤경에 빠지게 된다는 의미입니다. 그리고 많은 사람들이 은퇴하는 것보다는 일하는 것을 더 선호합니다. 은퇴보다 더 여유로운 것이 어떤 것이 있나요? 그것은 단지 지겹고 사람을 죽일 뿐입니다. 따라서 저는 동의하지 않습니다.

제시된 질문에 대해서 자신의 생각을 명확하게 밝힌다. killing time이라는 표현을 활용하여 자신의 주장을 논리적으로 뒷받침하는 데에 높은 점수를 받을 수 있다. 또한 적절한 예시를 함께 제시함으로써 주장의 설득력을 더욱 높인다.

prepare for ~을 준비하다 goal 목표 status 지위 idle 게으른 plaything 장난감 retire 은퇴하다

SET 2   p 208

🎧 Do you agree or disagree with the following statement? "People who adapt easily become the best employees." Provide details and examples to support your answer.

다음 주장에 찬성하나요, 반대하나요? "쉽게 적응하는 사람이 최고의 직원이 된다." 세부 사항과 예시로써 답변을 뒷받침하세요.

찬성

🎤 Yes, I do think people who adapt easily become the best employees. Today, work can change quickly. Technology changes quickly and innovation is the key to management. So, if an employee cannot adapt to the changes in technology and management, the employee will not be as beneficial to the company. Today's employees must be able to update their skills and adapt to the new situations these changes bring. Also, today's work environment is more international. Employees need to be able to work well with people from other cultures and work in places all over the world. So, adaptability is a very important characteristic.

네, 저는 쉽게 적응하는 사람이 최고의 직원이 된다고 생각합니다. 오늘날, 일은 빠르게 변화합니다. 기술은 빠르게 변하고 혁신은 경영의 핵심입니다. 따라서 직원이 기술과 관리의 변화에 적응하지 못한다면, 그 직원은 회사에 유익하지 않을 것입니다. 오늘날의 직원들은 자신의 기술을 새롭게 하고 이러한 변화들이 가져오는 새로운 상황들에 적응할 수 있어야만 합니다. 또한 오늘날의 직업 환경은 더 국제적입니다. 직원들은 다른 문화의 사람들과 잘 일하고 전 세계 어디에서든 일할 수 있어야 합니다. 따라서 적응성은 매우 중요한 특징입니다.

제시된 질문에 대해서 자신의 생각을 명확하게 밝힌다. 특히 각각의 세부 주장에 대해 상세한 예시를 들어 설명하고, 이를 통해 자신의 주장을 논리적으로 뒷받침한다. 어휘와 문법의 사용도 정확하고 다양한 어휘와 표현을 사용하여 답변이 단조롭지 않게 한다.

adapt 적응하다 innovation 혁신 beneficial 유익한, 이로운 characteristic 특징

반대

🎙 No, I don't think people who adapt easily become the best employees. Businesses today need people who can specialize and become experts at a specific skill. Such employees are highly skilled and very valuable to a business because such employees can do things that other employees can't. Also, if you can make work more regular then you can have consistent quality. McDonalds has been making Big Macs for decades. It is successful because no matter where in the world you are and no matter how often you eat at a specific restaurant, the burger always tastes the same. There is no reason to have an employee who adapts easily. And, that saves on recruitment and training as well.

아니요. 저는 쉽게 적응하는 사람이 최고의 직원이 된다고 생각하지 않습니다. 오늘날의 사업은 특정 기술에 전문화되고 전문가가 되는 사람들을 필요로 합니다. 이러한 직원들은 다른 직원들이 할 수 없는 것을 할 수 있기 때문에 고도로 숙련되어 사업에 매우 중요합니다. 또한, 더 정기적으로 일을 한다면 일관적인 품질을 가질 수 있습니다. 맥도날드는 빅맥을 수십 년 동안 만들어 왔습니다. 세계 어디에 있든지, 특정 식당에서 얼마나 자주 먹든지 간에 버거가 맛이 동일하기 때문에 성공적입니다. 쉽게 적응하는 직원을 둘 이유가 없습니다. 그리고 그것이 채용과 훈련에 대한 것 또한 절약해 줍니다.

만점 포인트

적절한 주장과 부연 설명을 통한 주장과 특히, 유명한 기업의 실제 사례를 들어 자신의 주장을 뒷받침하면 더욱 흥미로운 답변을 할 수 있다. 정확한 어휘와 문법의 사용과 적절한 표현의 사용으로 답변의 논리적 흐름이 부드러워질 수 있다.

specialize 전문적으로 하다 expert 전문가 specific 특정의 consistent 일관적인 decade 십 년

SET 3   p 210

🎧 Which of the following has been most influenced by the Internet: Games, TV or e-books? Provide details and examples to support your answer.

게임, TV, e-book 중 인터넷의 영향을 가장 많이 받은 것은 무엇인가요? 세부 사항과 예시를 제시하여 답변을 뒷받침하세요.

게임

🎙 Well, I think games have been most influenced. The biggest influence is that you can make games that are able to be played by countless people at the same time and in different locations. For example, in the game *Starcraft*, you can play against a large number of people, adding to the excitement and Intrest. This is a dramatic change in games, which were much more limited in numbers and locations before the Internet. People also have a lot more access to games because of the Internet. Through the Internet, you can access virtually any game. You do not have to go to a store to buy it and you do not have to store it somewhere in your house.

저는 게임이 가장 많은 영향을 받았다고 생각합니다. 가장 큰 영향은 다른 지역의 셀 수 없는 사람들이 동시에 게임을 할 수 있게

만들 수 있다는 것입니다. 예를 들어, '스타크래프트' 게임에서 많은 수의 사람들과 게임을 할 수 있고, 재미와 관심을 더해 줍니다. 이는 게임에서 급격한 변화이고, 인터넷 이전에는 사용자 수와 지역에 있어서 훨씬 더 제한적이었습니다. 사람들은 또한 인터넷 때문에 게임에 훨씬 더 많은 접속을 합니다. 인터넷을 통해 사실상 어떤 게임에도 접속할 수 있습니다. 게임을 사러 매장에 갈 필요도 없고 집 어딘가에 보관할 필요도 없습니다.

만점 포인트

주어진 선택사항 중 하나를 정하여 이에 대해 자신의 주장을 논리적으로 제시한다. 유명한 게임을 예로 들어 주장에 대한 신뢰성을 높이고 듣는 사람의 흥미를 유발할 수 있다. 내용에 맞는 어휘를 적절히 사용하고, 문법적인 오류 또한 보이지 않아야 한다.

---

virtually 사실상

TV

🎙 Well, I think TV has been influenced by the Internet the most. First of all, people watch much less TV because they have been spending a lot more time on the Internet. Today, people have many more choices in how they spend their leisure time so people are choosing TV less. Also, the Internet has some advantages in terms of choice. You can only watch what a broadcaster is showing at a specific time. But, with the Internet, you have more control. Second of all, people are now watching television shows over the Internet. Because people can upload programs onto the Internet or stream them live, more people are watching TV over the Internet. And, people can watch the programs they want at the time they want because they are available on the Internet.

저는 TV가 인터넷의 영향을 가장 많이 받았다고 생각합니다. 우선, 사람들은 인터넷에서 많은 시간을 보내기 때문에 TV를 훨씬 더 적게 봅니다. 오늘날, 자신의 여가시간을 어떻게 사용하는가에 대한 많은 선택사항이 있어서 TV를 덜 선택합니다. 또한 인터넷은 선택이라는 점에서 장점들이 있습니다. 방송국에서 특정 시간에 보여 주는 것만 볼 수 있습니다. 하지만 인터넷으로는 더 많은 통제권이 있습니다. 둘째로, 이제 사람들은 인터넷으로 TV 쇼를 봅니다. 사람들이 프로그램들을 인터넷에 올리거나 생방송으로 전송할 수 있기 때문에 더 많은 사람들이 인터넷으로 TV를 봅니다. 그리고 사람들은 그 프로그램들이 인터넷에서도 이용가능하기 때문에 원하는 시간에 원하는 프로그램을 볼 수 있습니다.

만점 포인트

현재 보편적인 내용을 예시로 제시하여 주장에 대한 신빙성을 높인다. 내용에 맞는 어휘를 적절히 사용하고, 문법적으로 특별히 문제되는 표현이 없도록 해야 한다. 답변이 단조롭지 않고 매끄럽도록 다양한 표현을 사용한다.

---

advantage 장점 specific 특정의 stream (영상)을 스트리밍하다, 실시간 전송하다

e-book

🎙 I think e-books have been most influenced by the Internet. First of all, I think more people read because the Internet has traditionally been a written medium. And, I think this has encouraged people to read more. Second of all, more people are reading because e-books are cheaper and easier to access. Because you do not need to print a book, it is cheaper to make an e-book. And, you do not have to go to a library or a bookstore; you can just download it off the Internet. Lastly, we are not cutting down so many trees, which is much better for the environment. The whole concept of books as a physical object has changed. I think that is a dramatic influence!

저는 e-book이 인터넷의 영향을 가장 많이 받았다고 생각합니다. 우선, 저는 인터넷이 전통적으로 읽기 매체였기 때문에 더 많은 사람들이 읽는다고 생각합니다. 그리고 저는 이러한 것이 사람들로 하여금 더 읽도록 독려했다고 생각합니다. 둘째로, e-book이 더 저렴하고 접근하기 쉬워졌기 때문에 더 많은 사람들이 읽습니다. 책을 인쇄할 필요가 없기 때문에 e-book을 만드는 것이 더 저렴합니다. 그리고 도서관이나 서점에 갈 필요가 없습니다. 인터넷에서 그냥 다운로드하면 됩니다. 마지막으로, 우리는 매우 많은 나무들을 잘라내지 않고 있는데, 이는 환경에 훨씬 더 좋습니다. 물리적인 사물이라는 책의 전체적인 개념이 변화되었습니다. 저는 이것이 급격한 영향이라고 생각합니다!

만점 포인트

주어진 선택사항 중 하나를 정하여 이에 대해 자신의 주장을 세 가지 정도의 이유를 적절한 설명과 함께 제시하면 주장하는 이유들이 더 명확하게 할 수 있다. 내용에 맞는 어휘를 적절히 사용하고 문법적인 오류도 보이면 안 된다.

medium 매체 concept 개념

FINAL
TEST1

본문 p 215 🎧 FT1_Model Answer 01~11

Questions 1~2

[Question 1]

🎙 Has your boring routine got you **down**? ╱ // Well, / cheer **up** friend, / it just means / it is time to take a **break**. // **Come** to Dream Tours / to plan and book your **fantasy** getaway. // No matter **what** it is / – **swimming** with **dolphins**, ╱ / **running** of the **bulls** ╱ / or just **sleeping** the day away ╲ / on your very own **hammock** on the **beach** / we have the vacation for **you**! //

지루한 일상에 낙심하시나요? 힘내세요. 친구. 그냥 휴식을 취해야 할 시간이라는 의미입니다. 드림 투어로 오셔서 환상적인 휴가를 계획하고 예약하세요. 돌고래와의 수영, 황소들의 질주 또는 자기 해먹에서 잠자면서 해변에서 하루 보내기, 무엇이든지 여러분을 위한 휴가가 있습니다!

만점 포인트

• 여행사 광고문이다. 여행 상품을 강조해서 발음한다.
• friend, fantasy의 [f], very, vacation의 [v] 발음에 유의한다.
• cheer up의 경우 마치 한 단어인 것처럼 [치어럽]으로 발음한다.

routine 경로, 일상 cheer up 힘을 내다 take a break 휴식을 취하다 getaway 휴가 hammock 그물 침대, 해먹

[Question 2]

🎙 It is a real **honor** / to introduce our keynote **speaker**. // This is a **man** / many of us **know**. // He has grown **up** in our **community**. // He is **truly one** of us / and a **strong** voice for our **interests** and our **neighborhoods**. // **Last** year / when the hurricane hit our **city**, / he was **out** front / helping the **injured** / and fighting for financial **assistance**. // May I **introduce** to you the next **representative** from this district? ╱ //

기조 연설자를 소개하게 되어서 정말 영광입니다. 많은 분들께서 아시는 분입니다. 이분은 우리 지역에서 자라셨습니다. 이분은 진정 우리들 중 한 분이며, 우리의 이익과 이웃을 위해 큰 목소리를 내십니다. 지난해 허리케인이 우리 도시를 강타했을 때, 그는 앞장서서 부상자들을 돕고 재정적인 지원을 위해 싸웠습니다. 이 지역의 차기 대표자를 여러분에게 소개해 드려도 될까요?

만점 포인트

• 발표자 소개문이다. 발표자의 이력과 관련한 내용을 정확하게 전달한다.

- strong의 [st]는 우리말의 된소리 [ㅅ뜨롱]처럼 발음한다.
- voice의 [v], fighting, financial의 [f] 발음에 유의한다.
- one of us는 마치 한 단어인 것처럼 [워너v버ㅅ]로 발음한다.

honor 영광, 명예 community 지역사회 the injured 부상자들 financial 재정의 district 지역

Question 3

🎙 This is a picture of two men shaking hands while standing on some steps. The man on the left is carrying a briefcase. And, the man on the right looks like he is carrying an organizer. They are both wearing suits. At the bottom of the stairs, there is a woman standing. She is also wearing professional clothing. The two men must have made some agreement which they are shaking on.

이것은 계단에 서서 악수를 하는 두 남자의 사진입니다. 왼쪽의 남자는 서류가방을 들고 있습니다. 그리고 오른쪽 남자는 다이어리를 들고 있는 것처럼 보입니다. 둘 다 정장을 입고 있습니다. 계단의 아래에는 여자가 서 있습니다. 여자 또한 정장을 입고 있습니다. 두 남자는 합의의 악수를 하고 있는 것이 확실합니다.

만점 포인트

중심 인물과 주변 인물, 배경에 대해서 순서대로 묘사한다. 위치와 관련한 표현을 정확하게 사용하고 문법적인 부분에서도 오류가 없어야 한다.

shake hands 악수하다 step 계단 briefcase 서류가방 organizer 다이어리 suit 정장 stair 계단
shake on ~에 대해 합의의 악수를 하다

Questions 4~6

🎧 Imagine that a new colleague has joined your team. You are having a telephone conversation about **work**.

방금 입사한 새로운 회사 동료와 업무에 대해 전화 통화를 한다고 가정해 보세요.

[Question 4]

🎧 Do we have weekly meetings or are they scheduled only when needed?

주간 회의가 있나요, 아니면 필요할 때에만 일정을 잡나요?

🎙 We have a short 10~15 minute meeting every morning before the day begins. Otherwise, formal meetings are scheduled occasionally.

하루 시작 전에 매일 아침 10~15분간 짧은 회의가 있어요. 그렇지 않으면 가끔 공식 회의가 잡혀요.

가정하는 상황이지만 실제라고 생각하고, 상대가 질문하는 바를 파악하여 빨리 가상의 정보를 구성하는 것이 중요하다.

---

schedule 일정을 잡다 otherwise 그렇지 않으면 occasionally 가끔

[Question 5]

🎧 Where are our offices located? I wasn't able to see them during orientation.

사무실은 어디에 있나요? 오리엔테이션 중에 안 보였어요.

🎙️ Our department is located on the fifth floor. I'll show you where your desk is when you come in tomorrow.

우리 부서는 5층에 있어요. 내일 오면 당신의 자리를 보여 드릴게요.

의문사 Where에 대해 직접적인 답변을 먼저 한다. 잘 모르는 사람에게 도움을 주려는 의향도 표현할 수 있다.

---

be located ~에 위치하다 orientation 오리엔테이션

[Question 6]

🎧 Is there anything particular I need to prepare for tomorrow?

내일 특별히 준비해야 할 게 있나요?

🎙️ No, I'll be helping you for the first two weeks. There is a lot to learn so the main thing you need is to be prepared to learn a lot about your duties. As for supplies, the office provides everything including a computer so you don't need to bring anything.

없어요. 제가 첫 2주 동안은 도와드릴 거예요. 배워야 할 것이 많아서요. 가장 중요한 것은 직무에 대해 많이 배울 준비를 하는 거예요. 보급품으로는 컴퓨터를 포함한 모든 것을 제공해서 아무것도 가져올 필요가 없어요.

6번 문제는 30초 답변이기 때문에 그 시간을 채울 수 있는 길이의 논리적인 답변을 준비해야 한다.

---

particular 특정한 duty 직무 as for ~에 대해서 말하자면 supply 보급품

Letterman 그룹 이사회

11월 8일, 오후 3시 ~ 5시

본관 3층 이사실

3:00	개회	Brad Diller, CEO
3:20	전년도 보고	Debra Taller
3:40	회계 보고	Samantha Smith
4:10	신규 채용 정책	Teresa Bellini
4:30	신규 사업	Brad Diller, CEO
5:00	휴정	

이사회 직후 칵테일과 저녁 식사 연회가 있을 것입니다.

🎧 Hi. This is Debra Taller. Can you answer some questions about today's board meeting? Thanks.

안녕하세요. 저는 Debra Taller입니다. 오늘 이사회에 대한 질문에 답해 주시겠어요? 감사합니다.

[Question 7]

🎧 **When** does the meeting start and **where** will it be held?

회의는 언제 시작하고 어디에서 열리나요?

🎤 According to this, it will be held in the third floor Board Room in the Main Building from three to five pm.

일정표에 의하면, 본관 3층 이사실에서 오후 3시부터 5시까지 열립니다.

만점 포인트

회의 시작 시간과 장소에 대한 질문에 해당하는 내용을 표에서 찾아 정확한 표현과 명확한 발음으로 전달한다.

[Question 8]

🎧 I am supposed to give the "Year in Review" presentation. As I understand, I am supposed to go last. **Is there any way I can go first?**

저는 "전년도 보고" 발표를 해야 합니다. 제가 이해하기로는 마지막에 하기로 되어 있습니다. 처음에 할 수 있는 방법이 있나요?

🎤 Actually, according to the schedule, you do go first. You speak at 3:20 immediately after Brad Diller opens the meeting.

사실, 일정에 의하면 첫 번째로 하십니다. Brad Diller가 개회를 한 직후 3시 20분에 발표하십니다.

만점 포인트

발표 일정 변경을 요청하는 질문에 대해 상대방의 발표 일정을 표에서 찾아 정확하게 전달한다. 이전 일정에 대해서도 안내하는 추가 정보도 제공한다.

🎧 Can you let me know **when** the meeting ends?

회의가 언제 끝나는지 알려 주시겠어요?

🎤 Well, according to this schedule, the meeting adjourns at five but there will be cocktails and dinner following the meeting. So, I guess it will end much later.

일정에 의하면, 회의는 5시에 휴정하지만 이어서 칵테일과 저녁 식사가 있을 것입니다. 따라서 훨씬 더 늦게 끝날 것 같습니다.

만점 포인트

회의가 언제 끝나는지에 대한 정보를 정확하게 전달하고 이후 일정에 대해 안내하는 추가 정보도 제공한다.

Question 10

🎧 회의 상황

Woman: I wanted to mention a problem that was brought to my attention. Apparently three of our VIP customers brought back their new Infinity luggage with major damages. We just started selling those at the beginning of the year and all three were already brought in.

제 관심을 끈 문제를 말씀드리고 싶어요. 우리 VIP 고객 세 분이 심각하게 손상된 새로운 인피니티 가방을 반품한 것 같아요. 이 상품은 올해 초에 판매되기 시작했는데, 벌써 가방은 세 개가 입고됐어요.

Man: That's too bad, Janet. How were they able to pass our quality control?

정말 안타까워요. 그 가방들은 품질관리를 어떻게 통과했어요?

Woman: I'm not sure. We'll have to look into that. Meanwhile, I need some feedback concerning this situation. All three customers are VIP, so we need to solve this without upsetting them. Please call me if you have any ideas.

잘 모르겠어요. 조사해야 봐야겠어요. 그동안에 이 상황에 대한 피드백이 필요해요. 세 명의 고객 모두가 VIP라서 불쾌하지 않게 이 문제를 해결해야 해요. 좋은 생각 있으면 전화해 주세요.

🎤 Janet, this is Nathan. I'm calling about the Infinity luggage problem. I understand that the three that we sold so far have all been brought back damaged. I think we should replace the luggage for all three customers with new ones. Yes, I know we will take a bit of a financial hit with that, but they are VIP customers and if we do this, they will continue to purchase products from us instead of going elsewhere. Also, I think we should pull the Infinity luggage from store shelves and find out if there are any major product flaws. To have three returned within months of the sale makes this concerning. I don't think we should sell anymore until the manufacturer or headquarters addresses this.

Janet, 저 Nathan이에요. 인피니티 가방 문제로 전화했어요. 지금까지 판매했던 가방 세 개가 손상된 채로 반품된 것을 알고 있어요. 세 명의 고객의 가방을 새것으로 바꿔드려야 좋을 것 같아요. 맞아요, 우리가 약간의 재정적 타격을 받겠지만 그분들은 VIP 고객이라서, 그렇게 한다면 다른 데로 가는 대신에 우리 상품을 계속 구매할 거예요. 그리고 상점 진열대에서 인피니티 가방을 회수하고 제품에 주요한 결함이 있는지 알아봐야겠어요. 판매한 지 몇 개월 만에 상품 세 개가 반품된 것과 관련된 거예요. 제조업체나 본사에서 이 문제를 해결할 때까지 더 이상 판매하면 안 될 것 같아요.

신유형 문제로, 회의에서 나온 안건에 대한 자신의 의견을 말하고, 그 이유를 제시한다. 이유는 가능한 구체적이고 논리적이며, 이해할 수 있는 것으로 준비한다. 결함이 있는 제품에 대해, 일단 고객에게 새 제품으로 교환해 주고, 제품 결함의 원인을 알 수 있을 때까지는 판매를 금지하자는 제안이다.

apparently 듣자 하니, 겉보기엔 meanwhile 그동안에 look into ~을 조사하다 financial 재정의 take a hit 타격을 입다 find out 알아내다 flaw 결함 manufacturer 제조업체 headquarter 본사 address (문제에) 대처하다

Question 11

🎧 Do you agree or disagree with the following statement? "University students who had part-time jobs during university become better employees." Provide details and examples to support your answer.

다음 주장에 찬성하나요, 반대하나요? "대학 생활 동안에 아르바이트를 한 대학생이 더 좋은 직원이 된다." 세부 사항과 예시로써 답변을 뒷받침하세요.

찬성

🎙 Yes, I think university students who had part-time jobs during university become better employees. There are numerous reasons but I will present two. The first is that they have a track record of hard work. It is not easy to balance work with school. But, for those who can, they have demonstrated that they can put in the hard work necessary to succeed in the work world. The second is that they already know how to adapt to work life. They are used to the schedule and social interactions between co-workers and managers of the work life. So, they can adapt quicker and easier once they get their first full-time job.

네, 저는 대학 생활 동안에 아르바이트를 한 대학생이 더 좋은 직원이 된다고 생각합니다. 많은 이유들이 있지만 두 가지만 제시하겠습니다. 첫째는 열심히 일한 실적이 있다는 것입니다. 학업과 일의 균형을 맞추기란 쉽지 않습니다. 하지만 그것이 가능한 사람들에게는 자신들이 직장 세계에서 성공하기 위해 필요한 일을 열심히 할 수 있다는 것을 보여줬습니다. 둘째는 직장 생활에 적응하는 법을 이미 안다는 것입니다. 그들은 직장 생활의 일정과 동료와 관리자 간의 사회적 상호작용에 익숙합니다. 따라서 이들은 첫 정규직을 가지게 되면 더 빠르고 쉽게 적응할 수 있습니다.

제시된 질문에 대해서 자신의 생각을 명확하게 밝히고 있다. 특히 각각의 세부 주장에 대해 논리적인 근거를 제시하며 설명하고 있고, 이를 통해 자신의 주장을 논리적으로 뒷받침하고 있다. 어휘와 문법의 사용도 정확하고 다양한 어휘와 표현을 사용하여 답변이 매끄럽다.

part-time job 아르바이트 numerous 많은 present 제시하다. 발표하다 track record 실적 balance 균형을 맞추다
demonstrate 보여 주다. 입증하다 adapt 적응하다 be used to ~에 익숙하다 interaction 상호작용
co-worker 직장동료

반대

🎙 No, I don't think university students who had part-time jobs during university become better employees. The first reason is that no matter how well they were able to balance school and work, they were not able to maximize their potential at school. So, they are not as well educated as those who did not have a part-time job. Second, most university students get jobs unrelated to their future careers, so such part-time jobs do little or nothing to really prepare them for their future. So, they really waste time in terms of preparing for their career.

아니요. 저는 대학 생활 동안에 아르바이트를 한 대학생이 더 좋은 직원이 된다고 생각하지 않습니다. 첫 번째 이유는 학업과 일의 균형을 얼마나 잘 맞췄든지 간에 학교에서 자신들의 잠재력을 최대화할 수 없었다는 것입니다. 따라서 아르바이트를 하지 않은 학생들만큼 잘 교육받지 않았습니다. 둘째는 대부분의 대학생들은 미래 경력과 관련이 없는 일을 해서 이러한 아르바이트는 자신들의 미래를 위해 준비하는 것과 전혀 상관이 없습니다. 따라서 경력을 준비한다는 점에서는 정말 시간 낭비를 하는 것입니다.

만점 포인트

질문에 대한 자신의 주장을 논리적인 근거와 함께 제시하며 자신의 생각을 명확하게 표현해야 한다. 또한 답변이 이해하기 쉽도록 다양한 어휘와 표현, 정확한 문법을 사용해야 한다.

maximize 최대화하다 potential 잠재력 unrelated 관련이 없는 prepare for ~을 준비하다 in terms of ~와 관련한
career 경력

본문 p 228 🎧FT2_Model Answer 01~11

Questions 1~2

[Question 1]

🎙 Are you **looking** for a used **car**? ╱ // **But**, / you do **not** know who to **trust**. // This is **why** I started **Honest Used Cars**. // Our professional **mechanics** have **posted** / detailed **descriptions** about the **merits** and **demerits** of each **car**. // **And**, / then we certify its **correctness**. // If anything proves **not** to be correct, / you can return the **car** for your money **back** / within **60 days** of **purchase**. // **Guaranteed**! //

중고차를 찾으시나요? 하지만 누구를 믿어야 할지 모르시겠죠. 그래서 제가 '정직한 중고차'를 시작했습니다. 저희 전문 기술자들이 각 차의 장점과 단점에 대해서 상세한 설명을 게시하였습니다. 그리고 저희가 그 정확성을 증명합니다. 어떤 것이든 정확하지 않은 것이 밝혀지면 구입 60일 이내에 환불받을 수 있습니다. 보증해 드립니다!

만점 포인트

- 중고차 매장 광고문이다. 상호명을 강조해서 발음한다.
- for, professional, certify, if의 [f], anything의 [θ] 발음에 유의한다.
- 60[sixti]의 발음에 유의한다. 16[sixtí:n]처럼 길게 발음하면 전혀 다른 숫자가 된다.

mechanic 기술자 detailed 상세한, 세부적인 description 설명, 묘사 merit 장점 demerit 단점 certify 증명하다 prove 증명되다 guarantee 보증하다

[Question 2]

🎙 This is a **boarding** announcement for Flight **354** / to San **Francisco**. // You will be boarding **shortly**. // If you **have** any **special** needs / or would like to **upgrade** your **seat**, / **please** see a customer service **representative** at **this** time. // **Also**, / we would like to **remind** you / that you are allowed **only one** carry-on item / and **one** personal item. // Thank you. //

샌프란시스코로 가는 354편 탑승 안내입니다. 잠시 후 탑승하시겠습니다. 특별한 요청이나 좌석 업그레이드를 하고 싶으시면 지금 고객 서비스 직원을 만나 보시기 바랍니다. 또한 하나의 기내용 물품과 하나의 개인 물품만 허용된다는 것을 상기시켜 드립니다. 감사합니다.

만점 포인트

- 공항 탑승 안내 방송이다. 비행기 편명과 행선지를 강조해서 발음한다.
- 항공기 편명을 정확하게 읽는다. Flight 354 (three five four)
- special의 [sp]는 우리말의 된소리 [ㅅ뻬셜]처럼 발음한다.
- for, flight, if의 [f], have, service의 [v] 발음에 유의한다.

representative 직원, 대표, 대리인 carry-on 기내용, 휴대용 allow 허용하다

Question 3

🎙️ This is a picture of a man sitting on the floor holding books. The man is sitting cross-legged on some carpet in front of some bookshelves. The bookshelves are full of books. The man has an open book on his lap. And, he is leafing through another book with his other hand. There is a pile of books in front of the man. In the background, I see a woman standing and reading a book. It looks like the man is either in a library or a bookstore and he is very busy looking through a number of books.

이것은 바닥에 앉아서 책을 들고 있는 남자의 사진입니다. 남자는 책장 앞에서 카펫 위에 책상다리를 하고 앉아 있습니다. 책장은 책으로 가득 찼습니다. 남자는 무릎에 책을 펼쳐 놨습니다. 그리고 다른 손으로는 다른 책을 넘기고 있습니다. 남자 앞에는 책 더미가 있습니다. 배경에는 서서 책을 읽고 있는 여자가 보입니다. 남자는 도서관이나 서점에 있고 많은 책들을 살펴보느라 매우 바쁜 것 같아 보입니다.

만점 포인트

중심 인물의 동작을 상세하고 정확한 표현으로 묘사해야 한다. 사진에 대한 본인의 느낌도 명확하게 제시한다. 상황에 맞는 적절한 표현과 문법적으로 오류 없는 표현으로 묘사한다.

cross-legged 책상다리를 한 lap 무릎 leaf through (책)을 넘기다 a pile of ~의 더미 a number of 많은

Questions 4~6

🎧 Imagine that you are talking on the telephone with a colleague. You are both talking about **an upcoming business conference**.

동료와 앞으로 있을 회의에 대해 전화로 대화한다고 가정해 보세요.

[Question 4]

🎧 Where is the conference taking place this year?

올해는 회의가 열리는 곳이 어디인가요?

🎙️ I believe it'll be held in Barcelona, Spain which I'm quite excited about.

스페인의 바르셀로나에서 열릴 거라고 보는데, 상당히 기대가 돼요.

만점 포인트

Where에 대한 직접적인 정보를 가정하여 답변한다.

take place 개최되다 be held 열리다

[Question 5]

🎧 Do we need to book our flights and hotel or will the company be doing it?

항공편과 호텔을 예약해야 하나요? 아니면 회사에서 예약해 주나요?

🎙️ We have to book everything and pay out of our own pockets, then provide paperwork to get reimbursed.

모든 것을 예약하고 자비로 지불한 다음, 환급받기 위해 서류를 제출해야 합니다.

만점 포인트

질문이 요구하는 정보를 재빨리 선택하여 답변해야 한다.

get reimbursed 환급받다

[Question 6]

🎧 Are you planning on doing any sight-seeing or will you just stick to business?

관광을 할 계획인가요? 아니면 업무에만 전념할 건가요?

🎙️ The conference starts at 10 am and finishes at 3 pm. I plan on using the first day to make sure we have everything prepared, but I think the second and third days can be used to go sight-seeing in the evenings.

회의는 오전 10시에 시작해서 오후 3시에 끝납니다. 첫째 날은 모든 것이 준비가 되었는지 확인할 계획이지만 둘째, 셋째 날은 저녁에 관광하러 갈 수 있을 것 같아요.

만점 포인트

30초 안에 답변을 해야 하는 6번 문제는 가정하는 상황 속에서 앞으로의 계획을 묻는 문제가 주로 출제된다.

stick to ~을 고수하다

Questions 7~9

Maria Miguel 개인 일정
4월 12일 금요일

8:00 am	Tom, Nancy, Jeanette와 아침 식사 회의
~~10:00 am~~	~~신입직원 교육설명회, Room 4~~ 취소
11:00 am	Laura, Nancy, Parker와 신규 마케팅 회의
1:30 pm	Briggs&Son과 고객 회의, 사무실
2:30 pm	Jeff Worley와 고객 회의, 사무실
3:30 pm	에어로빅, 회사 피트니스 센터
4:30 pm	Charlene와 서류 검토 및 결재
6:00 pm	Toney's Bar&Grill에서 Bailey 인테리어와 저녁 식사 회의

🎧 Hi. This is Maria Miguel. I left my personal planner at home. Can you answer a few questions about my schedule for April 12th?

안녕하세요. Maria Miguel입니다. 제가 다이어리를 집에 두고 왔는데, 4월 12일 제 일정에 대한 질문에 답해 주시겠어요?

🎧 **Who** do I have a dinner meeting with and **where**?

제가 누구와 어디에서 저녁 식사 회의가 있나요?

🎙 You have a dinner meeting with Bailey's Interior at Toney's Bar&Grill.

Toney's Bar&Grill에서 Bailey 인테리어와 저녁 식사 회의가 있습니다.

만점 포인트

함께 회의하는 사람과 장소에 대한 질문에 해당 내용을 표에서 찾아 정확하게 전달한다.

[Question 8]

🎧 I can't remember if I have a training orientation for new employees or not. **Do I?**

제가 신입직원 교육설명회가 있는지 기억이 나지 않습니다. 있나요?

🎙 No, you don't. It was planned for 10 am but it was canceled.

아니요, 없습니다. 오전 10시에 계획되었었는데 취소되었습니다.

만점 포인트

변경된 특이 사항을 확인하는 질문에 해당 내용을 표에서 찾아 명확하게 전달한다.

[Question 9]

🎧 Can you let me know the exact **details of my schedule**, please?

일정의 정확한 세부 사항을 알려 주시겠어요?

🎙 Certainly. You have a breakfast meeting with Tom, Nancy and Jeanette at 8 am, a meeting on new marketing with Laura, Nancy and Parker at 11 am; you have a client meeting with Briggs&Son in your office at 1:30 pm and then another client meeting with Jeff Worley also in your office. You get to take a break and do aerobics at the Company Fitness Center at 3:30. But then you have to review and sign paperwork with Charlene and finally your dinner meeting with Bailey's Interior at Toney's Bar&Grill at six.

물론입니다. 오전 8시에 Tom, Nancy, Jeanette과 아침 식사 회의, 오전 11시에 Laura, Nancy, Parker와 신규 마케팅에 대한 회의가 있고, 오후 1시 30분에 사무실에서 Briggs&Son과 고객 회의, 그리고 Jeff Worley와 역시 사무실에서 다른 고객 회의가 있습니다. 잠시 휴식을 취하고 회사 피트니스 센터에서 3시 30분에 에어로빅을 하십니다. 하지만 그리고 나서 Charlene과 서류를 검토하고 결재를 하셔야 하고 마지막으로 6시에 Toney's Bar&Grill에서 Bailey 인테리어와 저녁 식사 회의가 있습니다.

만점 포인트

세부 일정에 대해 시간 순서대로 해당 내용을 표에서 찾아 전달한다. 일정 내용과 대상자, 시간, 장소 등을 빠짐 없이 명확하게 전달한다.

client 고객 review 검토하다

Question 10

🎧 전화 메시지

Hi, this is Brad Mills, the cooking instructor at school. Anyway, this session seems to be a little more popular than I can handle. Students seem to love me! It turns out my evening French cooking class has twenty-five students but the class is limited to only 20 students. I mean the kitchen at school only has twenty stations, equipped with stoves and ovens. I couldn't teach twenty-five students even if I wanted to. But, I'd hate to turn anyone away! I would hate to lose the students. And, I so much love to teach people how to cook. Do you have any suggestions for me? Thanks.

안녕하세요. 저는 학교 요리 강사인 Brad Mills입니다. 그런데 이번 강좌가 제가 처리할 수 있는 것 이상으로 조금 더 인기가 있는 것 같습니다. 학생들이 저를 좋아하는 것 같습니다! 저의 저녁 프랑스 요리 수업이 25명의 학생이 되었는데, 수업은 20명으로 제한되어 있습니다. 제 말은 학교 주방이 가스레인지와 오븐이 설치된 조리대가 20개뿐이라는 것입니다. 제가 원해도 25명의 학생을 가르칠 수 없습니다. 하지만 저는 누구도 돌려보내고 싶지 않습니다! 학생들을 잃기 싫습니다. 그리고 저는 요리하는 방법을 사람들에게 가르치는 것을 매우 좋아합니다. 제게 제안해 주실 게 있나요? 감사합니다.

🔵 Hi, Brad. I am returning your call. It sounds like your popularity is becoming a real problem! You have twenty-five students but the school kitchen only has twenty stations equipped with ovens and stoves. Well, my suggestion is if you have the time, you should just have two classes. The smaller the class size, generally, the better the class! Don't you think? If you don't have the time, you could try to double up some of the students. They could share a stove and oven. If they are not willing, maybe you'll just have to cut a few students. Offer them a discount next time, and I am sure they will sign-up again. I hope that helps and feel free to call me anytime. Bye.

안녕하세요. Brad. 답변드립니다. 당신의 인기가 정말 문제가 된 것 같네요! 25명의 학생이 있는데 학교 주방은 오븐과 가스레인지가 설치된 조리대가 20개뿐인 거죠. 네, 저의 제안은 시간이 된다면 2개의 수업을 하시면 됩니다. 수업 규모가 작은 것이 보통 더 좋은 수업입니다. 그렇게 생각하지 않으세요? 시간이 없다면 일부 학생들은 둘이서 함께 쓰도록 해 볼 수도 있습니다. 학생들이 가스레인지와 오븐을 공유할 수 있을 것입니다. 학생들이 꺼려 한다면 몇 명의 학생은 잘라야 할 것입니다. 다음 번에 할인을 제공하면 다시 등록할 것으로 확신합니다. 이것이 도움이 되길 바라며 언제든지 편하게 연락하세요. 안녕히 계세요.

만점 포인트

전화 메시지에 나타난 문제점을 적절하게 요약하고, 문제 해결을 위한 제안도 상세한 설명을 통해 이해하기 쉽게 설명한다. 적절한 어휘를 사용하고 다양한 표현 활용한다면 고득점을 받을 수 있다.

popular 인기 있는, 유명한 **handle** 처리하다, 다루다 **limit** 제한하다 **equipped with** ~이 설치된
double up 둘이서 함께 하다 **willing** 꺼리지 않는 **sign up** 등록하다

🎧 Do you agree or disagree with the following statement? "People today are retiring from work earlier than before." Use details and examples to support your answer.

다음 주장에 찬성하나요, 반대하나요? "오늘날 사람들은 이전보다 더 일찍 직장에서 은퇴한다." 세부 사항과 예시로써 답변을 뒷받침하세요.

찬성

🎙 Yes, I do think people are retiring earlier today. One reason is that people are preparing for retirement earlier than before. So, they have the financial ability and the proper plan to make early retirement possible. Another reason is that people want to enjoy their retirement more than before. People are living longer and they are healthier in their old age so they want to enjoy their life. So, they are deciding to retire early. That is why I think people today are retiring earlier.

네, 사람들이 오늘날 더 일찍 은퇴한다고 생각합니다. 한 가지 이유는 사람들이 이전보다 더 일찍 은퇴를 준비한다는 것입니다. 따라서 빠른 은퇴가 가능하게 하기 위해서 재정적인 능력을 갖추고 적절한 계획을 세웁니다. 다른 이유는 사람들이 전보다 더 은퇴를 즐기기를 원한다는 것입니다. 사람들은 더 오래 살고 나이에 비해 더 건강해서 삶을 즐기기를 원합니다. 따라서 사람들은 일찍 은퇴하기로 결정합니다. 그러한 이유로 저는 오늘날 사람들이 더 일찍 은퇴한다고 생각합니다.

---

retire 은퇴하다 **financial** 재정적인, 재무의 **ability** 능력 **proper** 적절한 **decide** 결정하다

반대

🎙 No, I do not think people today are retiring earlier. One reason is that because people are healthier and living longer, they can work longer. So, they are choosing to work as long as they can because otherwise they will have to live too long without working. Another reason is that people today are more satisfied by their work. Because work is more mental and creative and less physical, people can work a lot longer than before. So, I agree that people today are retiring later than before.

아니요, 저는 오늘날 사람들이 더 일찍 은퇴한다고 생각하지 않습니다. 한 가지 이유는 사람들이 더 건강하고 오래 살기 때문에 더 오래 일할 수 있어서 입니다. 따라서 가능한 한 오랫동안 일하기로 선택하는데 그렇지 않으면 일 없이 너무 오래 살아야 할 것이기 때문입니다. 다른 이유는 오늘날 사람들이 자신의 일에 더 만족한다는 것입니다. 일이 더 정신적이고 창의적이며 덜 육체적이기 때문에 사람들은 이전보다 훨씬 더 오래 일할 수 있습니다. 따라서 저는 오늘날 사람들이 이전보다 더 늦게 은퇴한다는 것에 동의합니다.

만점 포인트

제시된 질문에 대해 자신의 생각을 명확하게 밝힌다. 각각의 세부 주장에 대해 논리적인 근거들을 제시하여 설명하고 이를 통해 설득력을 높인다. 적절한 어휘 사용과 문법적인 표현의 사용으로 내용을 이해하는 데 어려움이 없도록 한다.

---

choose 선택하다 **otherwise** 그렇지 않으면 **satisfy** 만족시키다 **physical** 육체적인

Questions 1~2

[Question 1]

🔊 Are you **looking** for a quick **bite** to eat on your race to **work** ╱ / or are you **looking** for a place to hang **out** and relax **at**? ╲ // Well, look no **further**! // **Joe's Donuts** is the place for **you**! // We've got a takeout **window** for rush **orders** / and plenty of **tables** to enjoy some **coffee**. // We have a variety of **donuts** / to **choose** from. // **Please think** of us as your home **away** from **home**! //

직장으로 달려가는 중에 빨리 한 입 먹을 수 있는 것을 찾으시나요? 아니면 시간을 보내고 쉴 곳을 찾으시나요? 네, 더 멀리 보지 마세요! Joe's Donuts의 도넛이 당신을 위한 곳입니다! 매장에 빠른 주문을 위한 테이크아웃 창이 있고 커피를 즐길 수 있는 많은 테이블이 있습니다. 선택할 수 있는 다양한 도넛들도 있습니다. 집에서 멀리 떨어진 여러분의 집처럼 저희 가게를 생각해 주세요!

만점 포인트

- 도넛 매장 광고문이다. 상호명을 강조해서 발음한다.
- for, further, coffee, from의 [f], further의 [ð], variety의 [v] 발음에 유의한다.
- variety[vəráɪəti]의 발음에 유의한다.
- of us의 경우 마치 한 단어인 것처럼 [오v버ㅅ]로 발음한다.

bite 한 입거리, 소량의 식사 hang out 시간을 보내다 relax 휴식을 취히디, 쉬다 further 더 멀리 plenty of 많은
a variety of 다양한

[Question 2]

🔊 I would like to announce / **special** weekend hours here at **Woodward's**. // Starting this **weekend**, / our doors will **open** one hour **early**, / at **9 a.m.**, / and **close** one hour **later**, / at **6 p.m.**, / for your **convenience**. // **And**, / as a special **incentive**, / we will give **15%** discount cards / to **all** customers / entering the store from **9 a.m.** to **10 a.m.** // Wishing you a **wonderful** weekend of discounted **shopping**! //

Woodward's의 주말 특별 운영시간을 알려 드리고자 합니다. 이번 주말부터 저희는 여러분들의 편의를 위해서 1시간 일찍 오전 9시에 문을 열고, 1시간 늦은 오후 6시에 닫을 예정입니다. 그리고 특별 보상으로 오전 9시부터 오전 10시 사이에 매장으로 입장하시는 모든 고객께 15% 할인 카드를 드릴 것입니다. 할인된 쇼핑으로 멋진 주말 보내시기를 바랍니다.

만점 포인트

- 영업시간 안내문이다. 상호명과 영업시간을 강조해서 발음한다.
- convenience의 [v], for, from, wonderful의 [f] 발음에 유의한다.
- special과 store의 [sp], [st]는 우리말의 된소리 [ㅅ뻬셜], [ㅅ또어r]처럼 발음한다.
- 15[fiftí:n]의 발음에 유의한다. 50[fifti]처럼 짧게 발음하면 전혀 다른 숫자가 된다.

announce 발표하다, 알려 주다 weekend 주말 convenience 편리(함) incentive 보상, 인센티브

Question 3

🎙 This is a picture of a man and a woman sitting in the back of a hatchback car with the hatchback open. The woman is resting her head on the man's shoulder and she has one arm around his. Next to the woman, I see what looks like a thermos and a plastic container for holding food. I also see two kids, a boy and a girl, running beside the car. In the background, I see some trees. Maybe, they are parked in a forest in a park. I think they are a family having a picnic in the woods.

이것은 해치백을 열어둔 해치백 자동차 뒤에 앉아 있는 남자와 여자의 사진입니다. 여자는 남자의 어깨에 머리를 기대고 있고 한 팔은 남자의 팔짱을 끼고 있습니다. 여자 옆에는 보온병과 음식을 담는 플라스틱 용기 같은 것이 보입니다. 또한 자동차 옆에서 뛰고 있는 남자아이와 여자아이 둘이 보입니다. 배경에는 나무들이 보입니다. 아마도 공원 안 숲에 주차를 한 것 같습니다. 숲에서 소풍을 하는 가족이라고 생각합니다.

만점 포인트

중심 인물의 동작을 상세하고 적절한 어휘를 사용하여 묘사한다. 주변 배경에 대한 묘사도 빠지지 않고 한다. 소풍을 온 가족이라는 주관적인 생각으로 마무리한다.

rest 놓다, 기대다 thermos 보온병 container 용기 park 주차하다 forest 숲 woods 숲

Questions 4~6

🎧 Imagine that a marketing firm is doing research in your country. You have agreed to participate in a telephone interview about **board games**.

마케팅 회사에서 여러분의 나라에서 설문조사를 한다고 가정해 봅시다. 여러분은 보드게임에 대한 전화 인터뷰에 참여하기로 동의하였습니다

[Question 4]

🎧 **What** is your favorite board game and **how often** do you play it?

가장 좋아하는 보드게임은 무엇이고, 얼마나 자주 하나요?

🎙 My favorite board game is chess, but I do not play that often. Maybe, I play once or twice a year.

제가 가장 좋아하는 보드게임은 체스이지만, 자주 하지는 않습니다. 아마도 1년에 한 번이나 두 번 합니다.

만점 포인트

두 가지 질문이 요구하는 내용을 빠뜨리지 않고 모두 답변한다.

🎧 Would you like to play board games **more than you do now**? **Why or why not?**

보드게임을 지금보다 더 자주 하고 싶나요? 이유가 뭔가요?

🎤 Actually, I don't really want to play board games more. I would rather work and make money or do other things such as hike in mountains or ride my bike. I don't find board games that interesting.

사실, 저는 정말 보드게임을 더 하고 싶지는 않습니다. 저는 차라리 일해서 돈을 벌거나 산행이나 자전거 타기 같은 다른 것들을 하겠습니다. 저는 보드게임이 그다지 흥미롭지 않습니다.

만점 포인트

관심이 없는 주제가 나오더라도 당황하지 말고, 구체적인 질문에 대비하여 최대한 솔직하게 이야기한다. 거짓으로 꾸미는 답변은 순간적으로 말문이 막힐 수 있다.

rather 차라리, 오히려 ride 타다

[Question 6]

🎧 When you play board games, **why** do you like playing them?

보드게임을 할 때, 그걸 하는 게 좋은 이유가 뭔가요?

🎤 Board games can be fun. When I am with a friend who really likes to play some board game, it is interesting. So, I like the social situation of playing board games. Also, learning how to play and all the strategies involved in playing the board game is interesting. That is what I like about them, I guess.

보드게임은 재미있을 수 있습니다. 보드게임 하는 것을 정말 좋아하는 친구와 있을 때 재미있습니다. 따라서 저는 보드게임을 하는 사교적인 상황이 좋습니다. 또한 게임하는 법과 보드게임을 하는 것과 관련된 모든 전략들을 배우는 것이 흥미롭습니다. 이것이 제가 보드게임에 대해서 좋아하는 점인 것 같습니다.

만점 포인트

좋아하는 이유에 대해 자신의 경험을 예로 들어 적절하게 생각을 뒷받침한다.

strategy 전략 involve 포함하다, 관련시키다

Jessica Muller	
34 Main Street, Carson City, Nevada	
근무 경력	
2008년~현재	Cutting Edge Technologies 프로젝트 관리자
2004년~2008년	Playtime Games 엔지니어
2003년~2004년	Quick Soltuions 컴퓨터 프로그래머
수상 내역	베스트 그래픽 상, Las Vegas 상공회의소, 2004년
학력	공학 석사, 컴퓨터 공학, Carson City College, 2004년 공학 학사, 컴퓨터 프로그램, University of Nevada, 2002년

🎧 I don't have Jessica Muller's résumé in front of me. Do you think you could answer some questions about her résumé for me? Thanks!

제 앞에 Jessica Muller의 이력서가 없습니다. 이력서에 대한 질문에 답해 줄 수 있을까요? 감사합니다.

[Question 7]

🎧 **Where** did she get her Bachelor's and Master's degrees from?

지원자는 학사와 석사 학위를 어디에서 받았나요?

🎤 Well, according to her résumé, she earned her Bachelor's degree from the University of Nevada and she got her Master's degree from Carson City College.

네, 이력서에 의하면, 학사는 University of Nevada에서 받았고, 석사는 Carson City College에서 받았습니다.

만점 포인트

학력사항에 대한 질문에 해당하는 내용을 표에서 찾아 빠짐없이 전달한다.

cutting-edge 최신의 Chamber of Commerce 상공회의소 Master's of Science 공학 석사
Bachelor's of Science 공학 학사

[Question 8]

🎧 We need someone who is good at **computer graphics**. Do you think she knows something about this?

컴퓨터 그래픽을 잘하는 사람이 필요합니다. 지원자가 이에 대해 아는 게 있을 것 같나요?

🎤 According to her résumé, she won an award for computer graphics from the Las Vegas Chamber of Commerce in 2004.

이력서에 의하면 2004년에 Las Vegas 상공회의소에서 컴퓨터 그래픽으로 수상을 했습니다.

단순 정보를 묻는 질문은 아니지만, 주어진 정보를 이용해 충분히 답할 수 있는 질문이다. 채용 자격 여부를 확인하는 질문에 대해 수상 내역에 대한 정보를 활용한다.

win an award 상을 받다

[Question 9]

🎧 Could you please let me know about **her work experience in detail**?

지원자의 근무 경력에 대해서 자세히 알려 주시겠어요?

🎙 According to her résumé, she is currently working as a project director for Cutting Edge Technologies. She has been there since 2008. Before that she was an engineer for Playtime Games, from 2004 to 2008. And, before that, she worked as a computer programmer for Quick Solutions from 2003 to 2004.

이력서에 의하면, 현재 Cutting Edge Technologies에서 프로젝트 관리자로 일하고 있습니다. 2008년부터 그곳에 있었습니다. 그 이전에는 2004년부터 2008년까지 Playtime Games에서 엔지니어였습니다. 그리고 그 이전에는 2003년부터 2004년까지 Quick Solutions에서 컴퓨터 프로그래머로 일했습니다.

경력사항에 대해 현재에서 과거 순으로 빠짐없이 전달한다. 경력사항은 해당 연도 순으로 통일되게 답변을 하여 내용을 이해하기 쉽게 한다.

currently 현재, 지금

Question 10

🎧 **회의 상황**

Man: I have one last agenda item for this meeting. You all know that we have been trying to change our ingredient formula for our iconic chocolate chip cookies. We have been criticized for having too many saturated fats, trans fats, and preservatives. We have been working on trying to make our cookies healthier.

이번 회의의 마지막 안건이 하나 있습니다. 우리가 회사의 상징적인 초콜릿 칩 쿠키에 대한 재료성분 제조법을 바꾸려고 노력해 왔다는 것을 모두 알고 있습니다. 너무 많은 포화지방과 트랜스 지방, 방부제가 들어 있다고 비난을 받았습니다. 그래서 건강한 쿠키를 만들기 위해 노력하고 있습니다.

Woman: Yes, we're losing many customers because people are gravitating to healthier snacks. Sales have been dropping for years now.

맞습니다. 사람들은 건강한 스낵에 끌리기 때문에 우리는 많은 고객을 잃고 있습니다. 판매량이 몇 년 동안 계속 떨어지고 있습니다.

Man: However, we received our customer feedback from our survey and 90% of them do not want us to change the ingredients. They agree that the cookies are classic and so iconic that they don't want any changes made to them. What should we do about this? Please let me know.

하지만 설문조사를 통해 고객의 피드백을 받았으며, 90%의 고객이 재료성분를 바꾸기를 원하지 않았습니다. 고객들은 쿠키가 클래식하고 너무 상징적이어서 어떠한 변화도 원하지 않는다는 데 동의하고 있습니다. 어떻게 하면 좋을지 말씀해 주세요.

🎙 Hello, this is Mark. I'm calling about the customer survey regarding our chocolate chip cookies. Even though sales have been dropping, I think we should keep our classic cookies just the way they are for our main customer base. We don't want to lose them completely. Perhaps instead of changing the ingredients, we can add a different, healthier product to our line of cookies. We can have the classic option and a healthier option for the cookies. I think we can make all of our customers happy this way. Let's see how they respond to this through our sales.

안녕하세요. Mark입니다. 초콜릿 칩 쿠키에 대한 고객 설문조사 관련해서 전화했습니다. 판매량이 떨어지고 있을지라도, 주요 고객층을 위해서 있는 클래식 쿠키를 그대로 유지해야 한다고 생각합니다. 고객을 완전히 잃고 싶지는 않습니다. 아마도 재료성분을 바꾸는 대신에 쿠키 제품에 더 건강한 다른 제품을 추가할 수 있습니다. 쿠키에 클래식한 옵션과 건강에 좋은 옵션을 줄 수 있습니다. 이렇게 하면 우리의 모든 고객을 만족하게 할 수 있다고 생각합니다. 판매를 통해서 고객들이 어떻게 반응하는지 지켜봅시다.

만점 포인트

신유형은 담화 형태의 회의 상황에서 진행자의 발언이나 두 사람의 대화 내용을 듣고 해결책이나 개인 의견을 제안하는 방식이다. 답변은 회의해서 다루는 안건에 대한 의견이나, 충고를 회의 진행자에게 연락하는 형태로 이루어진다. 화면에 본인의 역할이 주어지므로, 역할에 맞는 제안이나 해결책을 제시하시면 된다. 새로운 문제를 야기할 수 있는 해결책을 제시하기보다는 좀 더 명확한 해결책을 제시하는 연습을 해야 한다. 해결책으로 고유의 쿠키 제품은 그대로 유지하되, 건강에 좋은 쿠키 제품을 더 개발하여 고객에게 선택권을 주자고 제안하고 있다.

agenda 안건 formula 제조법 iconic 상징적인 saturated fat 포화지방 trans fats 트랜스 지방 preservatives 방부제 work on 노력을 들이다. 착수하다 gravitate 자연히 끌리다

Question 11

🎧 Which of the following is the most useful in communicating: social networking sites, texting or e-mail? Please provide details and examples.

SNS, 문자, 이메일 중 의사소통에 가장 유용한 것은 어느 것인가요? 세부 사항과 예시를 제시하세요.

SNS

🎙 I think social networking sites are the most useful in communicating of the three choices. The main reason is that they are social. People connect with their friends. So, through social networking sites you can communicate with people who you do not know. So if there is something you believe or if your business is liked by someone, potentially millions of people who you do not even know can know about your belief, product or service. Also, it is much more friendly and interesting to communicate through social networking sites. You can communicate in a much more informal way, including with photos, videos and visuals.

저는 SNS가 세 가지 선택사항 중에 의사소통에 가장 유용하다고 생각합니다. 주요한 이유는 사교와 관련한 것이기 때문입니다. 사람들은 친구들과 연결됩니다. 따라서 SNS를 통해서 모르는 사람과 의사소통을 할 수 있습니다. 따라서 당신이 믿는 무언가가 있거나 누군가가 당신의 사업체를 좋아한다면, 잠재적으로 당신이 모르던 수백만 명의 사람들도 당신의 믿음이나 제품, 서비스에 대해 알 수 있습니다. 또한 SNS를 통해서 의사소통을 하는 것은 훨씬 더 친근하고 흥미롭습니다. 사진과 비디오, 시각자료들을 포함하여 훨씬 더 편안하게 의사소통을 할 수 있습니다.

social 사교와 관련된 connect 연결하다 potentially 잠재적으로 visual 시각자료 informal 격식에 얽매이지 않는

문자

🔊 I think texting is the most useful way to communicate of the three choices. The main reason is it is so quick and efficient. I can just send a message and the other person can get it immediately and respond immediately. The other thing is you can text without other people knowing about it. If I am in class or at a business meeting and other people are talking, I can secretly text with someone and no one will know that I am communicating with someone. I think texting has a lot of advantages.

저는 문자가 세 가지 선택사항 중에 의사소통에 가장 유용하다고 생각합니다. 주요한 이유는 문자가 매우 빠르고 효율적이라는 것입니다. 메시지를 바로 보내고 다른 사람이 즉시 보고 즉시 답할 수 있습니다. 다른 이유는 다른 사람들이 모르게 문자를 보낼 수도 있다는 것입니다. 수업 중이나 회의 중에 다른 사람들이 이야기하는 상황이라면 몰래 다른 사람과 문자를 할 수 있고 제가 누군가와 의사소통 중이라는 것을 아무도 모를 것입니다. 저는 문자가 많은 장점이 있다고 생각합니다.

quick 빠른 efficient 효율적인 immediately 바로, 즉시 respond 응답하다 advantage 장점

이메일

🔊 I think e-mail is the most useful way to communicate of the three choices. E-mail is the most adaptable of the three. I can connect directly with one person or many people. I can even send an e-mail to people I don't know. It is called spamming and while I don't personally like it, it happens all the time. It can be formal or informal. I can attach files, pictures and links to videos. There really isn't anything I cannot do in terms of communication with e-mail. So, I think e-mail is the most useful of the three.

저는 이메일이 세 가지 선택사항 중에 의사소통에 가장 유용하다고 생각합니다. 이메일은 세 가지 중에서 가장 적응력이 좋은 것입니다. 한 사람 또는 많은 사람들과 직접적으로 연결할 수 있습니다. 심지어 모르는 사람들에게도 이메일을 보낼 수 있습니다. 스팸 메일 보내기라고 하는데, 저는 개인적으로 좋아하지는 않습니다만 항상 일어납니다. 형식적이거나 비형식적일 수 있습니다. 파일, 사진, 비디오 링크를 첨부할 수 있습니다. 이메일로 의사소통과 관련하여 이메일은 못하는 것이 정말 없습니다. 따라서 저는 이메일이 세 가지 중에서 가장 유용하다고 생각합니다.

adaptable 적응력이 있는 spamming 스팸 메일 보내기 attach 붙이다, 첨부하다 in terms of ~에 관하여

FINAL
TEST4

본문 p 254 🎧 FT4_Model Answer 01~11

Questions 1~2

[Question 1]

🔵 We will be closing in **15** minutes. // Once you **decide** on your final **purchases**, / **please** take them to the **registers** at the front of the **store**. // **Also**, / **please** be aware that / as we are starting to clean **up**, / so you will only be able to **exit** out the **front** doors. // We **hope** / you have enjoyed your shopping here **today** / and we look forward to seeing you **again**. //

저희는 15분 후에 영업을 종료합니다. 최종 구매를 결정하시면 매장 앞의 계산대로 가져와 주시기 바랍니다. 또한, 저희가 청소를 시작하기 때문에 앞문으로만 나가실 수 있음을 알아 주시기 바랍니다. 오늘 이곳에서의 쇼핑이 즐거우셨기를 바라며 다시 뵙기를 희망합니다.

final 최종의 purchase 구매, 구입 register 계산대 be aware 알다 exit 나가다, 출구 look forward to ~을 기대하다

[Question 2]

🔵 **Attention** everyone. // There has been a **change** in the training schedule / for this **Saturday**. // Instead of the meeting being held / at the 4th floor meeting **room**, / it will be held at Susan's Seafood **Restaurant**. // It is a **reward** from the **president** / for your hard **work**. // **And**, / the meeting will start at **6** / so you have plenty of **time** to get there after **work**. // See you **there**! //

모두 집중해 주시기 바랍니다. 이번 토요일 교육 일정에 변경이 있습니다. 4층 회의실에서 열리기로 한 회의 대신에, Susan's Seafood 레스토랑에서 열릴 것입니다. 여러분의 노고에 대한 사장님의 보상입니다. 그리고 회의는 6시에 열리므로 업무 후 오는 데 충분한 시간이 있을 것입니다. 그곳에서 뵙겠습니다!

---

attention 주의, 집중 instead of ~ 대신에 hold 열다, 개최하다 reward 보상 plenty of 많은

Question 3

🎙 This is a picture of a woman looking at something such as a smart phone. The woman is sitting down on what looks like a park bench. She is holding the smart phone in both hands with her arms stretch out in front of her face, so she can see it. In the background, I see some trees, grass and what looks like a trash can. In the foreground, just in front of the woman, there is a bicycle. It looks like the woman is resting after riding her bike in the park.

이것은 스마트폰 같은 것을 보고 있는 여자의 사진입니다. 여자는 공원 벤치처럼 보이는 곳에 앉아 있습니다. 여자는 팔을 얼굴 앞으로 뻗고 양손으로 스마트폰을 잡고 있어서 스마트폰을 볼 수 있습니다. 배경에는 나무와 풀, 그리고 휴지통으로 보이는 것이 있습니다. 앞쪽에는 여자 바로 앞에 자전거가 있습니다. 여자가 공원에서 자전거를 탄 후에 쉬고 있는 것 같습니다.

만점 포인트

중심 인물을 시작으로 주변 배경을 자세히 설명한다. 특히, 한 명이 나오는 사진은 중심 인물의 동작을 명확하고 자세하게 설명한다. 마지막으로 사진에 대한 본인의 생각이나 추측도 제시한다.

---

stretch out 뻗다 trashcan 휴지통 rest 쉬다 ride a bike 자전거를 타다

Questions 4~6

🎧 Imagine that a marketing firm is doing research in your country. You have agreed to participate in a telephone interview about **camping**.

마케팅 회사에서 여러분의 나라에서 설문조사를 한다고 가정해 봅시다. 여러분은 캠핑에 대한 전화 인터뷰에 참여하기로 동의하였습니다.

[Question 4]

🎧 **When was the last time** you went camping and **how long** did it take you to get to the campsite?

마지막으로 캠핑을 간 것은 언제이고, 캠프장까지 얼마나 걸렸나요?

🎙 Actually, I have never been camping. But, I do think there is a campsite about two hours from my house. I have seen the sign when driving past.

사실, 캠핑을 가 본 적이 없습니다. 하지만 저희 집에서 2시간 거리에 캠핑장이 있는 것 같습니다. 운전해서 지나갈 때 표지판을 봤습니다.

Part 4는 답변할 때 순발력이 요구된다. 캠핑을 간 경험과 캠핑장까지 걸린 시간을 묻는 질문에 가 본 적은 없다고 하면서도 집 주변의 캠핑장을 언급하면서 순발력 있게 답하고 있다.

[Question 5]

🎧 Are you **planning to go camping** in the next year? **Why** or **why not**?

내년에는 캠핑을 갈 계획인가요? 이유가 뭔가요?

🎤 No, I am not planning on going camping. Though, I think it could be interesting. But, it costs too much money to prepare all the equipment and I don't have a lot of time to do it in the first place.

아니요, 저는 캠핑 갈 계획이 없습니다. 그래도 재미는 있을 것 같습니다. 하지만 모든 장비를 준비하는 데 돈이 너무 많이 들고 우선 그럴 시간이 많지 않습니다.

질문에서 요구한 내용을 정확하게 답변하고, 답변에 대한 이유를 상세하게 설명한다.

prepare 준비하다 equipment 장비

[Question 6]

🎧 If you were to go to a campsite, **which of the following** would most influence your decision and **why**: cost, recommendation from friends or location?

캠프장에 간다면, 비용, 친구 추천, 장소 중 어떤 것이 당신의 결정에 영향을 미치며, 그 이유는 무엇인가요?

🎤 I think I would choose cost. To be honest, I don't have a lot of money to spend on leisure time activities. I wish I did but I don't. So, price is really important to me. If I had enough money and I didn't have something I thought was a bigger need or better value to spend my money on, I might go camping.

저는 비용을 선택할 것 같습니다. 솔직히, 저는 레저 활동에 쓸 돈이 많지 않습니다. 가고 싶지만 갈 수 없습니다. 그래서 가격이 저에게는 정말 중요합니다. 충분한 돈이 있다면, 그리고 제 생각에 돈을 쓸 더 큰 필요나 더 나은 가치가 없다면, 캠핑을 갈 것 같습니다.

자신의 결정에 가장 영향을 미치는 것 하나를 선택하여 제시하고, 그 이유를 솔직하게 제시한다. 어려울 수 있는 가정법 문장을 사용하여 표현의 수준을 높이는 것도 좋다.

influence 영향을 미치다 decision 결정 recommendation 추천 location 장소 value 가치

로봇공학 학회
Houston 컨벤션 센터, 8월 1일과 2일

8월 1일

9:00 am	등록, Houston 컨벤션 센터 로비
10:00 am	개회 연설, Sam Kim
11:00 am	Q&A 세션
12:00 pm	점심
1:00 pm	포스터 세션
3:00 pm	강의: Dr. Laura Weller
6:00 pm	호텔 만찬

8월 2일

9:30 am	기조 연설, Dr. Walter Pansy
11:00 am	강의: Dr. Madison Matthews
12:30 pm	점심
1:30 pm	원탁 회의: 로봇이 어떻게 경제를 변화할 것인가?
3:30 pm	영화: 〈오늘날 일과 놀이의 로봇〉
5:00 pm	폐회사: Larry Winter

🎧 I have a few questions about the Robotics Conference. Could you help me with this?

로봇공학 학회에 대해서 몇 가지 질문이 있습니다. 도와주시겠어요?

[Question 7]

🎧 **When** and **where** will registration for the conference take place?

언제, 어디서 학회 등록이 있나요?

🎙 According to the schedule, registration will take place between nine and ten a.m. on August first in the Houston Convention Center Lobby.

일정표에 의하면, 등록은 Houston 컨벤션 센터 로비에서 8월 1일 오전 9시와 10시 사이에 있습니다.

만점 포인트

학회 등록 시간과 장소에 대한 질문에 해당하는 내용을 표에서 찾아 정확하게 전달한다. When and where에 대한 내용을 빠뜨리지 않고 명확한 발음으로 전달한다.

registration 등록 take place 일어나다, 발생하다

[Question 8]

🎧 Will the **keynote speech** take place on August 1st?

기조 연설이 8월 1일에 있나요?

🎙 Well, according to the schedule, the keynote speech does not take place on August first but on August 2nd at nine-thirty in the morning.

일정에 의하면, 기조 연설은 8월 1일에 있지 않고 8월 2일 오전 9시 반에 있습니다.

만점 포인트

잘못 알고 물어 본 질문에 대해 표에서 정확한 정보를 찾아 제공한다. 추가 정보도 필요하다면 제공한다.

[Question 9]

🎧 I heard the schedule is pretty tight on **August 2nd**. Could you let me know the schedule in detail?

8월 2일 일정이 꽤 빡빡하다고 들었습니다. 세부 일정을 알려 주시겠어요?

🎙 Certainly. The day opens with a keynote speech by Dr. Walter Pansy. That is followed by a lecture by Dr. Madison Matthews at eleven. Lunch will be at twelve-thirty. Then, there will be a round table discussion on how robots are changing the economy. This is followed by a movie titled, <Robots in Work and Play Today> at three-thirty and the closing speech by Larry Winter at five.

물론이죠. 그날은 Dr. Walter Pansy의 기조 연설로 시작됩니다. 이어서 11시에 Dr. Madison Matthews의 강의가 있습니다. 점심은 12시 30분입니다. 그리고 나서, 로봇이 어떻게 경제를 변화시켰는지에 대한 원탁 회의가 있습니다. 이어서 3시 30분에 〈오늘날 일과 놀이의 로봇〉이라는 제목의 영화 상영과 5시에 Larry Winter의 폐회사가 있습니다.

만점 포인트

마지막 9번 문제는 주로 주어진 정보의 세부 내용을 묻는다. 8월 2일 세부 일정에 대해서 시간별로 표의 내용을 정확하게 전달하고 있다. 규칙적인 패턴을 사용하면 내용을 정확하게 이해하기 쉽게 전달할 수 있다.

round table discussion 원탁 회의

Question 10

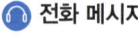 전화 메시지

Hi, this is Darlene Doolittle, the manager of a fashion boutique. I am very concerned about the environment. And, I know that an environmental problem that boutiques like mine contribute to is excess packaging which is now clogging up landfills. So, I have made a number of changes, including reducing the amount of packaging, using bio-degradable materials and using a high percentage of recycled materials in our packaging. I think a number of our customers also share my concern and would prefer to shop at such a fashion boutique. But, I don't think my customers know what I've been doing to help the environment. As an expert in this, I was hoping you could give me some advice. If you could call me back, I would really appreciate it!

안녕하세요, 저는 패션 부티크 관리자, Darlene Doolittle입니다. 저는 환경에 대해 매우 걱정하고 있습니다. 그리고 저희 같은 부티크가 큰 원인이 되고 있는 환경 문제가 현재 매립지를 막고 있는 과도한 포장이라는 것을 알고 있습니다. 그래서 포장의 양을 줄이고, 자연 분해 재료를 사용하고, 포장에 재생 재료를 높은 비율로 사용하는 것을 포함하는 많은 변화를 했습니다. 많은 고객들도 저의 걱정을 공유하고 이러한 패션 부티크에서 쇼핑하는 것을 선호할 것 같습니다. 하지만 저희 고객들이 환경에 도움이 되기 위해서 제가 한 일에 대해 모르고 있는 것 같습니다. 이 분야의 전문가로서, 당신이 조언해 주시기 바랍니다. 전화 주시면 정말 감사하겠습니다.

🎙️ Hi, Ms. Doolittle. This is Seo-won Lee calling you back. In your call, you said that you have made great efforts to be environmentally conscious concerning packaging at your fashion boutique but you do not think your customers are aware of your efforts. Well, let me make a suggestion. I agree that these days many customers prefer businesses that are working hard to make their neighborhoods better places, not just profits. Another thing is customers love a good discount. Why don't you offer a short-term discount on all your purchases which use less packaging? If customers don't focus on the benefit of less packaging, they will remember the discount. And, with every purchase, whether there is a discount or not, just make a short comment about the packaging. They will remember. If I can be of any other service, please let me know. Bye.

안녕하세요, Doolittle씨. 저는 이서원이고 답변드립니다. 전화에서 귀하의 패션 부티크에서 포장과 관련하여 환경적으로 의식있는 많은 노력을 했는데도, 고객들이 그 노력에 대해 알지 못하는 것 같다고 말씀하셨죠. 음, 제안을 드리겠습니다. 저는 요즘 많은 고객들이 업체의 이윤만이 아니라 자신들의 이웃을 더 좋은 곳으로 만들기 위해 열심히 일하는 사업체들을 더 선호한다는 것에 동의합니다. 또 다른 것은 고객들이 할인을 사랑한다는 것입니다. 적은 포장을 사용하는 모든 구매에 대해 단기간 할인을 제공하는 것이 어떤가요? 고객들이 적은 포장의 이점에 집중하지 못한다면 할인을 기억할 것입니다. 그리고 모든 구매에 대해서 할인이 있든 없든, 포장에 대해 짧게 언급해 주세요. 고객들이 기억할 것입니다. 제가 다른 도움이 될 수 있나면 알려 주세요. 안녕히 계세요.

만점 포인트

전화 메시지에서 나타난 문제점을 간략하게 요약하고, 주어진 문제에 대해 납득할 만한 해결책을 제시한다. 상황에 맞는 어휘나 표현들을 적절하게 사용하고, 논리적인 구성으로 내용 연결을 매끄럽게 한다.

---

environment 환경 contribute 기여하다, 원인이 되다 excess 초과한, 과도한 clog 막다, 막히다 landfill 매립지
a number of 많은 reduce 줄이다 bio-degradable 자연 분해 material 재료 expert 전문가 efforts 노력
conscious 의식하는 profit 이윤 short-term 단기간 benefit 이득

Question 11

🎧 Do you agree or disagree with the following statement? "Living in the country is better than living in the city." Provide details and examples to support your answer.

다음 주장에 찬성하나요, 반대하나요? "시골에서 사는 것이 도시에서 사는 것보다 낫다." 세부 사항과 예시로써 답변을 뒷받침하세요.

찬성

🎙️ Yes, I agree that living in the country is better than living in the city. There are many reasons but I will give two. The first reason is that living in the country provides a better environment. There is less industry and more plants and trees so the air is cleaner and the view is nicer. The second is that it is much easier to know your neighbors and if you know your neighbors, life is easier and better. Your neighbors can be helpful when you are in need and share some foods. And, since people know each other better, they are more likely to be friendly. So, I think this statement is very correct.

네, 저는 도시에서 사는 것보다 시골에서 사는 것이 더 좋다는 것에 동의합니다. 많은 이유들이 있지만 두 가지만 제시하겠습니다. 첫 번째 이유는 시골에서 사는 것이 더 나은 환경을 제공하기 때문입니다. 산업체가 적고, 더 많은 식물들과 나무들이 있어서 공기가 더 깨끗하고 경치가 더 좋습니다. 두 번째 이유는 이웃들을 알기가 더 쉽고 이웃을 알면 삶이 더 쉽고 좋아지기 때문입니다. 이웃은 당신이 어려움에 처했을 때 도움이 될 수 있고 음식을 나눌 수도 있습니다. 그리고 사람들이 서로를 더 잘 알기 때문에 더 친근해집니다. 따라서 저는 이 주장이 매우 정확하다고 생각합니다.

provide 제공하다 plant 식물 view 경치 in need 어려움에 처한 share 공유하다 friendly 친근한

반대

🎙️ No, I disagree that living in the country is better than living in the city. There are many reasons but I will give two. The first is that there are just more economic opportunities in the city. The city is not only where there are more jobs but they tend to be better jobs with higher salaries. So, if you are interested in improving your economic standing, the city is the place to live. Also, the city has more in the way of culture. For example, if you want to see plays, concerts, and even professional sports, the city is the place to see it. You can enjoy more interesting activities in the city. So, I would disagree. The city is much better.

아니요, 저는 도시에서 사는 것보다 시골에서 사는 것이 더 좋다는 것에 반대합니다. 많은 이유들이 있지만 두 가지만 제시하겠습니다. 첫째는 도시에는 더 많은 경제 기회가 있다는 것입니다. 도시는 많은 직업이 있을 뿐만 아니라, 그 직업들이 더 높은 임금의 더 좋은 직업들인 경향이 있습니다. 따라서 경제 상황을 향상시키고 싶다면 도시가 살 곳입니다. 또한, 도시는 문화라는 점에서 더 많은 것이 있습니다. 예를 들어, 연극, 콘서트, 그리고 심지어 프로 스포츠 경기를 보고 싶으면 도시가 그걸 볼 수 있는 곳입니다. 도시에서는 더 흥미로운 활동들을 즐길 수 있습니다. 따라서 저는 반대합니다. 도시가 훨씬 좋습니다.

만점 포인트

제시된 질문에 대해서 세부 예시를 들어서 주장을 적절하게 뒷받침하고 자신의 생각을 명확하게 밝힌다. 적절한 표현과 어휘를 사용하고, 문법적으로 오류를 최대한 줄여서 매끄럽고 명확하게 답변을 전달한다.

economic 경제의 opportunity 기회 salary 임금 improve 향상시키다 culture 문화

Questions 1~2

[Question 1]

 At this **moment**, / we will **begin** boarding **group 4**. // You may enter through the line on the **right**. // Those of you in boarding **group 5** / **please** wait. // **And**, / just a **reminder** that / all our **first** class and **business** class ticket holders / are **free** to **board** at any time / through the line on the **left**. // **Please** have your ticket **out** / and your passport **open** to the information **page**. // **Thanks**. //

지금 탑승 그룹 4의 탑승을 시작하겠습니다. 오른쪽 라인을 통해서 들어가실 수 있습니다. 탑승 그룹 5에 계신 분들은 기다려 주시기 바랍니다. 그리고 모든 1등급, 비즈니스 등급 티켓 소지자는 언제든지 왼쪽 라인을 통해서 자유롭게 탑승하실 수 있음을 상기시켜 드립니다. 티켓과 여권을 정보 페이지가 보이게 소지해 주시기 바랍니다. 감사합니다.

만점 포인트

- 비행기 탑승 안내 방송이다. 각각의 해당 그룹과 방향을 강조해서 발음한다.
- through의 [θ]와 first, free, left, information의 [f] 발음에 유의한다.

---

boarding 탑승 reminder 상기시키는 것 information 정보

[Question 2]

 Attention museum patrons, / our **special** lecture on the rocks of the Moon / will start in **10 minutes** in the **Astronomy** Room. // Tickets are just **$5**, / **$4** for museum **members**. // If you have **not** already purchased your **tickets**, / you may do **so** at the ticketing **office** / at the front **entrance**. // **Don't** miss out on this **informative** / and **interactive** presentation. // Thank you for your **attention**. //

박물관 이용자 여러분 집중해 주세요. 달의 암석에 대한 특강이 Astronomy 실에서 10분 후에 시작할 것입니다. 표는 5달러이고, 박물관 회원들은 4달러입니다. 아직 표를 구입하지 않으셨다면 정면 입구에 있는 매표소에서 구입할 수 있습니다. 이 유익하고 대화식으로 진행되는 발표를 놓치지 마시기 바랍니다. 집중해 주셔서 감사합니다.

만점 포인트

- 박물관 특강 안내 방송이다. 시간이나 비용 등을 유의해서 발음하고, 중요한 사항들을 강조해서 발음한다.
- special이 [sp]는 우리말의 된소리 [ㅅ뻬셜]처럼 발음한다.
- office, front, informative의 [f] 발음에 유의한다.

---

patron 단골, 애용자 lecture 강의 astronomy 천문학 purchase 구입하다 informative 유익한
interactive 대화형의, 상호적인

Question 3

🎤 This is a picture of a man, maybe a father, playing guitar for a boy, maybe his son. They are sitting on what looks like a blanket spread out in front of a tent. The man is holding a guitar in his lap and playing it. The boy is looking at the man. In the background, I see a tent. It has already been put up. I also see a backpack. Underneath the backpack, there appears to be a thermos. And, behind the tent, I see some trees. It looks like a father and son are enjoying their time camping by playing guitar.

이것은 아빠 같은 남자가 아들 같은 남자아이에게 기타를 연주해 주는 사진입니다. 그들은 텐트 앞에 펼쳐진 담요 같은 것 위에 앉아 있습니다. 남자는 무릎 위에 기타를 잡고 있고 연주하고 있습니다. 남자아이는 남자를 보고 있습니다. 배경에는 텐트가 보입니다. 텐트는 이미 설치되어 있습니다. 배낭도 보입니다. 배낭 아래에는 보온병이 있는 것 같습니다. 그리고 텐트 뒤에는 나무들이 보입니다. 아빠와 아들이 기타를 연주하면서 캠핑을 즐기고 있는 것 같습니다.

만점 포인트

두 인물을 중심으로 위치와 관련한 표현을 정확하게 사용하여 순차적으로 묘사한다. 실감나는 동작 묘사와 적절한 어휘로 사진 속 모습을 자세하게 전달한다. 마지막으로 두 사람의 관계를 아빠와 아들로 추측하면서 마무리한다.

blanket 담요 spread out 펼치다 put up 설치하다 underneath 아래 thermos 보온병

Questions 4~6

🎧 Imagine that you and your friend are having a telephone conversation. You are talking about **smartphones**.

친구와 전화로 스마트폰에 대해 이야기하고 있다고 가정해 보세요.

[Question 4]

🎧 **Which** smartphone do you think is the best in the market?

어떤 스마트폰이 시중에서 최고라고 생각하나요?

🎤 I think each of the smartphones has good points and bad points.

각각의 스마트폰은 장점과 단점이 있다고 생각합니다.

만점 포인트

Which로 물었다고 해서 반드시 어떤 것을 콕 집어 선택하지 않아도 된다.

market 시장

[Question 5]

🎧 **Which** smartphone do you have?

어떤 스마트폰을 가지고 있나요?

🎙 I own the Xphone 7. It's expensive but it does its job.

Xphone 7을 가지고 있습니다. 비싸지만 작동이 잘됩니다.

질문의 have를 own으로 바꿔 답변하고 추가적으로 제품의 특징을 설명한다.

[Question 6]

🎧 Are you planning to **upgrade to the latest model** anytime soon?

곧 최신 모델로 업그레이드할 계획인가요?

🎙 Yes. I'm thinking of changing my phone within the next few months because I cracked the screen. If it weren't cracked I'd keep it for a bit longer. The Xphone 9 is quite expensive so I'm hesitant to purchase it.

네. 화면이 깨져서 몇 달 안에 전화를 바꿀 계획입니다. 깨지지 않았으면 더 오래 사용했을 겁니다. Xphone 9은 상당히 비싸서 구입을 망설이고 있습니다.

6번 문제는 30초 답변이기 때문에 상대적으로 긴 답변을 논리적으로 준비해야 한다.

hesitant 망설이는

Questions 7-9

지역 문화 센터 주주총회 및 기금마련
문화센터에서 5월 9일, 대회의실

10:00 – 10:30 am	환영사, Edward Kline 사장
10:30 – 11:00 am	이사회 소개
11:00 – 11:50 am	여름 일정 및 신규 강좌 소개
12:00 – 1:00 pm	점심 (BBQ 햄버거 및 핫도그)
	모든 수익금은 지역 문화 센터를 위해 쓰임
1:00 – 3:00 pm	업무 회의
3:00 – 3:30 pm	신임 이사회 선거
3:30 – 4:00 pm	기조 연설, Stephanie Tillman 교육이사회 대표
4:00 – 4:30 pm	시선 견하

🎧 Hi. This is Stephanie Tillman. I left my schedule at my office. Could you answer a few questions for me?

안녕하세요. 저는 Stephanie Tillman인데요. 제가 사무실에 일정표를 나두고 왔습니다. 몇 가지 질문에 답해 주시겠어요?

🎧 **What is the last event** and **what time** does it end?

마지막 행사는 무엇이고 언제 끝나나요?

🎤 Well, according to the schedule, the last event is a tour of the facilities and it ends at four-thirty.

일정에 의하면, 마지막 행사는 시설 견학이고 4시 30분에 끝납니다.

만점 포인트

마지막 행사와 종료 시간을 묻는 질문에 대해 표에서 정확한 정보를 찾아서 안내한다.

proceeds 수익금 board of trustees 이사회, 평의원회 election 선거

[Question 8]

🎧 I know I am supposed to give the keynote speech. I'd like to do some preparation. **Do I have any time before** it starts?

제가 기조 연설을 하기로 되어 있는 것으로 아는데, 준비를 하고 싶습니다. 시작 전에 시간이 있나요?

🎤 Well, yes, I guess so. The keynote speech doesn't begin until three-thirty so I guess you have time to prepare before then.

네, 그런 것 같습니다. 기조 연설은 3시 30분이 되어서야 시작하므로 준비할 시간이 있을 것 같습니다.

만점 포인트

기조 연설 전에 준비할 시간이 있는지 묻는 질문에 정보를 재확인하고, 상식적인 선에서 의견을 전달한다.

preparation 준비 prepare 준비하다

[Question 9]

🎧 **What events** are planned **in the morning**?

오전에는 어떤 행사들이 계획되어 있나요?

🎤 Well, according to the schedule, there will be three events in the morning. There is a welcoming speech by Edward Kline at 10 am. Then, there will be an introduction of the Board of Trustees from ten-thirty to eleven. And, lastly, there will be an introduction of the summer schedule and new classes from eleven to eleven-fifty.

일정에 의하면 오전에는 3가지 행사가 있습니다. 오전 10시에 Edward Kline의 환영사가 있습니다. 그리고 나서 10시 30분부터 11시까지 이사회 소개가 있습니다. 그리고 마지막으로 11시부터 11시 50분까지 여름 일정과 새로운 강좌 소개가 있습니다.

점심 전 오전 일정에 대해서 표에 나온 행사명과 주관자에 대한 정보를 빠짐 없이 시간 순으로 전달한다.

Question 10

🎧 **회의 상황**

Woman: Oh no, Nick! We have a bit of a problem. Mr. Winters may not be able to attend the executive board meeting this Tuesday. There is a storm that has hit the Miami area and all flights have been delayed.

어떡하죠, Nick! 문제가 좀 생겼어요. Winters씨가 이번 주 화요일 이사회에 참석할 수 없을지도 모르겠어요. 마이애미 지역을 강타한 폭풍 때문에 모든 항공편이 지연됐어요.

Man: That's bad. That means Ms. Lee can't attend as well. I believe she's also in Florida. What should we do? The meeting has been delayed twice already so I don't think people will be happy with another delay.

안됐어요. 그럼 Lee씨도 참석할 수 없다는 얘기네요. 그녀도 플로리다에 있을 거예요. 어떻게 하죠? 이사회는 이미 두 번이나 연기되어서 또 지연되면 사람들이 좋아하지 않을 거예요.

Woman: You're right. We need to come up with a solution that won't require another delay. Let me know if you think of anything.

맞아요. 더 이상 지연되지 않도록 해결책을 찾아야 합니다. 생각나는 것 있으면 알려주세요.

🎙 Hey, this is Nick. I'm calling about the executive meeting on Tuesday. Why don't we have a video conference meeting with those who can't be there physically? I'm sure the hotels have equipment available for Mr. Winters and Ms. Lee. If a video conference is not possible, then at least a telephone conference where they can participate in the meeting should be. I can help set up the equipment. This way we don't need to delay any more meetings. Let me know what you think.

안녕하세요, Nick이에요. 화요일에 있을 이사회 건으로 전화했어요. 이사회에 물리적으로 참석할 수 없는 사람들과 화상 회의를 하는 게 어때요? Winters씨와 Lee씨를 위한 화상 회의할 수 있는 장비가 분명 호텔에 있을 거예요. 화상 회의가 불가능하다면 이사회에 참석할 수 있는 전화 회의를 해볼 수 있어요. 장비 설정하는 것을 도와줄 수 있어요. 이렇게 하면 이사회를 더 이상 지연시키지 않아도 됩니다. 어떻게 생각하는지 알려주세요.

신경향 문제로 회의에서 나오는 안건에 대한 자신의 의견을 말하고, 가능한 구체적이고 긍정적인 이유를 제시한다. 자연재해 때문에 회의가 다시 연기될 것에 대한 해결책으로 화상 회의나 전화 회의를 제안하고 있다.

---

executive board meeting 이사회 **come up with** 찾아내다 **set up** 설정하다

🎧 Which of the following was influenced by the Internet the most: the entertainment industry, the travel industry or the educational industry? Please provide details and examples in your support of your answer.

연예오락산업, 여행산업, 교육산업 중 인터넷의 영향을 가장 많이 받은 것은 무엇인가요? 세부 사항과 예시로써 답변을 뒷받침하세요.

연예오락산업

🎙 I think the entertainment industry was influenced by the Internet the most. There are a number of reasons but I will explain the main two reasons. The first is that the Internet has made access to entertainment easier. Customers can access a wealth of entertainment such as games, TV programs, movies, music and books at the touch of a button and all in the convenience of their own homes and the privacy of their own room. The second is that customers can access much of this for free or for a small fee because of this accessibility over the Internet. This has changed the way the entertainment industry markets and sells their products.

저는 연예오락산업이 인터넷의 영향을 가장 많이 받았다고 생각합니다. 많은 이유들이 있지만 주요한 두 가지 이유만 설명하겠습니다. 첫째는 인터넷이 연예오락에 대한 접근을 더 쉽게 했다는 것입니다. 고객들은 게임, TV 프로그램, 영화, 음악, 책과 같은 풍부한 연예오락을 버튼을 만지는 것으로 집에서 편리하게 자신만의 공간에서 접근할 수 있습니다. 둘째는 고객들이 인터넷의 접속으로 인해 공짜나 적은 요금으로 많은 것에 접근할 수 있습니다. 이것이 연예오락산업이 제품을 광고하고 판매하는 방식을 변화시켰습니다.

influence 영향을 주다 access 접근 convenience 편리함 fee 요금 accessibility 접근 가능성, 접근하기 쉬움

여행산업

🎙 I think the travel industry was influenced by the Internet the most. There are a number of reasons but I will explain two. The first is that more and more people are purchasing tickets and other travel products online. This has led to a dramatic decline in offline travel agencies. The second is that the price of tickets and other travel products has also declined due to increased competition, knowledge of comparable prices and lower overhead costs. So, I think the travel agency was influenced by the Internet the most.

저는 여행산업이 인터넷에 의해 가장 영향을 많이 받았다고 생각합니다. 많은 이유들이 있지만 두 가지만 설명하겠습니다. 첫째는 더 많은 사람들이 티켓이나 다른 여행 상품들을 온라인으로 구입하고 있다는 것입니다. 이것이 오프라인 여행사들의 극적인 하락을 야기했습니다. 둘째는 티켓이나 다른 여행 상품의 가격이 높아진 경쟁, 비교 가격의 지식, 그리고 낮아진 간접비로 인해 하락했습니다. 따라서 저는 여행사가 인터넷에 영향을 가장 많이 받았다고 생각합니다.

dramatic 극적인 decline 하락 competition 경쟁 due to ~ 때문에 comparable 비슷한, 비교할 수 있는
overhead cost 간접비

교육산업

🎙 I think the educational industry was influenced by the Internet the most. There are a number of different reasons but I will explain two. The first is that there has been a dramatic increase in the number of classes and even degree programs available online. So, now students can access education at their convenience. The second is that education has become more democratic. Whereas before, only a few students could learn from famous teachers, now more people can access famous lectures, no matter where in the world they are, and sometimes for free. Therefore, I think the educational industry was influenced by the Internet the most.

저는 교육산업이 인터넷에 의해 영향을 가장 많이 받았다고 생각합니다. 많은 이유들이 있지만 두 가지만 설명하겠습니다. 첫째는 온라인으로 이용 가능한 강좌나 심지어 학위 프로그램들의 수가 극적으로 증가하였다는 것입니다. 따라서 이제 학생들은 교육에 편리하게 접근할 수 있습니다. 둘째는 교육이 더 민주적이 되었다는 것입니다. 이전에는 몇몇의 학생들만 유명한 선생님들에게서 배울 수 있었지만 이제는 세계 어디에 있든 더 많은 사람들이 유명한 강의에 접근할 수 있고, 때로는 무료이기도 합니다. 따라서 저는 교육산업이 인터넷의 영향을 가장 많이 받았다고 생각합니다.

만점 포인트

선택형 질문에서는 자신의 생각을 명확하게 밝힐 수 있는 것을 고르는 게 중요하다. 각각의 세부 주장에 대한 명확한 근거를 제시하여 논리적으로 주장한다. 적절한 어휘를 사용하고 문법적 오류를 줄여서 이해하기가 쉽게끔 한다.

----

dramatic increase 극적인 증가 **degree** 학위 **available** 이용 가능한 **democratic** 민주적인 **lecture** 강의

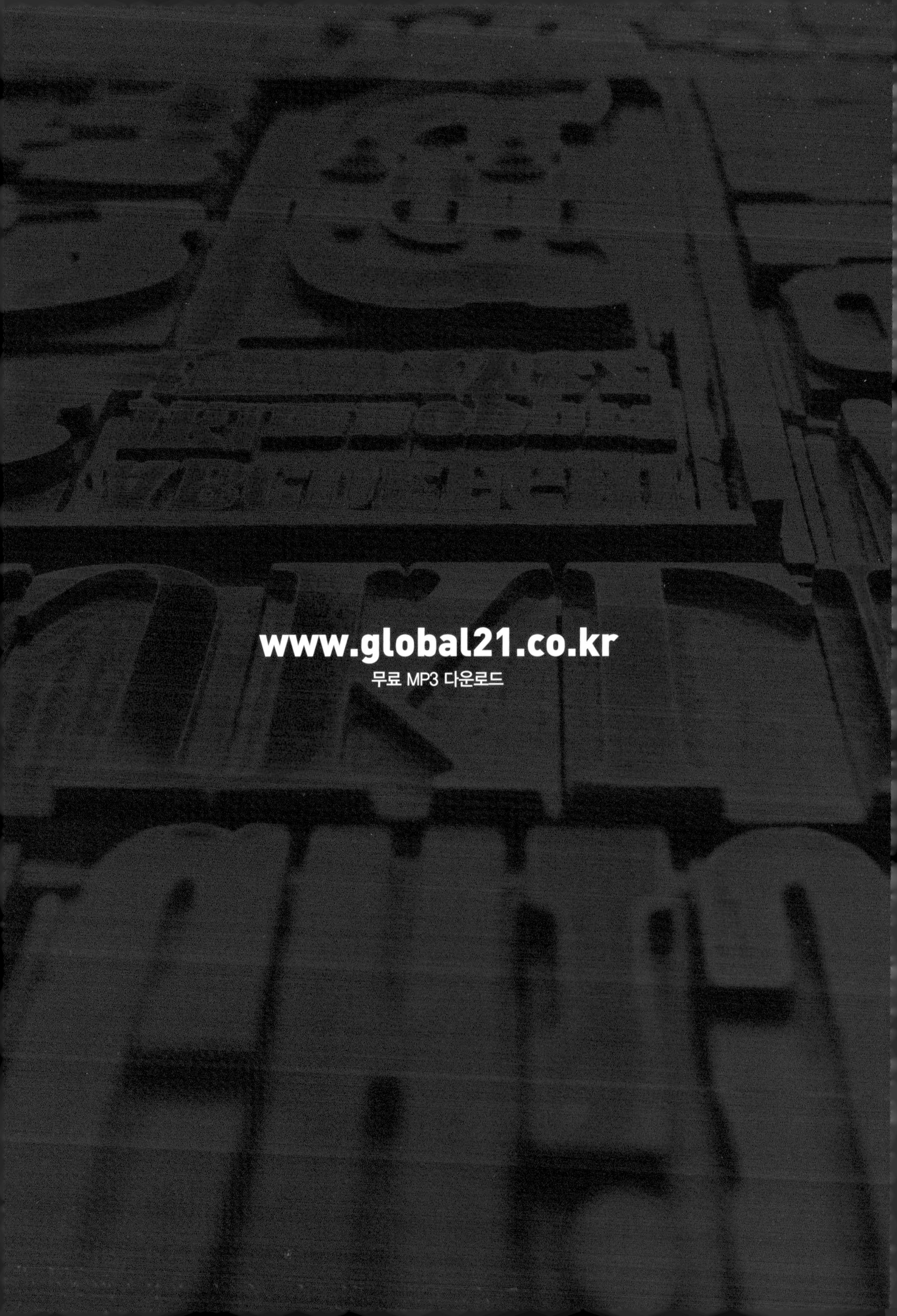